HTML5 & CSS3

- UI디자인부터 EPUB코딩까지 -

김은영 지음

HTML5 & CSS3

- UI디자인부터 EPUB코딩까지 -

김은영 지음

도서출판 홍릉

HTML5 & CSS3
UI디자인부터 EPUB코딩까지

인 쇄 : 2021년 6월 15일 초판 1쇄
발 행 : 2021년 6월 24일 초판 1쇄

저 자 : 김은영
발행인 : 송 준
발행처 : 도서출판 홍릉
주 소 : 01093 서울시 강북구 인수봉로 50길 10
등 록 : 1976년 10월 21일 제5-66호

전 화 : 02-999-2274~5, 903-7037
팩 스 : 02-905-6729
e-mail : hongpub@hongpub.co.kr
http://www.hongpub.co.kr
ISBN : 979-11-5600-866-8(93000)

정 가 : 27,000원

머리글

HTML5와 CSS3 관련된 책은 시중에 이미 많이 나와 있다.
그러나 책 내용을 유심히 들여다보면 코딩 소스이건 내용이건 HTML5에서 지원하지 않는 속성과 기능들을 혼합해서 사용한 부분이 너무나 많이 보인다.
어떤 경우에는 HTML5에서는 지원하지 않는다고 설명해 놓고 해당 단원의 예제 소스에서 그 기능을 사용한 것도 있다.

이 책에서는 철저하게 HTML5와 CSS3에서 지원하고 있는 태그와 속성으로만 코딩 소스를 제공함으로써 독자들에게 최대한 혼란을 주지 않도록 하였으며 HTML5에서 지원하고 있지 않은 속성들에 대해서는 참고할 수 있도록 tip으로 표시해 놓았다.

또한, 초보자를 위해서 첫 단원부터 차근차근 진행하다보면 어느새 고급 내용까지 습득할 수 있도록 하였고, 이미 HTML과 CSS를 알고 있었던 중급자는 첫 단원부터 시작하지 않고 원하는 단원을 선택해서 보더라도 쉽게 이해하고 예제를 따라할 수 있도록 구성하였다.

각 단원별로 풍부한 예제를 제공하여 다양한 코딩 방법을 학습할 수 있도록 하였으며, 단원별 실습문제를 통해 스스로 실력을 다질 수 있도록 하였다.

마지막으로 이 책은, 책의 내용을 처음 구상할 때부터 학생들을 강의하기 위한 교재로 사용하기 위해 단원과 예제, 그리고 실습 문제를 설계하였기 때문에 대학에서 한 학기 또는 두 학기 강의를 위한 교재로도 충분히 잘 활용할 수 있을 것으로 감히 권해본다.

차례

차례

06 CSS3 고급

07 CSS3 추가기능과 속성 활용하기

차례

01

HTML5와 CSS3

HTML(Hyper Text Markup Language)은 웹문서를 작성하기 위한 웹언어이다.

태그와 속성으로 구성되며 웹 문서에서 글자(text), 그림(image), 영상들에 대해 어떻게 보여 질것인지를 지시한다.

〈태그명 속성1="값1" 속성2="값2"...속성n="값n;"〉내용〈/태그명〉

보여주고자 하는 텍스트/이미지/영상…

그리고 CSS(Cascading Style Sheet)는 웹문서 요소(텍스트/이미지/영상등)에 구체적인 스타일을 지정한다.

CSS는 태그에 대한 속성들의 묶음이라고 할 수 있다.

〈태그명 style="속성1:값1;속성2:값2;...;속성n:값n;"〉내용〈/태그명〉

보여주고자 하는 텍스트/이미지/영상…

즉, HTML 태그는 웹문서의 기본적인 골격을 만들고 CSS는 HTML 문서의 요소 하나 하나에 스타일을 지정해서 꾸미는 기능을 한다.

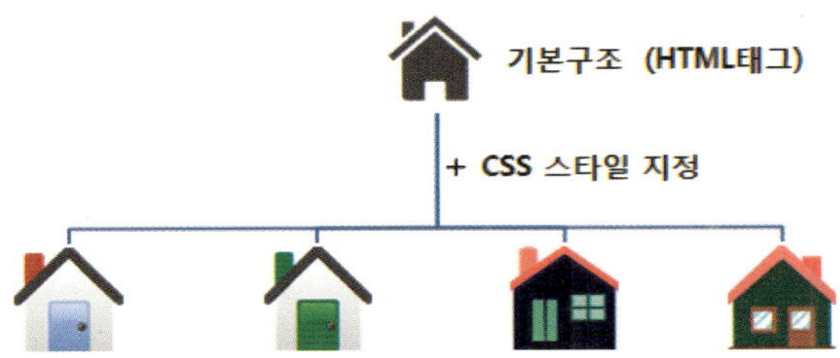

웹 문서는 태그로 기본적인 모양이 결정되고 CSS를 지정함으로써 구체적이고 세밀한 스타일이 만들어지는 것이다.

이렇게 작성된 HTML문서는 웹브라우저가 HTML의 태그와 CSS스타일을 해석해서 텍스트와 이미지 등의 내용에 적용한 다음 결과를 브라우저 창을 통해 보여준다.

웹 브라우저가 HTML 문서에서 작성된 태그와 CSS를 어떻게 해석 했느냐에 따라서도 결과는 달라질 수 있으므로 동일한 HTML문서가 웹브라우저 종류에 따라서 다르게 나타날 수 있다.

HTML과 CSS는 그동안 표준안이 발전되어 오면서 현재는 HTML5과 CSS3로 정착되었다.

HTML5는 2014년 10월 W3C(World Wide Web Consortium)에 의해 표준으로 채택되었는데, 기존 HTML 표준에 비디오 오디오 그리고 그래픽과 위치 정보 등의 처리기능이 포함되어, ActiveX나 Flash 플러그인을 추가적으로 설치할 필요가 없게 되었다.

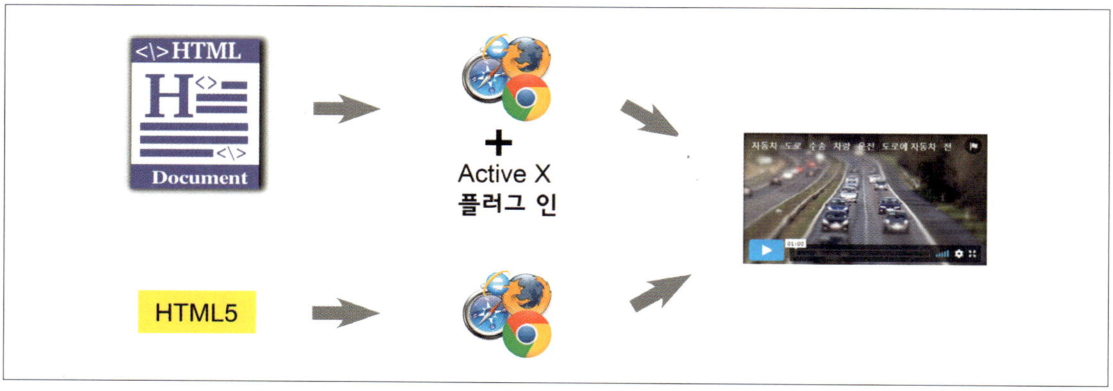

그러면서 불필요한 태그들이 없어지기도 했고 새로운 태그들이 요구에 의해 추가되기도 하였다.

CSS는 HTML태그보다 더 브라우저에 영향을 많이 받는데, 어떤 브라우저 또는 동일한 브라우저라고해도 버전에 따라서 지정한 CSS 스타일이 전혀 반응을 안 할 수도 있다.

HTML 태그와 CSS의 특정 스타일 값이 어떤 브라우저에서, 그리고 브라우저의 어떤 버전에서 부터 사용가능한지는 다음 사이트에서 확인 할 수 있다.

https : //caniuse.com/

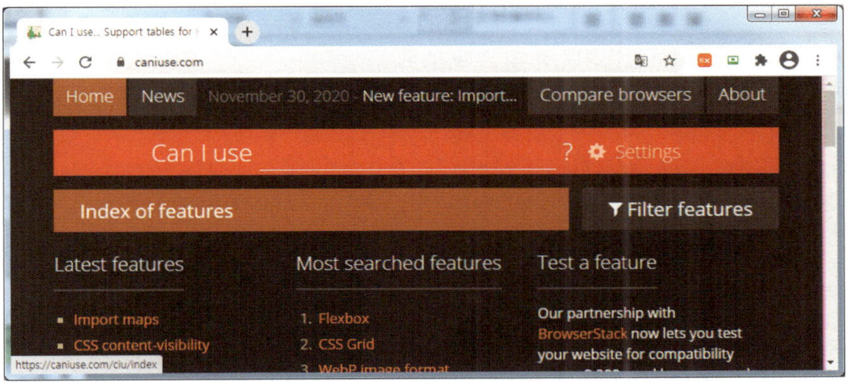

스타일 또는 태그를 입력하고 조회하면 다음과 같이 브라우저 버전에 따라서 지원여부를 알려준다. 지원하는 브라우저 버전은 초록색으로 표시해준다.

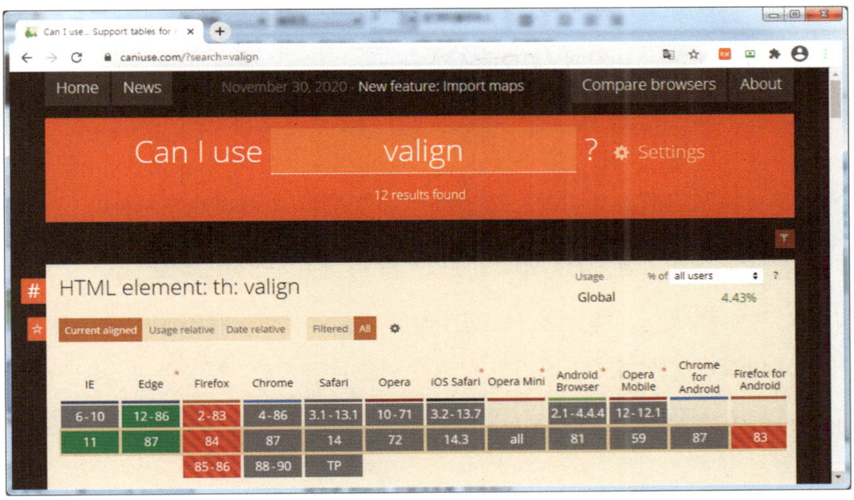

또한, 태그와 분리되어 사용했던 CSS 스타일 기능이 HTML5로 오면서 태그를 사용할 때 당연히 CSS 스타일을 같이 지정하는 것이 보편화된 규칙이 되었다.

따라서 HTML5의 각 태그에 대한 기능과 해당 태그에 자주 사용하는 CSS 스타일을 같이 이해하면 좀 더 빨리 HTML5와 CSS3을 습득할 수 있을 것이다.

> 잠깐만
>
> W3C는 World Wide Web Consortium의 약자이며 월드 와이드 웹(WWW)을 위한 표준을 제정하고 관리하는 중립적인 기관이다.
> W3C가 관리하는 대표적인 웹 표준은 HTML, CSS, DOM, SVG, XHTML, XML등이 있다.

1.1 | HTML 문서 기본 구조

한 개의 HTML문서는 기본적으로 다음과 같은 구조로 구성된다.

한 개의 HTML 문서(<HTML>...</HTML>)는 머리 부분(<HEAD>...</HEAD>)과 몸통부분(<BODY>...</BODY>)으로 구성된다.

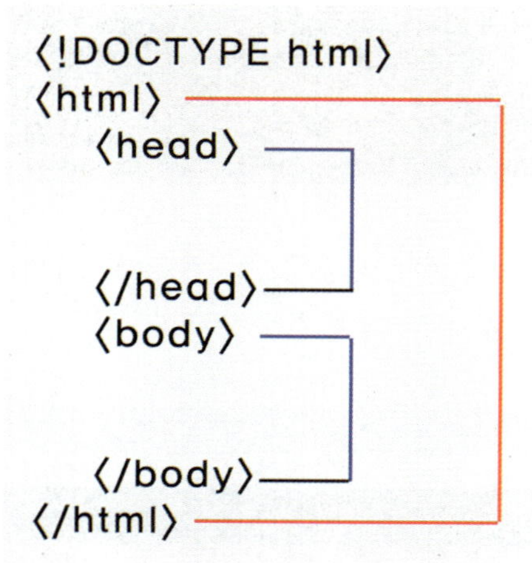

그리고 맨 위에 이문서가 HTML유형이라고 지정하는 태그(<!DOCTYPE>)가 위치한다.

이 태그는 브라우저에게 어떤 버전의 HTML로 페이지가 작성되었는지 알려준다.

소프트웨어 저작도구를 이용해서 자동으로 HTML문서가 만들어 지는 경우에는, HTML 버전에 따라 자동으로 태그 내용이 입력되지만 태그를 직접 코딩해서 만드는 문서일 경우에는 다음과 같이 지정한다.

HTML5 버전으로 작성된 문서라는 의미이다.

```
<!DOCTYPE html>
```

주의

익스플로러 8과 그 이전 버전에서 HTML 문서에 <!DOCTYPE html> 태그가 없는 경우, 태그 및 속성과 스타일 등이 제대로 표현되지 못하는 경우가 있기 때문에 코딩할 때 <!DOCTYPE html> 태그를 반드시 입력하는 습관을 가지는 것이 좋다.

일반적으로 몸통부분에서는 즉, <BODY>와 </BODY>사이에는 브라우저 화면에서 사용자에게 보여주고자 하는 내용들이 포함되고, 그 내용을 원하는 모습대로 잘 보여주기 위해 필요한 것들은 머리 부분, <HEAD>와 </HEAD>사이에서 지정한다.

<HEAD>와 </HEAD>사이에는 브라우저 화면에 직접적으로 보이는 부분이 아니라, <BODY>와 </BODY>사이에서 지정한 내용들을 그대로 잘 보여주기 위한 요소들을 정의하는 곳인데, 이러한 요소들을 메타데이터(metadata)라고 한다.

메타데이터(metadata)를 지정하는 태그는 <TITLE>, <STYLE>, <META>, <LINK>, <SCRIPT>, <BASE>등이 있다.

HTML 태그 작성 규칙은 다음과 같다.

- 대소문자를 구별하지 않는다.
  그러나 W3C에서는 속성 이름을 사용할 때 가능한 소문자로 작성하도록 권장하고 있다.
  또한, XHTML에서는 속성 이름을 반드시 소문자로만 사용해야 한다.
- 끝을 지정하지 않아도 태그가 적용되는 구간을 묵시적으로 알 수 있는 태그(예 : 한줄 긋기<HR>, 한 줄 띄우기
등)를 제외하고 거의 모든 태그는 태그가 적용되는 구간을 확실히 지정해주기 위해 끝 태그(</>)가 필요하다.

  끝 태그가 없는 태그를 빈 태그(empty tag)라고 한다.
- 태그와 끝 태그 사이에 있는 내용만 내용 앞에서 지정한 태그의 기능이 적용된다.
- 속성을 지정할 때 되도록 따옴표("" 또는 '')로 감싸는 것을 권한다.
  속성 값에 공백이 있을 경우 따옴표를 사용하지 않으면 오류가 발생하기 때문에 항상 따옴표를 사용하는 것이 안전하다.
- 문서 안에서 설명을 넣으려면(주석 처리) 다음 태그를 사용한다.
  주석이란 코드에 대한 이해를 돕는 설명이나 코드의 수정 관리를 위해 작성한 내용을 의미한다.
  주석은 웹 브라우저상에 나타나지 않는다.

  주석은 문서 내 어디든 올 수 있으며 !DOCTYPE 선언 이전에도 올 수 있다.

〈!—주석—!〉

1.2 | 머리 부분에 포함되는 태그

HTML문서의 머리 부분(<HEAD>와 </HEAD>사이)에 포함되는 태그들은 다음과 같다.

(1) <META> 태그

문서가 어떤 내용을 담고 있고, 문서의 키워드와 누가 만들었는지 등의 문서 자체의 정보(메타데이터)를 브라우저나 검색엔진에게 알려주는 태그이다.

<META> 태그의 속성들과 값의 의미는 다음과 같다.

name 속성이나 http-equiv 속성을 지정했다면 반드시 지정한 name 속성이나 http-equiv 속성 값에 맞는 content 속성도 설정해야 하며, 또한 반대로 name 속성이나 http-equiv 속성을 지정하지 않았다면 content 속성도 설정할 수 없다.

(❺ 표시 : HTML5에서 추가된 속성)

속성	값	설명
charset❺	인코딩 방법	한글을 정확히 보여주려면 utf-8로 지정한다.
name	application-name, author, description, keyword, viewport	지정한 값에 따라서 content속성 값이 결정된다.
content	웹문서에 대한 요약	name속성이 description으로 지정되어 있어야 한다.
	웹문서의 키워드 나열	name속성이 keyword로 지정되어 있어야 한다.
	웹문서의 저자	name속성이 author로 지정되어 있어야 한다.
	width, initial-scale, minimum-scale, maximum-scale, user-scarable	name속성이 viewport로 지정되어 있어야 한다.
http-equiv	refresh	*현재 잘 사용하지 않는다.
content	새로고침 간격값	http-equiv속성이 refresh로 지정되어 있어야 한다.

■ charset

문자 깨짐을 방지하기 위해 브라우저에게 웹 페이지를 읽을 때 어떤 인코딩을 써야하는지 알려주기 위해 지정한다.

한글 웹페이지를 작성한다면 브라우저에서의 한글 인코딩 방법을 다음과 같이 정확히 지정해야 한글이 깨지지 않는다.
현재는 다국어를 지원하는 인코딩 방법인 UTF-8로 통일되었다.

〈META chqrset="utf-8"〉

주의 XHTML에서는 <meta charset="UTF-8" />로 지정해야 한다.

■ name="description"

요약정보를 지정하려면 다음과 같이 작성한다.

〈META name="description" content="html태그에 대해 설명"〉

포털사이트에서 검색할 때 조회되는 웹페이지에서 설명부분으로 보이는 내용이 바로 name="description"과 함께 사용한 content에서 지정한 내용이다.

■ name="keyword"

검색엔진으로 하여금 검색 조건 데이터로 이용할 수 있도록 하려면 다음과 같이 키워드를 지정한다.

〈META name="keyword" content="html, css, 태그, 속성"〉

■ name="author"

문서의 저자정보는 다음과 지정한다.

〈META name="author" content="dambi&sinbi"〉

■ name="viewport"

- 해당 웹 문서를 표시하는 화면상의 표시영역을 지정하기 위해 name 속성에 viewport를 지정한다.
- content 속성으로 몇 가지를 지정할 수 있는데, width 값으로 픽셀 단위 크기를 지정할 수도 있고 device-width로 지정하면 화면의 가로 너비를 해당 장치에 맞게 조절한다.
- initial-scale은 초기화면 배율(기본 값 1.0)을 설정하며 초기에 확대 또는 축소해서 보여 줄 것인지를 정한다.
- minimum-scale은 최소 화면배율을 설정하며 사용자가 얼마나 화면을 축소할 수 있을지를 지정한다.
- maximum-scale은 최대 화면 배율을 설정하며 사용자가 얼마나 화면을 확대할 수 있는지를 지정한다.

- user-scalable은 사용자에게 화면의 크기조절을 허용(yes/no)할지 여부를 지정한다.

〈META name="viewport" content="width=device-width, initial-scale=1.0"〉

■ http-equiv="refresh"

웹 페이지를 30초마다 새로고침 하도록 다음과 같이 지정할 수 있다.

〈META http_eqiv="refresh" content="30"〉

또한 지정한 시간 이후에 다른 페이지로 이동할 수 있도록 다음과 같이 지정할 수 있다.

〈META http_eqiv="refresh" content="3:url=http://www.naver.com"〉

잠깐만

광고 또는 스팸 페이지 등에서 어떤 검색을 하더라도 해당 페이지가 검색 결과로 나오게 하려고 keyword와 content 값으로 수백 개를 지정해 놓는 경우가 많아서 현재는 검색 엔진들이 keyword 그리고 content에 지정된 값들을 무시하고 있다.

(2) <TITLE>...</TITLE>

웹 페이지의 제목을 나타내는 태그이다.

웹페이지 본문에는 보이지 않으며, 브라우저의 제목 표시줄이나 탭에서 확인 할 수 있다.
즐겨찾기로 등록할 때 즐겨찾기 이름으로 사용되며. 검색 엔진에 의한 검색 결과 페이지에서도 해당 페이지의 제목으로 보여준다.

생략해도 오류가 나지는 않지만 HTML 페이지에 대한 유효성 검사가 이루어지지 않는다.
따라서, 되도록 웹페이지마다 사용하기를 권하며, 한 페이지에서 두 번 사용 할 수는 없다.

```
〈!DOCTYPE HTML〉
〈HTML〉
〈HEAD〉
        〈META charset="utf-8"〉
        〈TITLE〉 title태그를 배웁니다. 〈/TITLE〉
〈/HEAD〉
〈BODY〉
〈/BODY〉
〈/HTML〉
```

크롬 브라우저에서는 <TITLE> 태그 내용이 다음과 같이 나타난다.

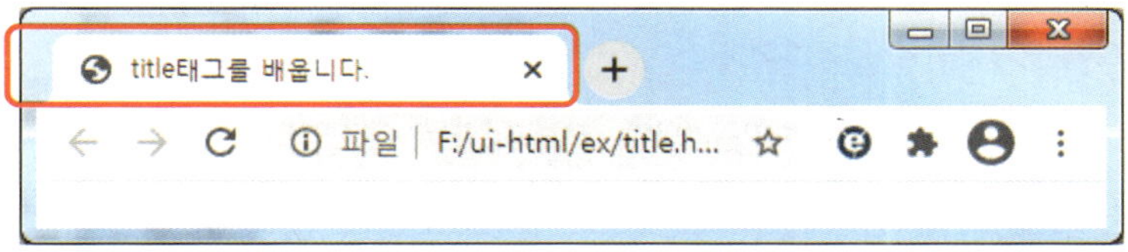

익스플로어 브라우저에서 <TITLE> 태그 내용은 다음과 같이 제목 표시줄에서 나타난다.

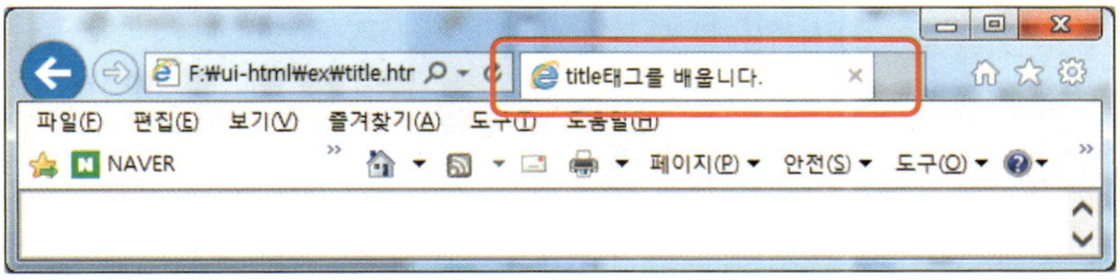

■ 그 외의 태그들

다음 태그들이 <HEAD>와 </HEAD>사이에서 지정될 수 있는데, 자세한 설명은 해당 태그를 다루는 단원에서 설명한다.

- <LINK>
- <SCRIPT>...</SCRIPT>
- <STYLE>...</STYLE>

잠깐만

HTML웹 문서를 만들기 위해 코딩을 어디에서 할까?
일반적으로 무료로 배포되고 있는 편집기(에디터) 중에 하나를 다운 받아서 사용하거나 메모장(notepad)을 이용한다. 편집기를 사용하면 사용자가 태그 또는 스타일을 입력할 때 자동 완성기능을 사용할 수 있고 태그와 속성 그리고 스타일 항목들을 구분할 수 있도록 글자 색상을 다르게 보여주기 때문에 코딩하는 사람 입장에서는 메모장을 이용하는 것보다 훨씬 편하게 느낀다.

그러나 HTML을 지금 막 시작하는 사람 입장에서는 편집기를 사용하는 것조차도 불편할 수 있고, 메모장에는 자동완성기능이 없기 때문에 메모장에서 직접 입력하다보면 태그와 속성 이름, 그리고 속성 값들을 정확하고 빨리 익힐 수 있게 된다.

또한, 내 컴퓨터가 아닌 다른 사람 컴퓨터를 이용해서 HTML 코딩 작업을 해야 하는 경우에는 그리고, 그동안 익숙했던 편집기를 다운 받아서 설치하는 상황이 안 되는 경우에는 메모장을 이용할 수밖에 없는데, 이때 그동안 편집기만을 이용했던 작업자는 메모장을 이용하는 게 매우 불편하고 힘들게 느껴질 수 있다.

따라서, 메모장을 이용해서 HTML태그, 속성 이름과 값 등을 직접 입력하는 작업에 어느 정도 익숙해지기를 권한다. 그런 다음, 자신에게 잘 맞는 에디터를 선택해서 작업한다면, 어떤 상황에서도 HTML코딩 작업을 하는 것이 불편하지 않을 것 같다.

이 책에서는 CSS, 즉 스타일을 본격적으로 다루기 전까지는 메모장을 이용하고 그 이후에는 편집기를 사용한다.

메모장을 이용하는 방법은 다음과 같다.

① 메모장을 열어서 코딩을 한 다음, 파일 - 다른 이름으로 저장 메뉴를 선택한다.

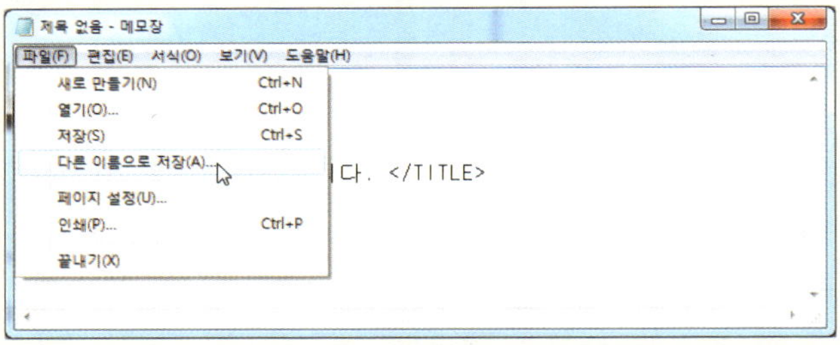

② 저장할 폴더를 선택하고 파일형식을 "모든 파일"로, 인코딩을 "UTF-8"로 변경하고 파일이름에 "파일이름.html" 또는 "파일이름.htm"이라고 입력한 다음 저장 버튼을 누른다.

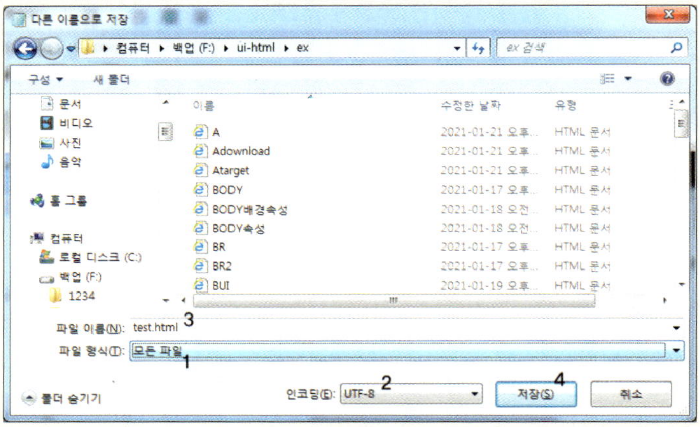

③ 저장한 HTML파일을 원하는 브라우저에서 열기 위해, 탐색기를 실행시키고 저장된 폴더로 가서 저장한 파일 명을 마우스 오른쪽 버튼을 누른다.
그리고 나오는 메뉴에서 연결 프로그램 메뉴를 선택하고 원하는 브라우저를 선택한다.

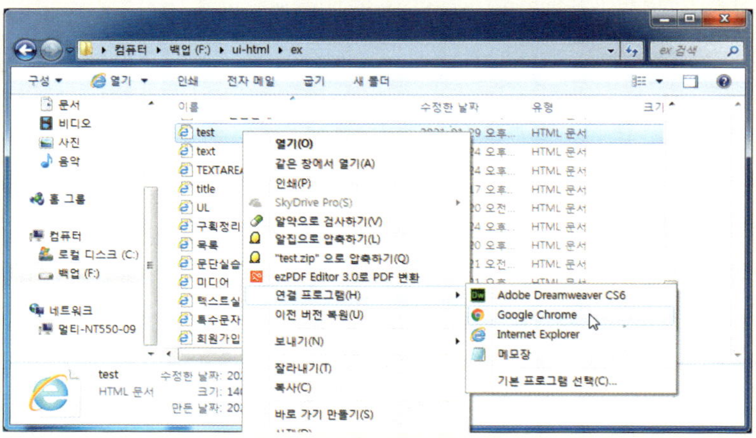

④ 메모장을 이용해서 저장되어 있던 HTML파일을 열려면 메모장을 실행시킨 다음, 파일 - 열기 메뉴를 선택한다.

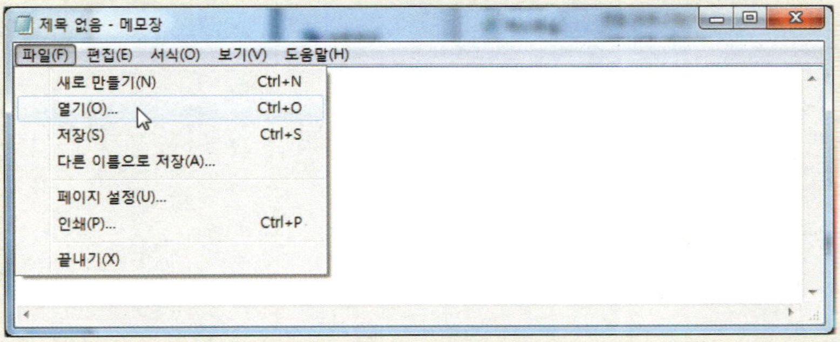

⑤ "텍스트 문서"가 기본 값인데 이 항목을 "모든 형식"으로 변경하고 열려는 HTML파일이 저장된 폴더로 이동해서 파일을 선택한 다음 열기 버튼을 누른다.

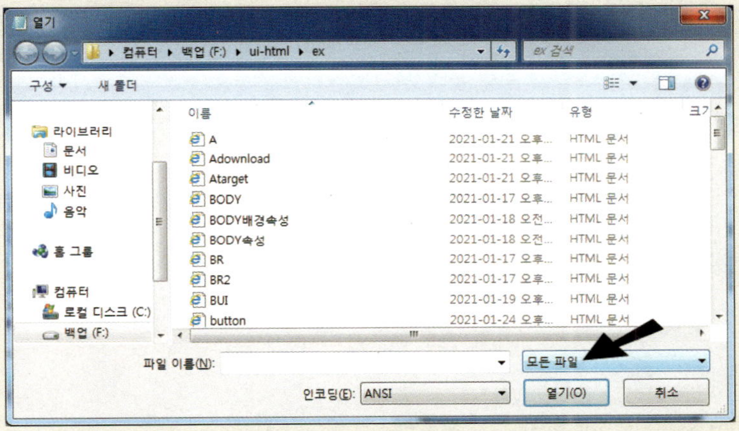

또는, 탐색기를 실행시키고 저장된 폴더로 가서 저장한 파일 명을 마우스 오른쪽 버튼을 누른다. 그리고 나오는 메뉴에서 연결 프로그램 메뉴를 선택하고 메모장을 선택해서 HTML문서를 열 수 있다.

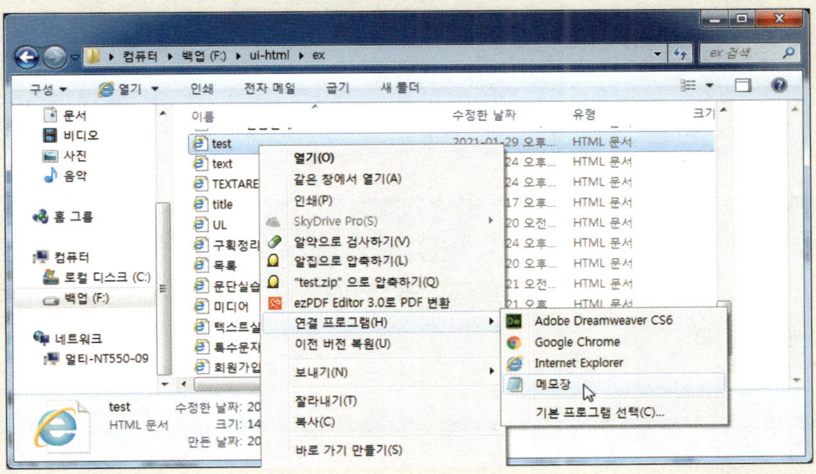

02

기본 태그

2.1 | 〈BODY〉...〈/BODY〉

브라우저 창에서 보이는 내용, 즉 웹 문서의 몸통 부분을 지정하는 태그이다.

HTML 문서에서 <BODY> 태그는 한번만 사용할 수 있다.

예제 2-1 **〈BODY〉 태그 이해하기**

```
〈!DOCTYPE html〉
〈HTML〉
〈HEAD〉
        〈META charset="utf-8"〉
        〈TITLE〉BODY태그를 배웁니다. 〈/TITLE〉
〈/HEAD〉
〈BODY〉
본문입니다.
〈/BODY〉
〈/HTML〉
```

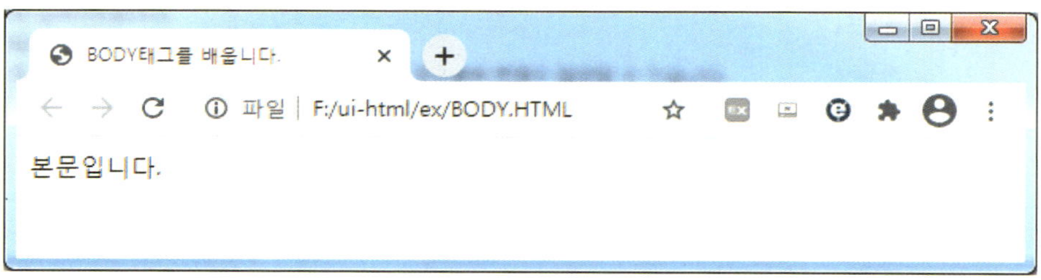

<BODY> 태그에 지정할 수 있는 속성들은 다음과 같다.

속성명	값	설명
leftmargin	픽셀단위(px) 숫자 값	왼쪽 여백을 지정
topmargin	픽셀단위(px) 숫자 값	위 여백을 지정

주의

HTML5에서는 <BODY> 태그의 alink, background, bgcolor, link, text 속성등, 레이아웃(layout)과 관련한 모든 속성들을 더 이상 지원하지 않는다.
또한 브라우저마다 결과가 다른 leftmargin, topmargin 속성은 사용하지 않는 것이 좋다.

예제 2-2 〈BODY〉 태그의 속성 사용해서 HTML 문서의 몸통 영역 설정하기

```
〈!DOCTYPE html〉
〈HTML〉
〈HEAD〉
        〈META charset="utf-8"〉
        〈TITLE〉BODY태그를 배웁니다. 〈/TITLE〉
〈/HEAD〉
〈BODY leftmargin="100px" topmargin="150px"〉
***본문입니다. leftmargin="100px" topmargin="150px"
〈/BODY〉
〈/HTML〉
```

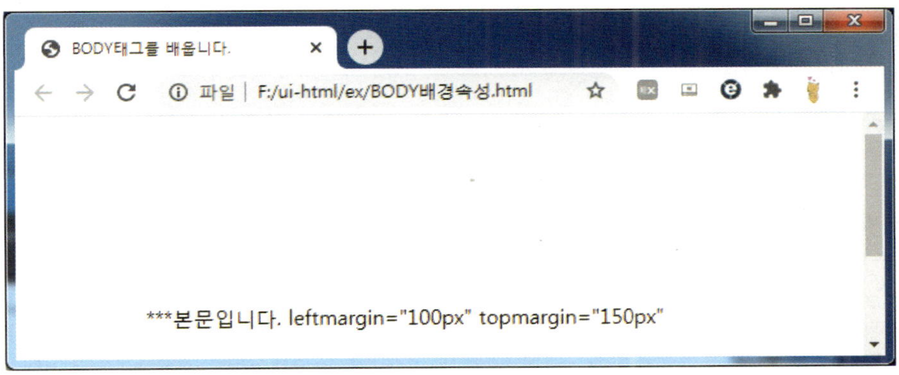

2.2 | 문단을 정리하는 태그

웹페이지의 문단을 정리하는 기본적인 태그들은 다음과 같다.

(1)

다음 HTML문서를 브라우저에서 열면, 다음과 같은 결과가 나타난다.

HTML문서를 작성할 때 Enter↵키를 눌러서 줄 바꿈을 했다고 하더라도 브라우저에서는 Enter↵키를 인식 못하고 줄이 바뀌지 않는다.

예제 2-3 HTML문서에서의 줄 바꿈 이해하기

〈BODY〉 안의 내용을 입력할 때 각 줄의 끝에서 Enter↵키를 눌러서 줄 바꿈 한 다음 브라우저에서 열어본다.

```
〈!DOCTYPE html〉
〈HTML〉
〈HEAD〉
        〈META charset="utf-8"〉
        〈TITLE〉BR태그를 배웁니다. 〈/TITLE〉
〈/HEAD〉
〈BODY〉
HTML문서를 작성할 때 ENTER키를 눌러서
줄 바꿈을 하면서 입력했다고 하더라도
브라우저에서는 ENTER키를 인식 못하고 줄이 바뀌지 않는다.
〈/BODY〉
〈/HTML〉
```

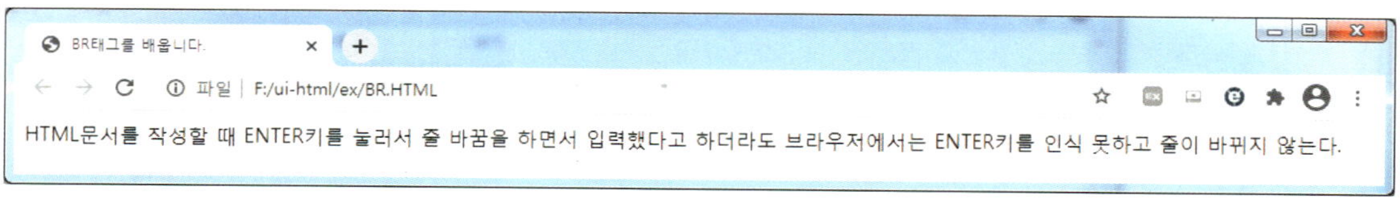

 태그는 한 줄 띄우는 기능을 가진다. 그리고 어디까지 인가를 표시할 필요가 없기 때문에 끝 태그가 필요하지 않다.

그러므로,
 태그는 빈 태그(empty)이고, 종료 태그가 존재하지 않는다.

예제 2-4 〈BR〉 태그 사용해서 줄 바꾸기

내용을 입력할 때 Enter↵키 대신에 〈BR〉 태그를 넣으면 다음과 같은 결과가 나온다.

```
〈!DOCTYPE html〉
〈HTML〉
〈HEAD〉
        〈META charset="utf-8"〉
        〈TITLE〉BR태그를 배웁니다. 〈/TITLE〉
〈/HEAD〉
〈BODY〉
HTML문서를 작성할 때 ENTER키를 눌러서〈BR〉
줄 바꿈을 하면서 입력했다고 하더라도〈BR〉
브라우저에서는 ENTER키를 인식 못하고 줄이 바뀌지 않는다.
〈/BODY〉
〈/HTML〉
```

(2) <P>...</P>

하나의 문단(Paragraph)을 만들 때 사용된다.

문단으로 지정되면
 태그를 사용한 것보다 더 많은 여백을 띄우고 문단 줄이 시작된다.

예제 2-5 〈P〉 태그 이용해서 문단 나누기

```
〈!DOCTYPE html〉
〈HTML〉
〈HEAD〉
        〈META charset="utf-8"〉
        〈TITLE〉P태그를 배웁니다. 〈/TITLE〉
〈/HEAD〉
〈BODY〉
        〈P〉
        하나의 문단(Paragraph)을 만들 때 사용된다.〈BR〉
        문단으로 지정되면 BR태그를 사용한 것보다 더 많은 여백을 띄우고 문단이 시작된다.
        〈/P〉
        HTML문서를 작성할 때 ENTER키를 눌러서〈BR〉
        줄 바꿈을 하면서 입력했다고 하더라도〈BR〉
        브라우저에서는 ENTER키를 인식 못하고 줄이 바뀌지 않는다.〈BR〉
〈/BODY〉
〈/HTML〉
```

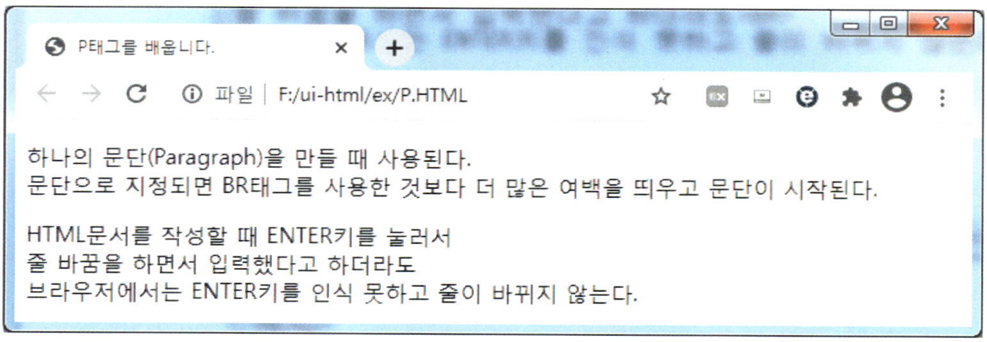

주의 <P> 태그의 align속성을 HTML5에서는 지원하지 않는다.

(3) <HR>

<HR> 태그를 사용해서 웹문서에 수평 줄을 그을 수 있다.

한 줄을 띄우는
 태그와 마찬가지로 어디까지를 지정할 필요가 없기 때문에 <HR> 태그는 끝 태그가 필요 없는 빈 태그이다.

예제 2-6 〈HR〉 태그 이용해서 선 만들기

```
〈!DOCTYPE html〉
〈HTML〉
〈HEAD〉
        〈META charset="utf-8"〉
        〈TITLE〉HR태그를 배웁니다. 〈/TITLE〉
〈/HEAD〉
〈BODY〉
        〈HR〉
        〈P〉
        하나의 문단(Paragraph)을 만들 때 사용된다.〈BR〉
        문단으로 지정되면 BR태그를 사용한 것보다 더 많은 여백을 띄우고 문단이 시작된다.
        〈/P〉
        〈HR〉
        HTML문서를 작성할 때 ENTER키를 눌러서〈BR〉
        〈HR〉
        줄 바꿈을 하면서 입력했다고 하더라도〈BR〉
        브라우저에서는 ENTER키를 인식 못하고 줄이 바뀌지 않는다.〈BR〉
〈/BODY〉
〈/HTML〉
```

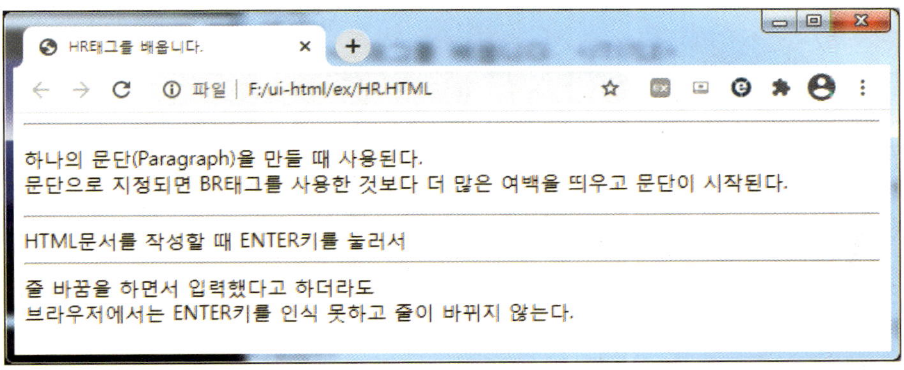

주의 <HR> 태그의 align, noshade, size, width 속성을 HTML5에서는 지원하지 않는다.

(4) <PRE>...</PRE>

웹문서를 코딩할 때 글자와 글자사이, 단어와 단어사이에 칸을 띄우고(Space Bar) 라인을 바꾸는 (Enter↵) 등, 입력한 내용을 그대로 브라우저에서 보여준다.

<PRE> 태그를 사용하지 않고 Space Bar 키를 몇 번을 눌러서 칸을 많이 띄웠다고 해도 브라우저는 1개의 공백으로 인식해서 보여준다.

그러나, <PRE> 태그를 사용하면 입력한 Space Bar 개수만큼 공백을 그대로 보여준다.

예제 2-7 〈PRE〉 태그를 사용한 결과와 사용하지 않은 결과 비교하기

```
〈!DOCTYPE html〉
〈HTML〉
〈HEAD〉
        〈META charset="utf-8"〉
        〈TITLE〉PRE태그를 배웁니다. 〈/TITLE〉
〈/HEAD〉
〈BODY〉
        〈P〉
        HTML문서를 작성할 때 ENTER키를 눌러서
        줄 바꿈을 하면서        입력했다고 하더라도
        브라우저에서는 ENTER키를 인식 못하고 줄이 바뀌지 않는다.
        〈/P〉
        〈PRE〉
        HTML문서를 작성할 때 ENTER키를 눌러서
        줄 바꿈을 하면서        입력했다고 하더라도
        브라우저에서는 ENTER키를 인식 못하고 줄이 바뀌지 않는다.
        〈/PRE〉
〈/BODY〉
〈/HTML〉
```

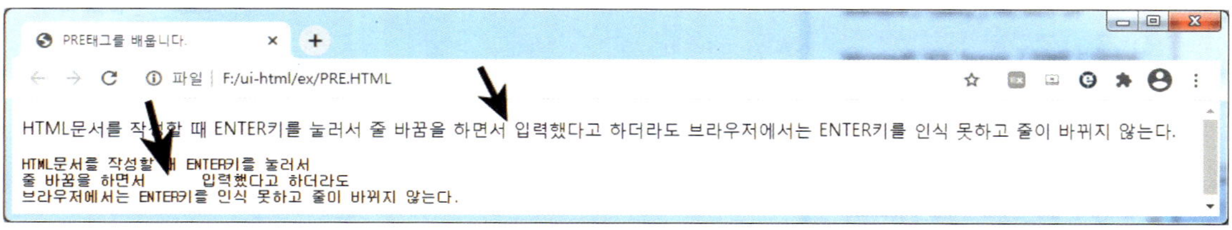

브라우저 가로 화면 크기에 영향을 많이 받지 않을 내용 즉, 가로 한 줄에 보여 줄 내용이 길지 않고 그런 텍스트 줄이 아래로 많이 반복되는 내용인 경우는 <PRE> 태그가 유용하지만 그 외의 경우에는 웹 문서의 전체적인 레이아웃 디자인에 좋지 않은 영향을 줄 수 있다.

<PRE> 태그를 사용하지 않으면, 브라우저 화면 너비를 줄였을 때 글자가 모두 브라우저 크기에 맞게 보이도록 자동으로 줄 조정이 되지만, <PRE> 태그를 사용하게 되면 자동으로 줄 조정이 이루어지지 않아서 브라우저 가로 크기를 넘어가는 글자들이 있는 경우에는 보이지 않게 된다.

예제 2-8 <PRE> 태그의 효과 이해하기

```
<!DOCTYPE html>
<HTML>
<HEAD>
        <META charset="utf-8">
        <TITLE>PRE태그를 배웁니다. </TITLE>
</HEAD>
<BODY>
        <P>
        PRE 태그를 사용하게 되면 자동으로 줄 조정이 이루어지지 않아서 브라우저 사이즈를
        넘어가는 글자들이 있는 경우 보이지 않게 된다.
        </P>
        <PRE>
        PRE 태그를 사용하게 되면 자동으로 줄 조정이 이루어지지 않아서 브라우저 사이즈를
        넘어가는 글자들이 있는 경우 보이지 않게 된다.
        </PRE>
</BODY>
</HTML>
```

브라우저 가로 너비가 텍스트 각 줄의 내용이 모두 보일 만큼의 너비일 때, <PRE> 태그 효과가 잘 나타난다.

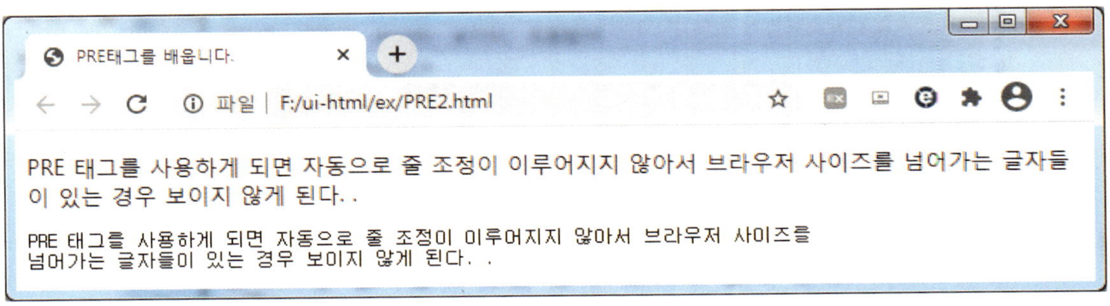

그러나, 브라우저 가로 너비가 텍스트 각 줄의 내용이 모두 보일 수 없을 만큼의 너비일 때, <PRE> 태그를 사용한 경우에는 글자가 잘린다.

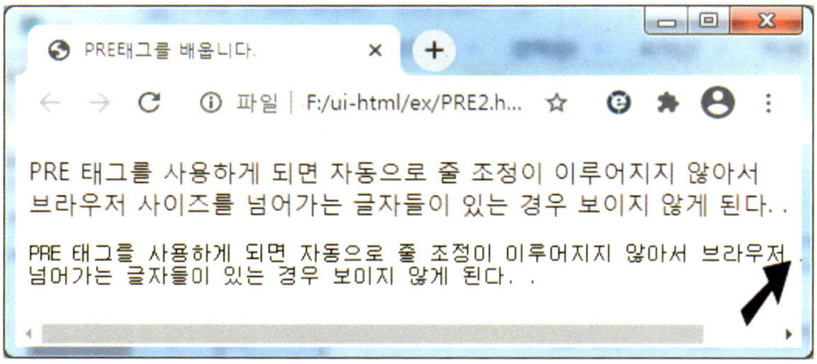

주의 HTML5에서는 <PRE> 태그의 width 속성을 더 이상 지원하지 않는다.

실습문제 2-1

문단을 다루는 태그를 이용해서 다음 그림을 참고하여 HTML 문서를 작성한다.

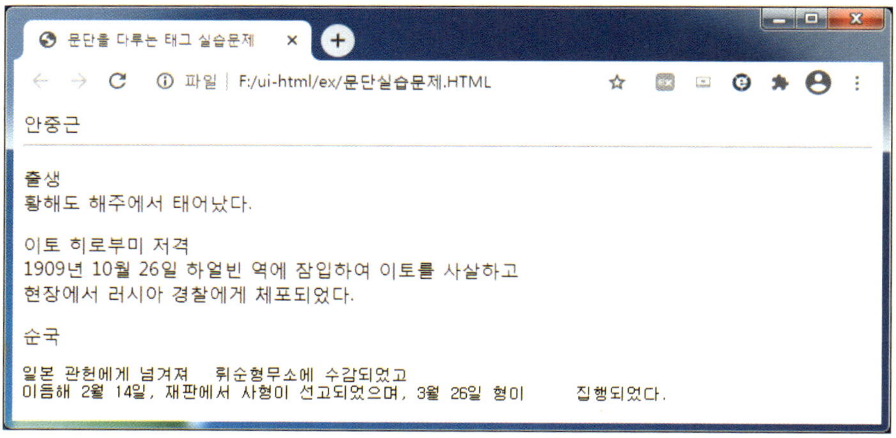

2.3 | 텍스트를 다루는 태그

(1) 기본 태그

■ <B>...</B>, <U>...</U>, <I>...</I>

<B> 태그는 글자를 굵게(Bold)하고, <U> 태그는 글자에 밑줄(Underline)을 긋고, <I> 태그는 글자를 기울이게(Italic) 만든다.

HTML5에서 제목은 <H1>부터 <H6> 태그(해당 내용 참고)로, 강조된 텍스트는 <EM> 태그, 그리고 중요한 의미를 가지는 텍스트는 <STRONG> 태그를 사용하며, 마지막으로 하이라이트된(highlighted) 텍스트는 <MARK> 태그로 표현하고, 이러한 태그를 사용할 수 없는 상태에서만 <B> 태그를 사용하는 것을 권장한다.

또한, <B> 태그가 필요한 경우에도 <B> 태그를 사용하지 말고 CSS의 속성인 font-weight을 사용하기를 권하고 있다.

예제 2-9 〈B〉, 〈U〉, 〈I〉 태그 이용해서 글자 꾸미기

```
〈!DOCTYPE html〉
〈HTML〉
〈HEAD〉
        〈META charset="utf-8"〉
        〈TITLE〉B,U,I 태그를배웁니다. 〈/TITLE〉
〈/HEAD〉
〈BODY〉
B태그는 글자를 〈B〉굵게〈/B〉(Bold)하고, 〈BR〉
U태그는 글자에 〈U〉밑줄〈/U〉(Underline)을 긋고, 〈BR〉
I태그는 글자를 〈I〉기울이게〈/I〉(Italic) 만든다.
〈/BODY〉
〈/HTML〉
```

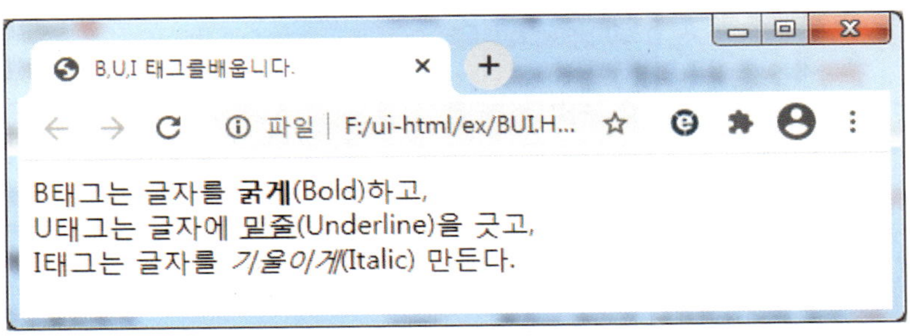

주의 HTML5 이전에서는 <I> 태그는 이탤릭체의 텍스트로만 표현되었지만, HTML5에서는 반드시 이탤릭체로만 표현되지는 않는다.

■ ^{...}, _{...}

<SUP> 태그는 위 첨자를 표시하기 위해, 그리고 <SUB> 태그는 아래 첨자를 표시할 때 사용한다.

예제 2-10 〈SUP〉과 〈SUB〉 태그를 사용해서 위 첨자와 아래 첨자 표현하기

```
〈!DOCTYPE html〉
〈HTML〉
〈HEAD〉
        〈META charset="utf-8"〉
        〈TITLE〉SUP,SUB 태그를배웁니다. 〈/TITLE〉
〈/HEAD〉
〈BODY〉
SUP 태그는 위〈SUP〉첨자〈/SUP〉를 표시하기 위해,〈BR〉
그리고 SUB태그는 아래〈SUB〉첨자〈/SUB〉를 표시할 때 사용한다.
〈/BODY〉
〈/HTML〉
```

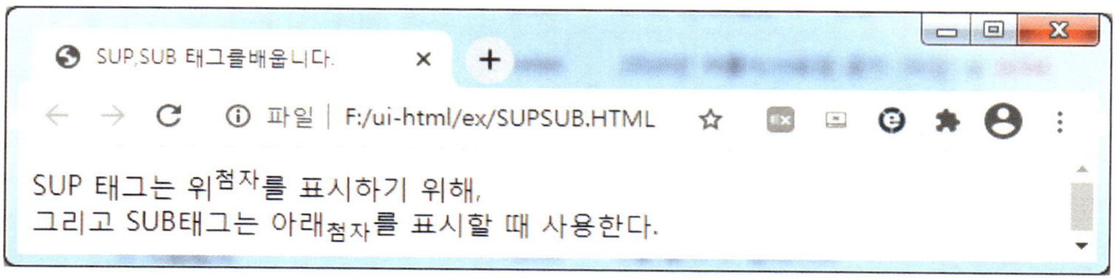

■ <SMALL>...</SMALL>, <KBD>...</KBD>, <CODE>...</CODE>

<SMALL> 태그는 글자 크기를 조금 더 작게 표시하고, <KBD> 태그는 키보드(KeyBoarD) 입력으로 글자를 표시하며, <CODE> 태그는 글자를 컴퓨터 코드(code)처럼 보여준다.

예제 2-11 〈SMALL〉, 〈KBD〉, 〈CODE〉 태그 사용해서 다양한 글자 표현하기

```
〈!DOCTYPE html〉
〈HTML〉
〈HEAD〉
        〈META charset="utf-8"〉
        〈TITLE〉SMALL,KBD,CODE 태그를 배웁니다. 〈/TITLE〉
〈/HEAD〉
〈BODY〉
SMALL태그는 글자 크기를 조금 더 〈SMALL〉작게〈/SMALL〉 표시하고, 〈BR〉
KBD태그는 키보드 입력으로 글자를 표시하며,(예 〈KBD〉ctrl〈/KBD〉)〈BR〉
CODE태그는 글자를 컴퓨터 코드처럼 보여준다.(예 〈CODE〉system.out.println(var1)〈/CODE〉)
〈/BODY〉
〈/HTML〉
```

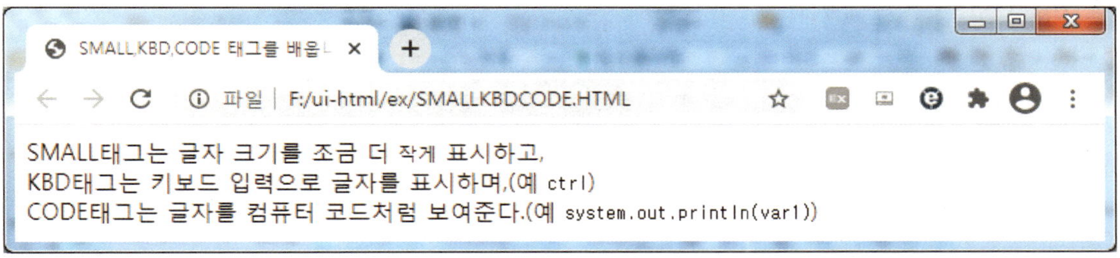

주의 HTML5에서 <SMALL> 태그는 저작권(copyright)이나 법률적인 내용의 부연 설명이나 작은 페이지를 나타낼 때 사용된다.

■ <H1>...</H1> ~ <H6>...</H6>

<H1>~<H6> 태그는 글자 크기를 지정하는 데, 보통 HTML 문서에서 제목(Heading)을 정의할 때 사용한다.

글자 크기는 <H1> 태그가 가장 크다.
따라서, <H1> 태그를 이용해서 가장 높은 레벨의 제목을 정의할 때 사용한다.

또한, <H1>~<H6> 태그를 사용하면 자동 줄 바꿈이 발생한다.

주의 HTML5에서는 <H1>~<H6> 태그의 align 속성을 더 이상 지원하지 않는다.

예제 2-12 〈H1〉~〈H6〉 태그 이용해서 제목 표현하기

```
〈!DOCTYPE html〉
〈HTML〉
〈HEAD〉
        〈META charset="utf-8"〉
        〈TITLE〉H1~H6 태그를 배웁니다 〈/TITLE〉
〈/HEAD〉
〈BODY〉
        〈H1〉1. HTML 문서의 구성〈/H1〉
        〈H3〉(1) HTML 태그 〈/H3〉
        〈H5〉문서의 기본 구조〈/H5〉
        〈H3〉(2) CSS style 〈/H3〉
        〈H5〉문서의 각 요소를 꾸밈〈/H5〉
        〈H3〉(3) javascript〈/H3〉
        〈H5〉동작을 제어〈/H5〉
〈/BODY〉
〈/HTML〉
```

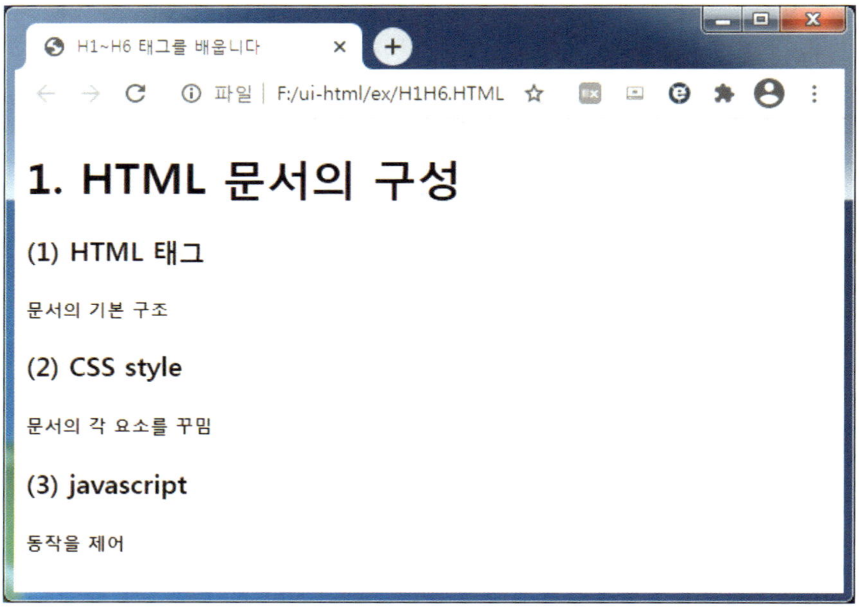

■ <EM>...</EM>, <STRONG>...</STRONG>, <MARK>...</MARK>

<EM> 태그는 텍스트를 강조할 때 사용하고 <STRONG> 태그는 문장의 일부분에 중요성을 지정하는데 사용된다.

<MARK> 태그는 형광펜으로 칠한 것처럼 하이라이트 된(highlighted) 텍스트를 지정할 때 사용한다.

예제 2-13 **〈EM〉, 〈STRONG〉, 〈MARK〉 태그 이용해서 글자 강조하기**

```
〈!DOCTYPE html〉
〈HTML〉
〈HEAD〉
〈META charset="UTF-8"〉
〈TITLE〉em, strong, mark태그를 배웁니다.〈/TITLE〉
〈/HEAD〉
〈BODY〉
        〈P〉
        EM 태그는 〈EM〉 텍스트를 강조〈/EM〉할 때 사용하고 STRONG 태그 문장의 일부분에
        〈STRONG〉중요성을 추가〈/STRONG〉하는데 사용된다.
        〈MARK〉 MARK 태그〈/MARK〉는 형광펜으로 칠한 것처럼 하이라이트된(highlighted) 텍스트
        를 정의할 때 사용한다.
        〈/P〉
〈/BODY〉
〈/HTML〉
```

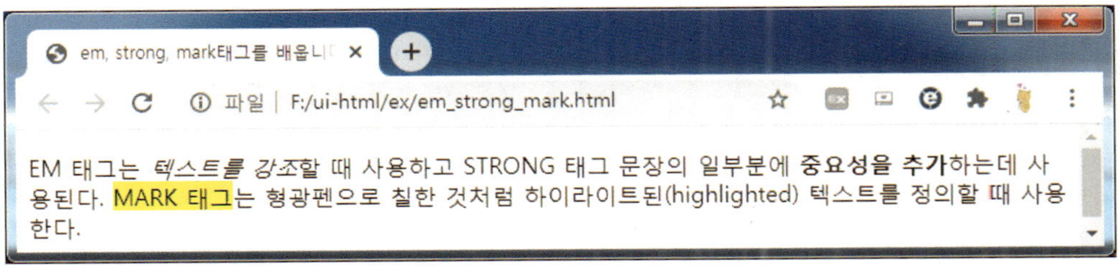

(2) 설명을 달아주는 태그

■ <RUBY>...</RUBY>, <RT>...</RT>, <RP>...</RP>

<RUBY> 태그는 동아시아 일부 지역의 언어에서 일본어의 후리가나와 같이 해당 문자의 발음이나 설명을 작은 크기의 위 첨자로 알려주는 루비 주석(RUBY annotation)을 정의할 때 사용한다.

<RUBY> 태그는 <RT> 태그를 포함해서 사용하는데, <RUBY> 태그 다음에 먼저, 발음이나 설명이 필요한 한 개 이상의 문자를 지정하고, <RT>...</RT>> 태그를 이용해서 지정한 문자에 대하여 발음이나 설명을 지정한 다음, 끝에 </RUBY> 태그로 닫는다.

예제 2-14 〈RUBY〉, 〈RT〉 태그 이용해서 루비 주석 표시하기

```
〈!DOCTYPE html〉
〈HTML〉
〈HEAD〉
        〈META charset="utf-8"〉
        〈TITLE〉ruby,rt태그를 배웁니다. 〈/TITLE〉
〈/HEAD〉
〈BODY〉
        제4차 〈RUBY〉 産業革命〈RT〉산업혁명〈/RT〉〈/RUBY〉
〈/BODY〉
〈/HTML〉
```

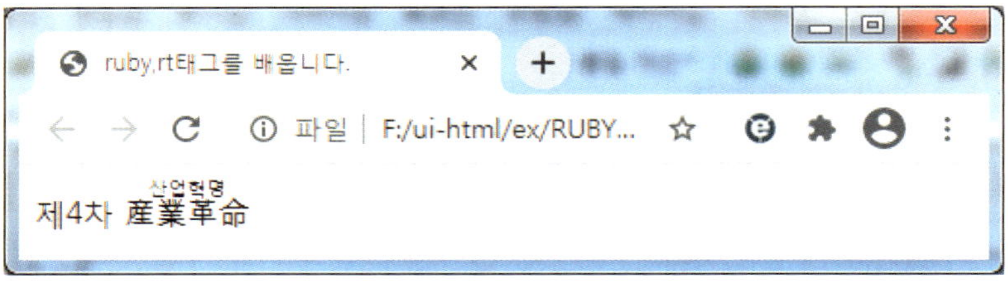

브라우저가 <RUBY> 태그를 인식 못하는 경우에 대한 처리방법을 지정할 수 있는데, 이때 <RP> 태그를 사용한다.

즉, 위첨자로 표시하지 못하는 대신 다른 방법으로 처리해달라고 지정하는 것이다.

예제 2-15 〈RUBY〉, 〈RT〉 태그를 인식 못하는 브라우저인 경우, 다른 방법으로의 표시를 지정하는 〈RP〉 태그 사용하기

```
〈!DOCTYPE html〉
〈HTML〉
〈HEAD〉
        〈META charset="utf-8"〉
        〈TITLE〉ruby,rp태그를 배웁니다. 〈/TITLE〉
〈/HEAD〉
〈BODY〉
제4차 〈RUBY〉 産業革命〈RP〉(〈/RP〉〈RT〉산업혁명〈/RT〉〈RP〉)〈/RP〉〈/RUBY〉
〈/BODY〉
〈/HTML〉
```

산업혁명
제4차 産業革命

〈RUBY〉 태그를 지원하는 브라우저

제4차 産業革命(산업혁명)

〈RUBY〉 태그를 지원하지 않는 브라우저

(3) 특수문자 입력 방법

웹문서에 특수문자를 포함하기 위해서는 다음 표의 코드 값(numeric) 또는 기호(symbolic)를 사용하거나, 한글자음과 함께 **한자**키를 이용한다.

표시되는 문자	코드값	기호	설명
공백			한 칸 띄우기
<	<	<	less then , ...보다 적은
>	>	>	greter then , ...보다 큰
&	&	&	앰퍼샌드
"	"	"	quotation, 큰 따옴표
ⓒ	©	©	저작권자, copy writer

예제 2-16 특수문자 입력 방법 이해하기

```
<!DOCTYPE html>
<HTML>
<HEAD>
        <META charset="utf-8">
        <TITLE>특수문자 입력을 배웁니다. </TITLE>
</HEAD>
<BODY>
        &lt;RUBY&gt; 태그를 &quot;인식&quot; 못하는 경우에 대한 처리방법을
        지정할 수 있는데, 이때 &lt;RP&gt;태그를      사용한다.<BR>
               &copy;KIM  &amp; SAU
</BODY>
</HTML>
```

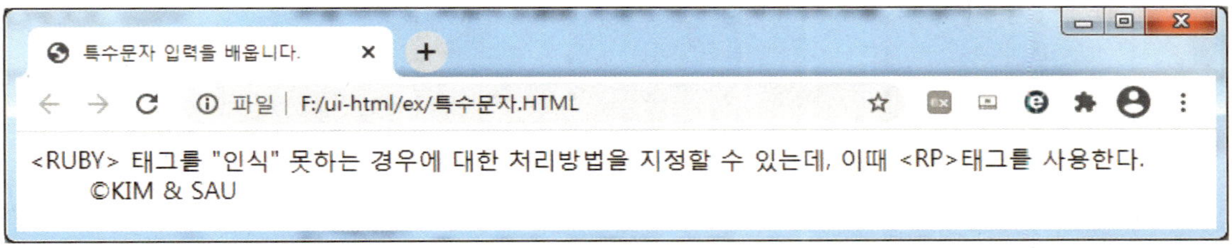

HTML을 코딩할 때 한글 자음을 입력한 다음, 커서가 자음에 있는 상태에서 한자키를 누르면 선택할 수 있는 기호들이 화면 오른쪽 아래에 나타난다. 원하는 기호를 선택하면 된다.

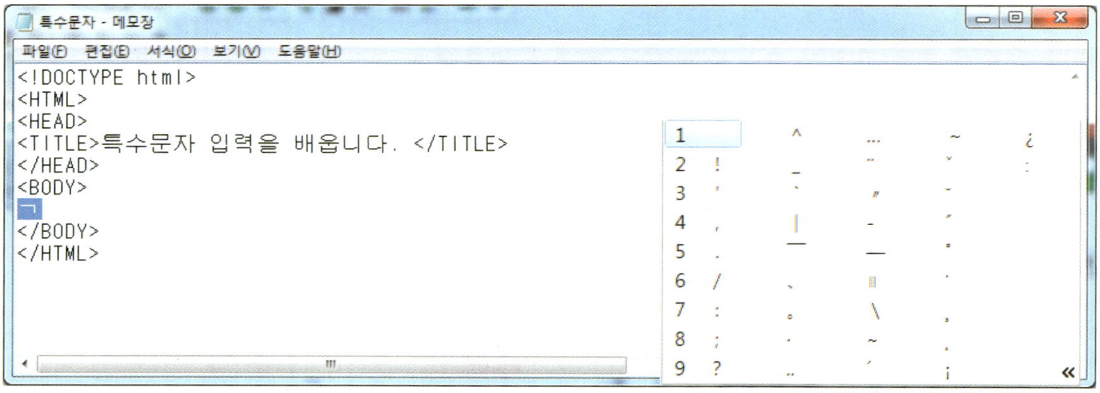

각 자음에 대한 특수문자는 네이버에서 검색할 수 있다.

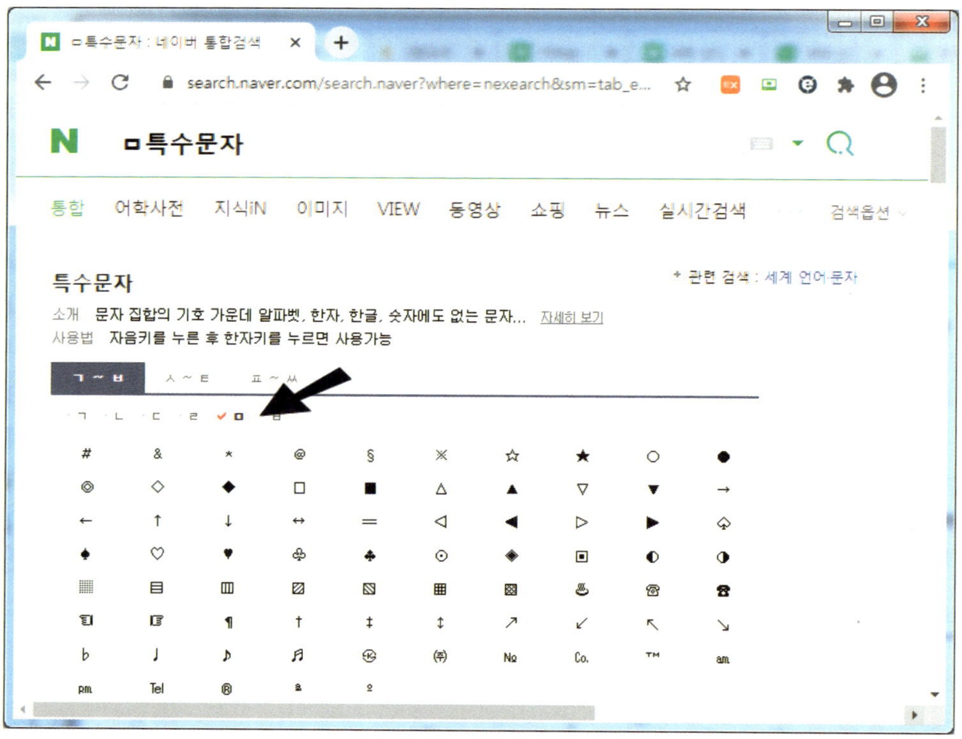

실습문제 2-2

텍스트를 다루는 태그를 이용해서 다음 그림을 참고하여 HTML 문서를 작성한다.

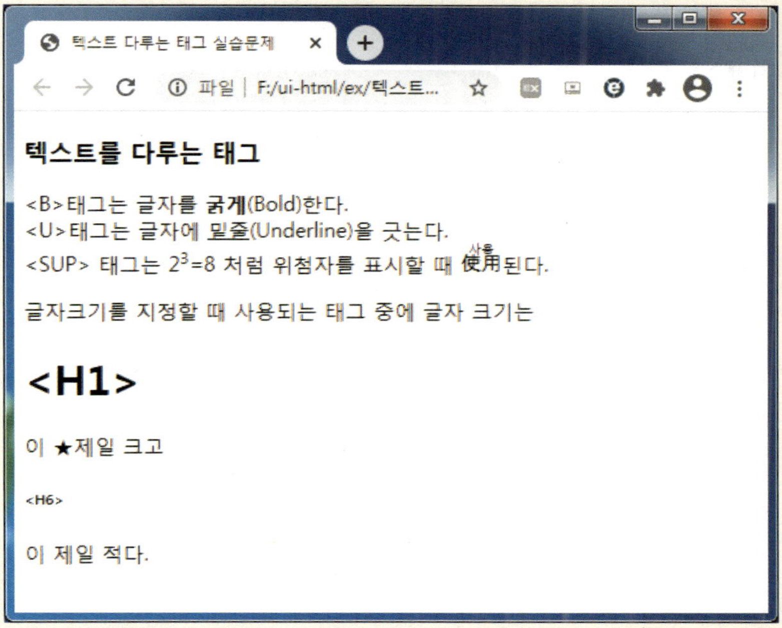

2.4 | 리스트를 만드는 태그

웹문서에 목록을 만드는 태그들이다.

(1) <UL>...</UL>

<UL> 태그는 순서가 없는 리스트를 정의할 때 사용한다.

리스트에 포함되는 각 항목들은 <LI>...</LI> 태그를 이용해서 지정하며 항목 앞에 보이는 마커(marker)는 검정색의 작은 원(bullet)이나 사각형 모양으로 표현된다.

<UL> 태그로 목록이 시작된 것을 표시하고 목록 안에 포함되는 항목들을 각 항목마다 <LI>...</LI> 태그를 이용해서 지정한 다음 </UL> 태그로 닫으면 된다.

예제 2-17 〈UL〉과 〈LI〉 태그 이용해서 순서없는 리스트 만들기

```
〈!DOCTYPE html〉
〈HTML〉
〈HEAD〉
        〈META charset="utf-8"〉
        〈TITLE〉UL 태그를 배웁니다. 〈/TITLE〉
〈/HEAD〉
〈BODY〉
        메뉴
        〈UL〉
                〈LI〉커피〈/LI〉
                〈LI〉차〈/LI〉
        〈/UL〉
〈/BODY〉
〈/HTML〉
```

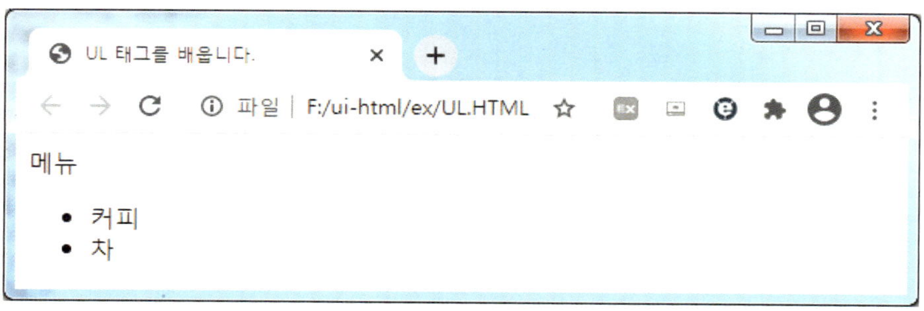

<LI>...</LI> 태그 안에서 <UL> 태그를 사용하면 리스트 안에 또 다른 리스트를 포함할 수 있다.

예제 2-18 **〈LI〉 태그 안에서 〈UL〉 태그를 사용하여 포함된 리스트 만들기**

```
<!DOCTYPE html>
<HTML>
<HEAD>
        <META charset="utf-8">
        <TITLE>UL 태그를 배웁니다. </TITLE>
</HEAD>
<BODY>
        메뉴
        <UL>
                <LI>커피
                        <UL>
                                <LI>아메리카노</LI>
                                <LI>카페라떼</LI>
                        </UL></LI>
                <LI>차</LI>
        </UL>
</BODY>
</HTML>
```

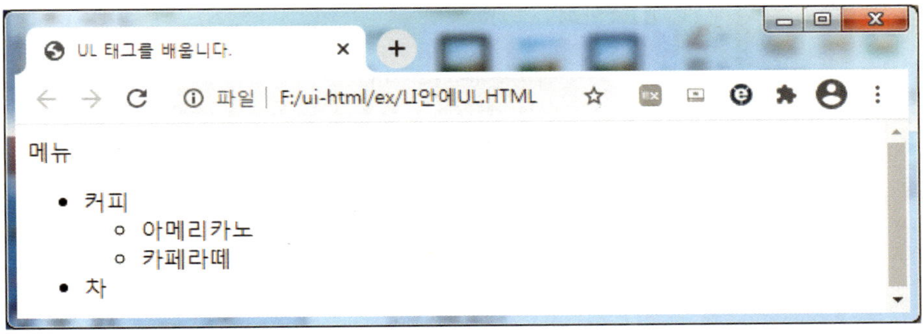

주의

HTML5에서는 <UL> 태그의 type 속성을 더 이상 지원하지 않으므로 CSS의 list-style-type 속성을 사용하여 마커의 종류를 변경해야 한다.

(2) <OL>...</OL>

<OL> 태그는 순서가 있는 리스트를 정의할 때 사용한다.

<UL> 태그와 마찬가지로 리스트에 포함되는 각 항목들은 <LI>...</LI> 태그를 이용해서 지정하며 항목 앞에 추가되는 마커(marker)는 아라비아 숫자나 알파벳으로 표현된다.

<OL> 태그로 목록이 시작된 것을 표시하고 목록 안에 포함되는 항목들을 각 항목마다 <LI>...</LI> 태그를 이용해서 지정한 다음 </OL> 태그로 닫으면 된다.

또한, <LI>...</LI> 태그 안에서 <OL> 태그를 사용하면 리스트 안에 또 다른 리스트를 포함할 수 있다.

예제 2-19 〈OL〉과 〈LI〉 태그 이용해서 순서 있는 리스트 만들기

```
〈!DOCTYPE html〉
〈HTML〉
〈HEAD〉
        〈META charset="utf-8"〉
        〈TITLE〉OL 태그를 배웁니다. 〈/TITLE〉
〈/HEAD〉
〈BODY〉
        메뉴
        〈OL〉
                〈LI〉커피〈OL〉
                                〈LI〉아메리카노〈/LI〉
                                〈LI〉카페라떼〈/LI〉
                〈/OL〉〈/LI〉
                〈LI〉차〈/LI〉
        〈/OL〉
〈/BODY〉
〈/HTML〉
```

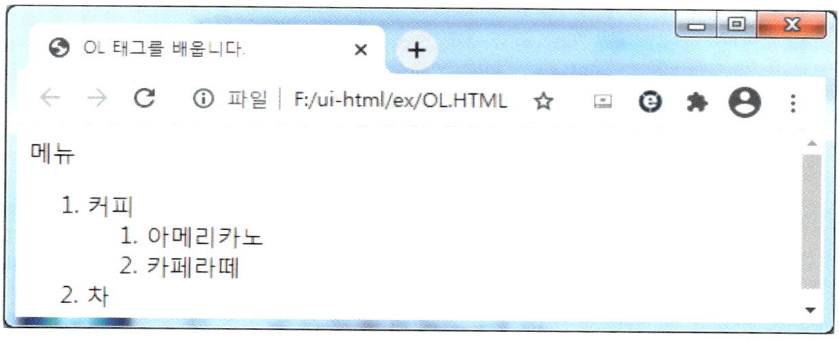

<OL> 태그에서 지정 가능한 속성 (❺ 표시 : HTML5에서 추가된 속성)

속성명	값
type	1, A, a, I(아라비아 숫자로 대문자), i(아라비아 숫자로 소문자)
start	type에서 지정한 유형의 순서에서 시작하는 번호 (문자 순서에 있어서의 문자)
reversed❺	reversed(마커의 순서를 내림차순으로 지정)

예제 2-20 〈LI〉 태그 안에서 〈OL〉 태그를 사용하여 포함된 리스트 만들기

```
<!DOCTYPE html>
<HTML>
<HEAD>
        <META charset="utf-8">
        <TITLE>OL 태그를 배웁니다. </TITLE>
</HEAD>
<BODY>
        메뉴<OL type="A" start="10">
            <LI>커피<OL type="i" start="3">
            <LI>아메리카노</LI>
            <LI>카페라떼</LI>
            </OL></LI>
            <LI>차</LI>
        </OL>
</BODY>
</HTML>
```

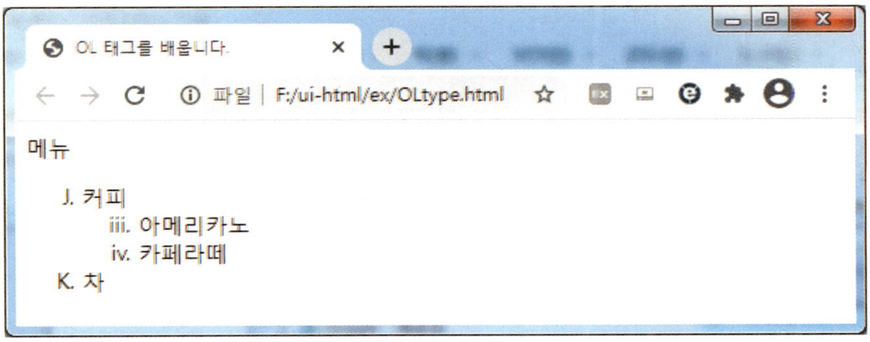

(3) <DL>...</DL>

<DL> 태그는 사전식(Dictionary) 리스트(List)로 보여줄 때 사용한다.

사전에서는 용어(Term)와 그 용어를 설명(Description)하는 내용으로 구성되는 것처럼, 용어를 표현하기 위해서 <DT>...</DT> 태그를 사용하고 <DT>...</DT> 태그에서 지정한 용어에 대한 설명은 <DD>...</DD> 태그를 사용해서 지정한다.

예제 2-21 〈DL〉, 〈DT〉, 〈DD〉 태그를 사용해서 사전식 리스트 만들기

```
〈!DOCTYPE html〉
〈HTML〉
〈HEAD〉
        〈META charset="utf-8"〉
        〈TITLE〉DL 태그를 배웁니다. 〈/TITLE〉
〈/HEAD〉
〈BODY〉
        메뉴
        〈DL〉
            〈DT〉아메리카노〈/DT〉〈DD〉에스프레소에 뜨거운 물을 더한 커피〈/DD〉
            〈DT〉카페라떼〈/DT〉
            〈DD〉에스프레소에 따뜻한 우유를 1 : 2 또는 1 : 3 정도의 비율로 섞은 커피〈/DD〉
        〈/DL〉
〈/BODY〉
〈/HTML〉
```

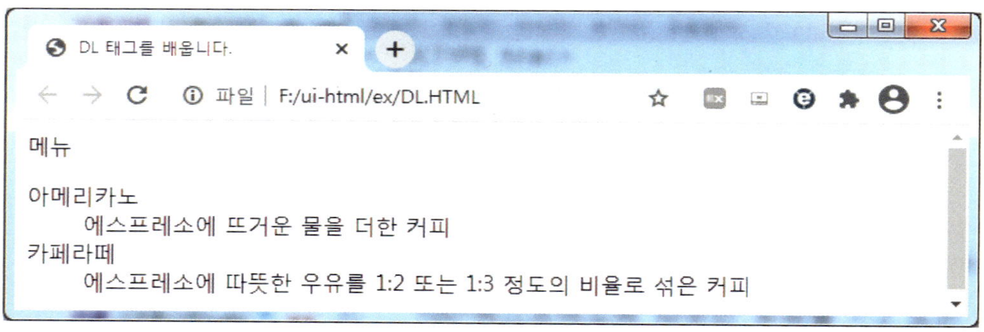

리스트를 다루는 <UL>, <UL>, <DL> 태그를 혼합해서 사용할 수 있다.

예제 2-22 〈UL〉, 〈OL〉, 〈DL〉 태그를 같이 사용해서 다양한 리스트 만들기

```
〈!DOCTYPE html〉
〈HTML〉
〈HEAD〉
        〈META charset="utf-8"〉
        〈TITLE〉UL OL DL 태그를 배웁니다. 〈/TITLE〉
〈/HEAD〉
〈BODY〉
메뉴〈UL〉
        〈LI〉커피〈OL〉
        〈LI〉〈DL〉〈DT〉아메리카노〈/DT〉
                〈DD〉에스프레소에 뜨거운 물을 더한 커피〈/DD〉〈/DL〉〈/LI〉
        〈LI〉〈DL〉〈DT〉카페라떼〈/DT〉
                〈DD〉에스프레소에 따뜻한 우유를 1 : 2 또는 1 : 3 정도의 비율로 섞은 커피〈/DD〉
        〈/DL〉〈/LI〉
        〈/OL〉〈/LI〉
        〈LI〉차〈/LI〉
〈/UL〉
〈/BODY〉
〈/HTML〉
```

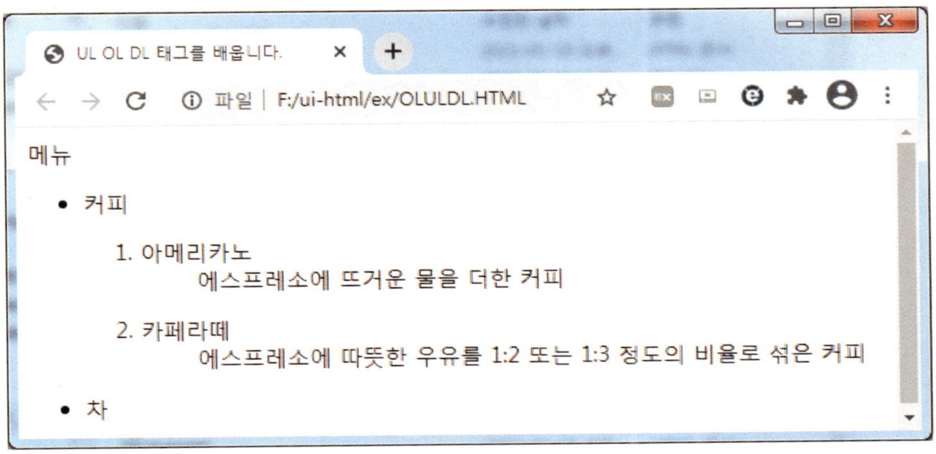

실습문제 2-3

목록을 다루는 태그를 이용해서 다음 그림을 참고하여 HTML 문서를 작성한다.

2.5 | 문서의 다양한 요소를 다루는 태그

(1) 미디어를 다루는 태그

■ <IMG>

<IMG> 태그는 HTML 문서에서 이미지(IMaGe)를 정의할 때 사용한다.

<IMG> 태그에서 지정된 이미지는 HTML 문서에 직접 삽입되는 것이 아니라, HTML 문서에 이미지가 링크되는 형태로 포함된다.

〈IMG〉 태그에서 지정 가능한 속성(❺ 표시 : HTML5에서 추가된 속성)

속성명	값	설명
alt	텍스트 값	이미지를 가져오는데 실패했을 경우 보여줄 텍스트
crossorigin❺	anonymous use-credentials	<canvas> 태그에서 사용될 이미지에 제3의 사이트로부터의 이미지 허용 여부
height	픽셀(px) 단위 값 비율(%) 값	이미지의 높이
src	이미지가 저장되어있는 url주소	상대주소 또는 절대주소(필수)
ismap	ismap	서버 사이드 이미지맵(server-side image map)의 일부인지 여부. <IMG> 태그가 <A> 태그의 자손태그인 경우에만 지정 가능
usemap	#맵이름	사용자 이미지 맵으로 이미지를 지정. (<MAP> 태그의 name 속성과 결합하여, <IMG>와<MAP> 사이의 관계를 생성한다.)
width	픽셀(px) 단위 값 비율(%) 값	이미지의 너비

주의 HTML5에서는 <IMG> 태그에서 align, border, hspace, vspace 속성을 지원하지 않는다.

■ 주소 지정 방법

<IMG> 태그의 src 속성으로 이미지 주소(url)를 지정할 때 2가지 방법 중에서 선택할 수 있다.

■ 절대 주소

<IMG> 태그의 src 속성으로 이미지가 저장되어 있는 url의 전체 경로를 정확히 지정한다.

예제 2-23 〈IMG〉 태그의 src 속성에 절대 경로 지정하기

```
<!DOCTYPE html>
<HTML>
<HEAD>
        <META charset="utf-8">
        <TITLE>img 태그를 배웁니다. </TITLE>
</HEAD>
<BODY>
<IMG src="https : //cdn.pixabay.com/photo/2014/12/16/22/25/sunset-570881_960_720.jpg"
  height="150px" width="50%">
</BODY>
</HTML>
```

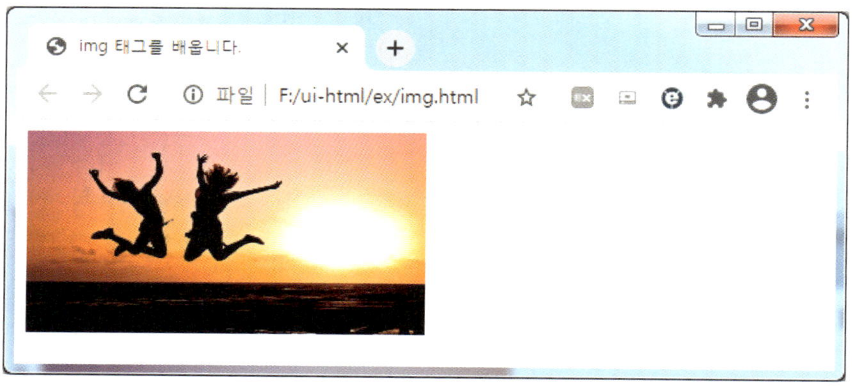

■ 상대 주소

이미지를 포함하려는 해당 웹문서가 저장된 위치를 기준으로 이미지가 저장되어 있는 url의 상대 경로를 지정한다.

현재 문서가 위치한 폴더의 그 상위폴더를 지정하기 위해서 ".."을 사용한다.

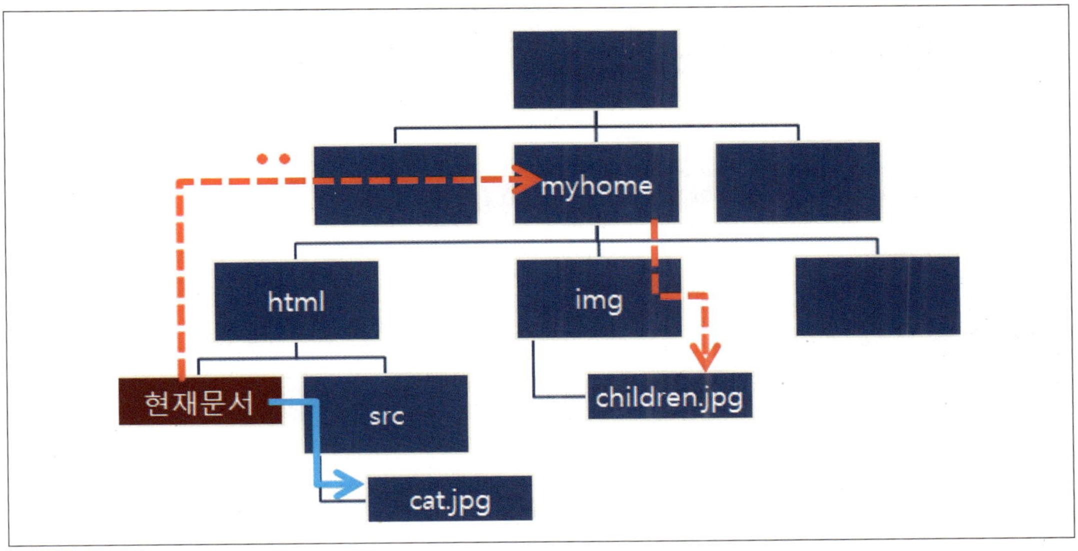

현재 문서에서 "myhome/img" 경로에 있는 "children.jpg" 파일을 지정하려면 다음과 같이 지정한다.

"../img/children.jpg"

예제 2-24 〈IMG〉 태그의 src 속성에 상대 경로 지정하기

```
<!DOCTYPE html>
<HTML>
<HEAD>
        <META charset="utf-8">
        <TITLE>이미지 상대경로를 배웁니다. </TITLE>
</HEAD>
<BODY>
        <IMG src="../img/children.jpg" height="150px" width="80%">
</BODY>
</HTML>
```

또한, 현재 문서에서 하위폴더 “src”에 있는 “cat.jpg” 파일을 지정하려면 다음과 같이 지정한다.

“src/cat.jpg”

예제 2-25 HTML 문서의 하위 폴더에 위치한 이미지를 위해 src 속성에 상대 경로 지정하기

```
〈!DOCTYPE html〉
〈HTML〉
〈HEAD〉
        〈META charset="utf-8"〉
        〈TITLE〉이미지 상대경로를 배웁니다. 〈/TITLE〉
〈/HEAD〉
〈BODY〉
        〈IMG src="src/cat.jpg" height="50%" width="50%"〉
〈/BODY〉
〈/HTML〉
```

■ <EMBED>

HTML5에서 새롭게 추가된 <EMBED> 태그를 사용해서 동영상파일(*.avi, *.mpeg)과 오디오 파일(*.wav, *.midi), 그리고 플래쉬 파일(*.swf)을 HTML문서에 포함할 수 있다.

<EMBED> 태그는 웹문서에 포함할 미디어 영역(container)을 정의한다.

〈EMBED〉 태그에서 지정 가능한 속성

속성명	값	설명
height	픽셀(px) 단위 값/비율(%) 값	영역의 높이
src	파일이 저장되어있는 url주소	상대주소와 절대주소로 지정 가능
type	미디어 유형	포함시킬 외부 파일의 미디어 유형
width	픽셀(px) 단위 값/비율(%) 값	영역의 너비

■ <AUDIO>...</AUDIO>

HTML5에서 새롭게 추가된 <AUDIO> 태그는 음악이나 오디오 스트림과 같은 사운드를 문서에 포함할 때 사용한다.

<AUDIO> 태그는 현재 MP3, WAV, Ogg 파일 형식을 지원하지만 브라우저마다 차이가 있다.

예를 들어, 크롬에서서는 이 3가지 미디어 유형을 지원하지만 익스플로어에서는 MP3 형식만 지원된다.

<AUDIO>와 </AUDIO> 사이에 글자를 넣으면 브라우저가 <AUDIO> 태그를 지원하지 않을 경우 오디오 대신 보여주게 된다.

〈AUDIO〉 태그에서 지정 가능한 속성

속성명	값	설명
autoplay	autoplay	오디오가 재생될 준비가 되면 자동으로 재생될 것인지를 지정
controls	controls	오디오의 실행을 제어할 수 있는 제어기 표시여부
loop	loop	오디오의 재생이 끝나면 자동으로 다시 재생 할지를 지정
muted	muted	음소거 여부
preload	auto metadata none	페이지가 로드될 때 오디오 파일이 같이 로드되어야 하는지 여부와 그 방법
src	URL	오디오 파일의 위치(URL)

잠깐만

autoplay, controls, loop, muted와 같은 속성들은
<AUDIO autoplay="autoplay" controls="controls" loop="loop" muted="muted">
라고 지정해도 되고, 다음과 같이 속성명만 지정해도 된다.
<AUDIO autoplay controls loop muted>

현재, 브라우저별로 지원 가능한 오디오 파일 포맷은 다음과 같다.

파일형식	미디어유형	크롬	익스플로어	파이어폭스	사파리	오페라
MP3	audio/mp3	○	○	○	○	○
WAV	audio/wav	○	×	○	○	○
Ogg	audio/ogg	○	×	○	×	○

■ <VIDEO>...</VIDEO>

HTML5에서 새롭게 추가된 <VIDEO> 태그는 무비 클립(movie clip)이나 비디오 스트림(video stream)과 같은 비디오를 포함할 때 사용한다.

<VIDEO>와 </VIDEO> 사이에 글자를 넣으면 브라우저가 <VIDEO> 태그를 지원하지 않을 경우 비디오화면 대신 보여주게 된다.

<VIDEO> 태그는 현재, MP4, WebM, Ogg 파일 형식을 지원하지만 브라우저마다 차이가 있다. 예를 들어, 크롬에서는 이 3가지 미디어 유형을 지원하지만 익스플로어에서는 MP4 형식만 지원된다.

현재, 브라우저별로 지원 가능한 비디오 파일 포맷은 다음과 같다.

파일형식	미디어유형	크롬	익스플로어	파이어폭스	사파리	오페라
MP4	video/mp4	○	○	○	○	○
WebM	video/webm	○	×	○	×	○
Ogg	video/ogg	○	×	○	×	○

〈VIDEO〉 태그에서 지정 가능한 속성

속성명	값	설명
autoplay	autoplay	비디오가 재생될 준비가 되면 자동으로 재생될 것인지를 지정
controls	controls	비디오의 실행을 제어할 수 있는 제어기 표시여부
height	픽셀(px) 값 비율(%) 값	비디오 영역의 높이
loop	loop	비디오의 재생이 끝나면 자동으로 다시 재생 할 지를 지정
muted	muted	음소거 여부
poster	URL	비디오를 다운로드하는 동안이나 사용자가 재생 버튼을 누를 때까지 표시할 이미지
preload	auto metadata none	페이지가 로드될 때 비디오 파일이 같이 로드되어야 하는지 여부와 그 방법을 지정
src	URL	비디오 파일의 위치(URL)
width	픽셀(px) 값 비율(%) 값	비디오 영역의 너비

예제 2-26 〈AUDIO〉와 〈VIDEO〉 태그 사용해서 HTML 문서에 오디오 파일과 비디오 파일 연결하기

```
〈!DOCTYPE html〉
〈HTML〉
〈HEAD〉
        〈META charset="utf-8"〉
        〈TITLE〉미디어 파일을 포함합니다.〈/TITLE〉
〈/HEAD〉
〈BODY〉
        〈H3〉단어 배우기〈/H3〉
        〈H3〉 airplane〈/H3〉
        〈UL〉
                〈LI〉〈AUDIO src="../img/airplane.m4a" controls 〉 〈/AUDIO〉〈/LI〉
                〈LI〉
                〈VIDEO src="../img/plane.mp4" controls width="80%" height="150px" 〉
                〈/VIDEO〉〈/LI〉
        〈/UL〉
〈/BODY〉
〈/HTML〉
```

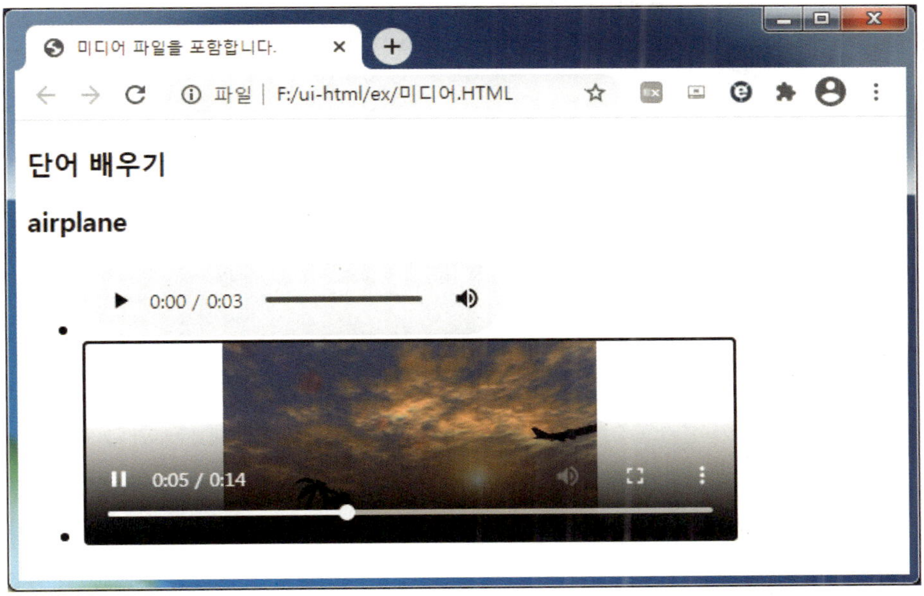

(2) 테이블을 만드는 태그

웹 문서에서, 데이터를 포함하는 셀(cell)들의 행과 열로 구성된 2차원 테이블을 정의할 때 다음과 같은 태그들을 이용해서 표시한다.

■ <TABLE>...</TABLE>

<TABLE> 태그를 이용해서 테이블을 시작하고 <TR> 태그를 사용해서 줄의 시작을 표현한다.

한 개의 줄 안에서 각 칸(cell)에 대해서는 <TD>와 </TD>로 표시해주고 칸(cell)에 들어가는 내용(data)은 <TD>와 </TD>사이에 넣어준다.

한 줄에 대한 모든 칸이 지정되었으면 줄 끝을 표시하기 위해 </TR>로 마무리 한다.

그리고 그 다음 줄도 이와 같은 방법으로 반복해서 표시하고 모든 줄에 대한 지정이 끝났으면 </TABLE> 태그로 끝임을 표시해 준다.

<TABLE>

<TR>	<TH> 1 </TH>	<TH> 2 </TH>	<TH> 3 </TH>	</TR>
<TR>	<TD> 4 </TD>	<TD> 5 </TD>	<TD> 6 </TD>	</TR>
<TR>	<TD> 7 </TD>	<TD> 8 </TD>	<TD> 9 </TD>	</TR>

</TABLE>

주의 <TABLE> 태그의 align, bgcolor, border, cellpadding, cellspacing, frame, width 속성들을 HTML5에서는 지원하지 않는다. 또한 HTML5 이전에는 테이블을 사용하여 HTML 문서의 레이아웃을 정의하는 경우가 있었지만 HTML5에서는 <DIV>나 CSS를 이용해서 레이아웃을 디자인하는 것이 일반적이다.

■ <TR>...</TR>

<TR> 태그는 테이블에서 셀들로 이루어진 하나의 행(row,줄)을 정의할 때 사용한다.

<TR> 태그는 하나 이상의 <TD> 태그(데이터 셀)나 <TH> 태그(머리글 셀)를 포함할 수 있다.

주의 HTML5에서는 <TR> 태그의 align, bgcolor, char, charoff, valign 속성을 지원하지 않는다.

■ <TD>...</TD>, <TH>...</TH>

<TD> 태그와 <TH> 태그는 HTML 테이블에서 한 개의 칸, 즉 하나의 데이터 셀(data cell)을 정의할 때 사용한다.

테이블에서 머리글에 해당하는 셀을 표시하기 위해 반드시 <TH> 태그를 사용할 필요는 없다.

<TD> 태그와 <TH> 태그의 다른 점은 <TH> 태그 내의 텍스트는 기본적으로 굵은 글자로 중앙 정렬되고, <TD> 태그 내의 텍스트는 일반적인 두께의 글자로 왼쪽 정렬된다.

예제 2-27 〈TABLE〉, 〈TR〉, 〈TD〉, 〈TH〉 태그 이용해서 표 만들기

```
〈!DOCTYPE html〉
〈HTML〉
〈HEAD〉
        〈META charset="utf-8"〉
        〈TITLE〉표를 만듭니다.〈/TITLE〉
〈/HEAD〉
〈BODY〉
        〈TABLE〉
                〈TR〉〈TH〉번호〈/TH〉〈TH〉이름〈/TH〉〈TH〉생일〈/TH〉〈/TR〉
                〈TR〉〈TD〉1〈/TD〉〈TD〉홍길동〈/TD〉〈TD〉2020/01/01〈/TD〉〈/TR〉
                〈TR〉〈TD〉2〈/TD〉〈TD〉김철수〈/TD〉〈TD〉2020/12/31〈/TD〉〈/TR〉
        〈/TABLE〉
〈/BODY〉
〈/HTML〉
```

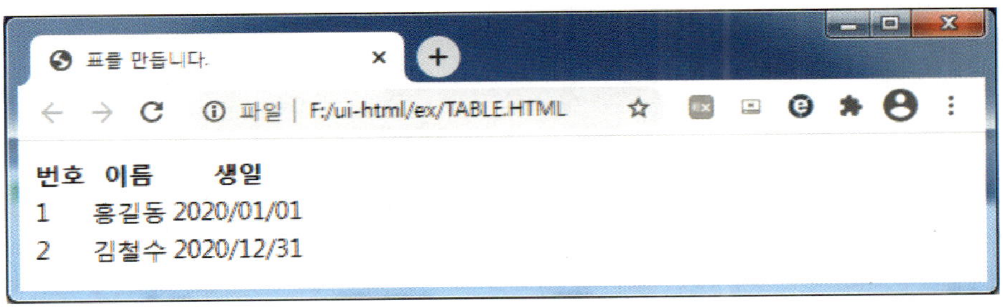

colspan 속성과 rowspan 속성을 사용하면 내용을 여러 셀에 걸쳐 나타낼 수 있다.

〈TH〉와 〈TD〉 태그에서 지정 가능한 속성

속성명	값	설명
colspan	정수 숫자 값	가로(열, COLumn)로 몇 개의 셀을 하나로 합칠 것인지 지정
rowspan	정수 숫자 값	세로(행, ROW)로 몇 개의 셀을 하나로 합칠 것인지 지정

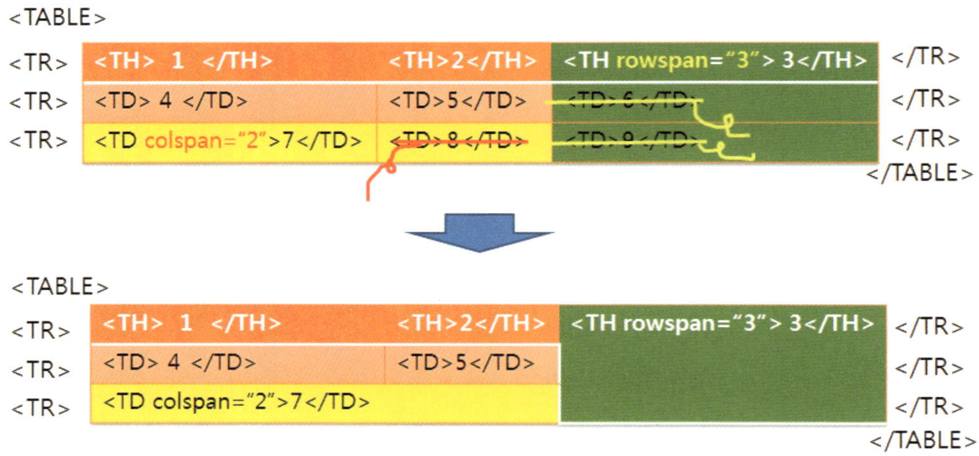

예제 2-28 ⟨TH⟩와 ⟨TD⟩ 태그의 colspan 속성과 rowspan 속성 이용해서 셀 합치기

```
⟨!DOCTYPE html⟩
⟨HTML⟩
⟨HEAD⟩
        ⟨META charset="utf-8"⟩
        ⟨TITLE⟩표를 만듭니다.⟨/TITLE⟩
⟨/HEAD⟩
⟨BODY⟩
        ⟨TABLE⟩
                ⟨TR⟩⟨TH⟩번호⟨/TH⟩⟨TH⟩이름⟨/TH⟩⟨TH⟩생일⟨/TH⟩⟨/TR⟩
                ⟨TR⟩⟨TD rowspan="2"⟩1⟨/TD⟩⟨TD⟩홍길동⟨/TD⟩⟨TD⟩2020/01/01⟨/TD⟩⟨/TR⟩
                ⟨TR⟩⟨TD colspan="2"⟩010-1234-5678⟨/TD⟩⟨/TR⟩
        ⟨/TABLE⟩
⟨/BODY⟩
⟨/HTML⟩
```

주의 <TD>와 <TH> 태그의 align, axis, bgcolor, char, charoff, height, nowrap, valign, width 속성들을 HTML5에서는 지원하지 않는다.
이전 버전의 HTML에서 지원했던 속성 중에서 colspan과 rowspan을 제외하고 HTML5에서는 <TABLE>, <TR>, <TH>, <TD> 태그의 거의 모든 속성을 지원하지 않는다고 생각하고 코딩하는 것이 좋다. 기존에 지원했던 모든 속성들의 기능은 CSS로 대체되었다.

실습문제 2-4

테이블 관련 태그, 목록태그, 그리고 이미지와 글자 모양을 지정하는 태그들만을 이용해서 다음 그림을 참고하여 HTML 문서를 작성한다.

■ <CAPTION>...</CAPTION>

테이블의 캡션(설명)을 정의할 때 사용한다.

<TABLE> 태그에는 하나의 <CAPTION>만 지정할 수 있으며, <CAPTION> 태그는 언제나 <TABLE> 바로 다음에 위치해야 된다.

예제 2-29 〈CAPTION〉 태그 이용해서 표의 제목 표시하기

```
〈!DOCTYPE html〉
〈HTML〉
〈HEAD〉
        〈META charset="utf-8"〉
        〈TITLE〉CAPTION 태그를 배웁니다.〈/TITLE〉
〈/HEAD〉
〈BODY〉
        〈TABLE〉
                〈CAPTION〉고객 리스트〈/CAPTION〉
                〈TR〉〈TH〉번호〈/TH〉〈TH〉이름〈/TH〉〈TH〉생일〈/TH〉〈/TR〉
                〈TR〉〈TD〉1〈/TD〉〈TD〉홍길동〈/TD〉〈TD〉2020/01/01〈/TD〉〈/TR〉
                〈TR〉〈TD〉2〈/TD〉〈TD〉김철수〈/TD〉〈TD〉2020/12/31〈/TD〉〈/TR〉
        〈/TABLE〉
〈/BODY〉
〈/HTML〉
```

■ <THEAD>...</THEAD>, <TBODY>...</TBODY>, <TFOOT>...</TFOOT>

기본적으로 웹 페이지의 레이아웃에 전혀 영향을 주지 않는 태그들이지만, 테이블의 내용에서 헤더 부분과 몸통부분 그리고 끝부분을 구분해 놓고 부분별로 스타일을 지정하기 위해서 이 태그들을 사용할 수 있다.

<TBODY>로 지정된 몸통부분을 헤더나 끝부분과는 독립적으로 스크롤되게 할 수 있으며, 여러 페이지에 걸쳐 있는 큰 테이블을 인쇄할 때 각 페이지의 상단과 하단에 테이블의 헤더와 끝부분이 인쇄되

도록 할 수도 있다.

세 가지 태그들은 모두 반드시 하나 이상의 <TR> 태그를 포함해야 한다.

예제 2-30 **〈THEAD〉, 〈TBODY〉, 〈TFOOT〉 태그 사용해서 표의 내용을 구분하기**

```
〈!DOCTYPE html〉
〈HTML〉
〈HEAD〉
        〈META charset="utf-8"〉
        〈TITLE〉thead, tbody, tfoot 태그를 배웁니다. 〈/TITLE〉
〈/HEAD〉
〈BODY〉
        〈TABLE〉
                〈CAPTION〉고객 리스트〈/CAPTION〉
                〈THEAD〉
                        〈TR〉〈TH〉번호〈/TH〉〈TH〉이름〈/TH〉〈TH〉생일〈/TH〉〈/TR〉
                〈/THEAD〉
                〈TBODY〉
                        〈TR〉〈TD〉1〈/TD〉〈TD〉홍길동〈/TD〉〈TD〉2020/01/01〈/TD〉〈/TR〉
                        〈TR〉〈TD〉2〈/TD〉〈TD〉김철수〈/TD〉〈TD〉2020/12/31〈/TD〉〈/TR〉
                〈/TBODY〉
                〈TFOOT〉
                        〈TR〉〈TD〉합계〈/TD〉〈TD colspan="2"〉2명〈/TD〉〈/TR〉
                〈/TFOOT〉
        〈/TABLE〉
〈/BODY〉
〈/HTML〉
```

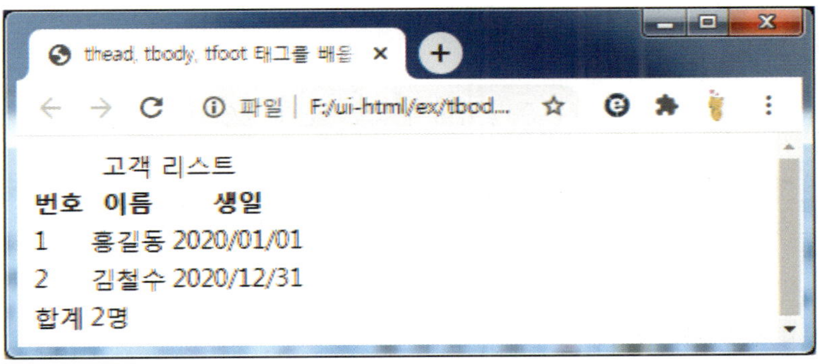

(3) <A>...</A>

<A> 태그는 웹문서에 하이퍼링크를 지정한다.

<A>와 </A>사이에 있는 글자나 이미지를 클릭하면 연결되는 링크를 <A> 태그의 href 속성으로 지정한다.

<A> 태그에서는 href 속성은 필수이며 href 속성을 지정하지 않으면 <A>와 </A>사이에 있는 글자나 이미지에 하이퍼링크 기능이 부여되지 않는다.

예제 2-31 〈A〉 태그 사용해서 하이퍼 링크 만들기

```
〈!DOCTYPE html〉
〈HTML〉
〈HEAD〉
        〈META charset="utf-8"〉
        〈TITLE〉하이퍼링크를 배웁니다〈/TITLE〉
〈/HEAD〉
〈BODY〉
        〈H3〉즐겨찾는 사이트〈/H3〉
        〈UL〉
                〈LI〉〈A〉다른 곳〈/A〉으로 이동〈/LI〉
                〈LI〉〈A href=""〉홈〈/A〉으로〈/LI〉
                〈LI〉〈A href="http : //www.naver.com"〉네이버〈/A〉로 이동〈/LI〉
                〈LI〉
                        〈A href="https : //www.google.co.kr"〉
                        〈IMG src="../img/seo.png" width="80" height="30"〉〈/A〉
                〈/LI〉
        〈/UL〉
〈/BODY〉
〈/HTML〉
```

<A> 태그에 href 속성을 지정하지 않으면 하이퍼링크 기능이 부여되지 않는다.

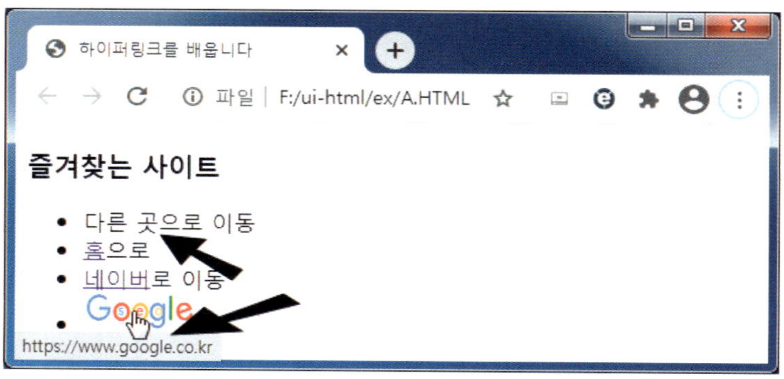

링크는 모든 브라우저에서 다음과 같은 기본 스타일을 가진다.

- 아직 방문하지 않은 링크(unvisited link) : 파란색이면서 밑줄이 있는 글자 형태
- 방문했던 링크(visited link) : 보라색이면서 밑줄이 있는 글자 형태
- 활성화된(현재 마우스가 클릭하고 있는) 링크(active link) : 빨간색이면서 밑줄이 있는 글자 형태

〈A〉 태그에서 지정 가능한 속성(❺ 표시 : HTML5에서 추가된 속성)

속성명	값	설명
download❺	파일의 URL	하이퍼링크를 클릭할 때 값으로 지정한 해당 콘텐츠가 다운로드될 수 있도록 지정(HTML5에서 추가된 속성이며 브라우저마다 기능에 차이가 있음)
href	URL	링크될 페이지의 URL을 지정
hreflang	언어 코드값	링크될 문서의 언어를 지정
rel	alternate author bookmark external help license next nofollow noreferrer noopener prev search tag	현재 문서와 링크될 문서 사이의 연관 관계를 지정
target	_blank _parent _self _top 프레임 이름	링크될 문서가 열릴 위치를 지정
type	미디어 유형 (MIMEtype)	링크될 문서의 미디어 유형을 지정

주의

HTML5에서는 <A> 태그를 사용해서 문서 안에서의 이동은 할 수 없다(앵커기능). 문서 내 이동을 하기 위해 필요했던 name 속성을 더 이상 지원하지 않는다.

예제 2-32 〈A〉 태그의 target 속성 이용해서 링크된 문서가 열릴 위치 지정하기

```
<!DOCTYPE html>
<HTML>
<HEAD>
        <META charset="utf-8">
        <TITLE>target 속성을 배웁니다</TITLE>
</HEAD>
<BODY>
        <H3>즐겨찾는 사이트</H3>
        <UL>
        <LI><A>다른 곳</A>으로 이동</LI>
        <LI><A href="">홈</A>으로</LI>
        <LI>
        <A href="http : //www.naver.com" target="_blank">네이버</A>로 이동</LI>
        <LI><A href="https : //www.google.co.kr">
        <IMG src="../img/seo.png" width="80" height="30" target="_self"></A></LI>
        </UL>
</BODY>
</HTML>
```

"네이버"(target속성을 "_blank"로 지정)를 클릭하면 새 탭(창)에 네이버 페이지가 열린다.

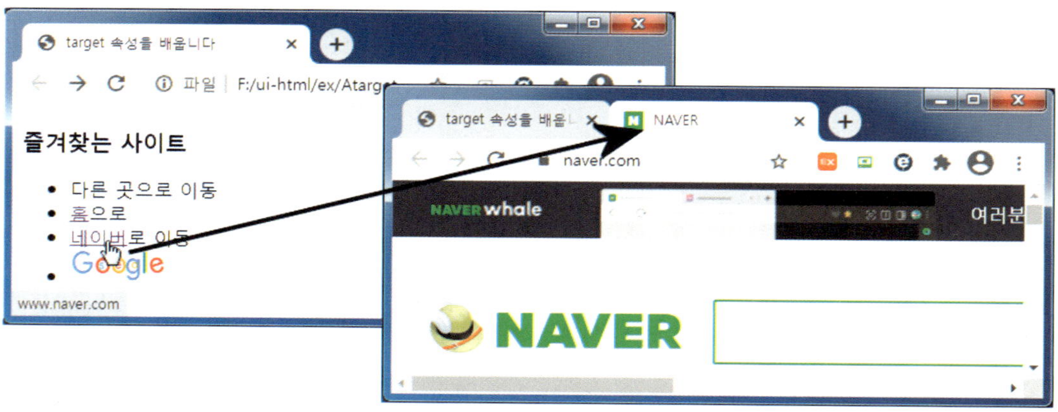

이미지(target속성을 "_self"로 지정)를 클릭하면 현재 문서가 열린 창에서 구글 페이지가 열린다. target 속성에 값을 지정하지 않은 결과와 동일하다.

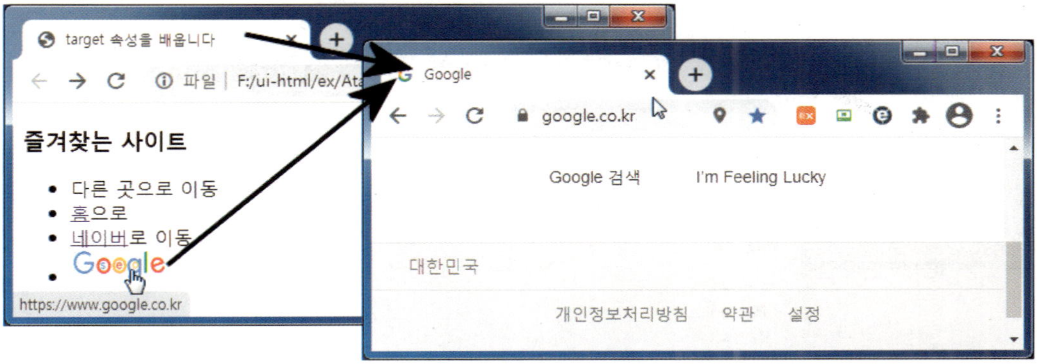

예제 2-33 브라우저에서 열릴 수 없는 파일 유형을 href 속성에 지정해서 지정된 파일을 다운로드할 수 있도록 만들기

```
<!DOCTYPE html>
<HTML>
<HEAD>
        <META charset="utf-8">
        <TITLE>href 속성을 배웁니다</TITLE>
</HEAD>
<BODY>
        <H3>다운받기</H3>
        <UL>
                <LI><A href="../img/미소.zip">다운받기</A></LI>
                <LI><A href="../img/미소.jpg" target="_blank">미리보기</A></LI>
        </UL>
</BODY>
</HTML>
```

"다운받기"(href속성에 압축파일을 지정)를 클릭하면 다운받을 수 있도록 대화상자가 열린다.

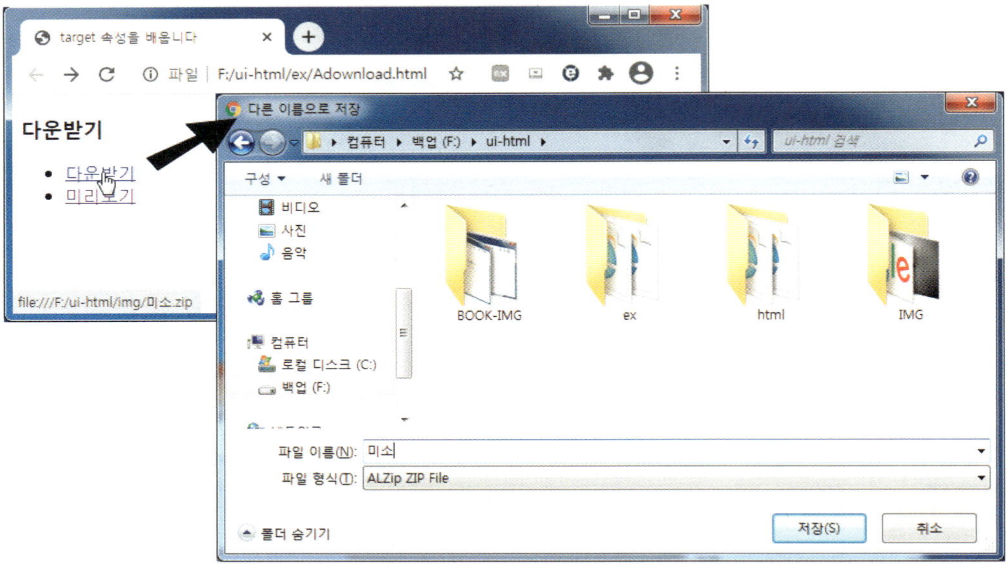

"미리보기"(href속성에 브라우저에서 열릴 수 있는 파일유형을 지정)를 클릭하면 지정한 파일이 열린다.

(4) <IFRAME>...</IFRAME>

<IFRAME> 태그는 웹문서의 특정 영역에 또 다른 웹문서를 포함할 수 있도록 한다.

<IFRAME>과 </IFRAME> 태그 사이에 글자를 넣어서 <IFRAME> 태그를 지원하지 않는 브라우저에서 <IFRAME>에서 지정한 웹문서 대신 보여 줄 내용을 지정할 수 있다.

〈IFRAME〉 태그에서 지정 가능한 속성(❺ 표시 : HTML5에서 추가된 속성)

속성명	값	설명
height	픽셀 값 비율(%) 값	IFRAME 영역의 높이
name	텍스트 값	IFRAME의 이름
sandbox❺	allow-forms allow-pointer-lock allow-popups allow-same-origin allow-scripts allow-top-navigation	프레임 안에서 보여줄 내용에 대한 제한 사항을 지정
src	URL	IFRAME에서 보여줄 문서
srcdoc❺	HTML 코드	IFRAME에서 보여줄 웹 페이지의 HTML 코드
width	픽셀 값 비율(%) 값	IFRAME 영역의 너비

주의

HTML5에서는 <IFRAME> 태그의 align, frameborder, longdesc, marginheigh, marginwidth, scrolling 속성을 더 이상 지원하지 않는다.

예제 2-34 〈IFRAME〉 태그 사용해서 웹문서를 해당 프레임 영역에 포함하기

```
〈!DOCTYPE html〉
〈HTML〉
〈HEAD〉
        〈META charset="utf-8"〉
        〈TITLE〉iframe을 배웁니다.〈/TITLE〉
〈/HEAD〉
〈BODY〉
〈TABLE〉
〈TR〉
        〈TH colspan="3"〉
        iframe태그를 이용하면 타사이트 페이지 또는 다른 웹문서를 포함할 수있다.
        〈/TH〉
〈TR〉
〈TR〉
        〈TD〉
        〈IFRAME src="http : //www.gmarket.co.kr" width="300px"〉〈/IFRAME〉
        〈/TD〉
        〈TD〉
        〈IFRAME src="https : //www.interpark.com" width="300px"〉〈/IFRAME〉
        〈/TD〉
        〈TD〉
        〈IFRAME src="table실습문제.html" width="300px"〉〈/IFRAME〉
        〈/TD〉
〈/TR〉
〈/TABLE〉
〈/BODY〉
〈/HTML〉
```

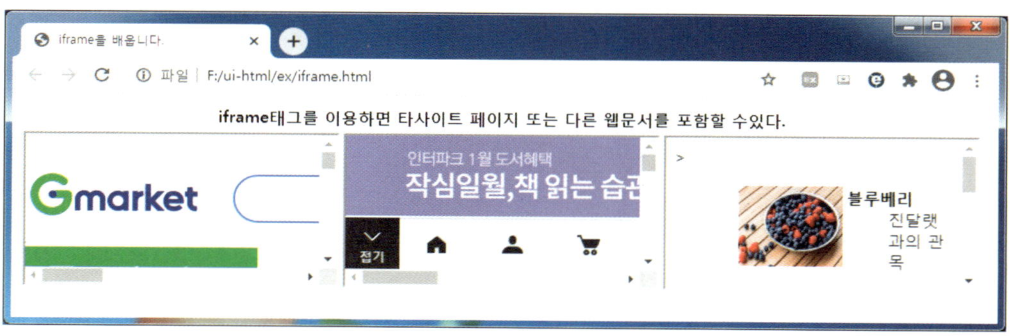

주의 <IFRAME> 태그를 이용해서 타 사이트 페이지를 포함시킬 때, 해당 사이트에서 <IFRAME> 태그에 의해 사이트 페이지가 포함되는 것을 막아 놓은 경우에는 액세스가 거부되는 오류가 발생할 수 있다.

(5) <MAP>...</MAP>, <AREA>

<MAP> 태그는 사용자 이미지맵(client-side image-map)을 정의할 때 사용한다.

이미지맵(image-map)은 클릭할 수 있는 영역을 가지는 이미지를 의미하며, <AREA> 태그를 이용해서 <MAP> 태그로 정의한 이미지맵에서 사용자가 클릭할 수 있는 영역을 정의한다.

<MAP> 태그는 하나 이상의 <AREA> 요소를 포함할 수 있다.

<MAP> 태그의 필수 속성인 name 속성은 <IMG> 태그의 usemap 속성과 결합하여, 이미지(image)와 맵(map) 사이의 관계를 설정한다.

〈MAP〉 태그에서 지정 가능한 속성

속성명	값	설명
name	텍스트 값	필수 값이며, 이미지맵의 이름을 지정

주의 HTML5에서는 <MAP> 태그의 id 속성을 지정할 때 그 값은 반드시 name 속성 값과 같은 값으로 지정해야 한다.

〈AREA〉 태그에서 지정 가능한 속성 (❺ 표시 : HTML5에서 추가된 속성)

속성명	값	설명
alt	텍스트 값	영역(area)에 대한 대체 텍스트(alternate text)를 지정. href 속성이 지정되어 있어야만 사용가능
coords	좌표	영역의 좌표
download❺	파일 이름	사용자가 하이퍼링크를 클릭할 때 해당 대상(target)으로 연결되지 않고 대신 해당 콘텐츠가 다운로드 될 파일을 지정
href	URL	해당 영역(area)에 연결된 하이퍼링크의 대상 URL(target URL)
media❺	미디어 쿼리	대상 URL이 최적화되는 미디어나 매체를 지정
rel❺	alternate author bookmark help license next nofollow noreferrer prefetch prev search tag	현재 문서와 대상 URL 사이의 연관 관계

shape	default rect circle poly	영역의 모양
target	_blank _parent _self _top 프레임 이름	영역을 클릭했을 때 대상 URL의 문서가 열릴 위치

coords 속성은 해당 <AREA> 태그의 크기와 모양, 배치 등을 명시하기 위하여 shape 속성과 함께 사용되며, 이때 해당 영역의 왼쪽 위 모서리(top-left corner)의 좌표는 언제나 (0,0)이다.

shape 속성에 따라서 coords 속성에 지정할 수 있는 값의 종류는 다음과 같다.

coords 값	shape속성	설명
x1,y1,x2,y2	rect	사각형의 왼쪽 위 모서리(top-left corner)와 오른쪽 아래 모서리(bottom-right corner)의 좌표 값
x,y,반지름값	circle	원의 중심점 좌표와 반지름
x1,y1,x2,y2,...,xn,yn	poly	다각형의 각 모서리에 대한 좌표 (첫 번째 좌표쌍과 마지막 좌표쌍이 일치하지 않으면, 브라우저가 자동으로 다각형을 닫기 위하여 마지막 좌표쌍을 추가함)

예제 2-35 〈MAP〉 태그 사용해서 이미지 맵 기능 만들기

```
<!DOCTYPE html>
<HTML>
<HEAD>
        <META charset="utf-8">
        <TITLE>map 태그를 배웁니다.</TITLE>
</HEAD>
<BODY>
        <IMG src="../img/화살표.png" usemap="#test" width="400px" height="200px">
        <MAP name="test">
        <AREA shape="rect" coords="50,50,150,150" href="http : //www.naver.com" target="_blank">
        <AREA shape="rect" coords="250,50,400,150" href="https : //www.daum.net" target="_blank">
        </MAP>
</BODY>
</HTML>
```

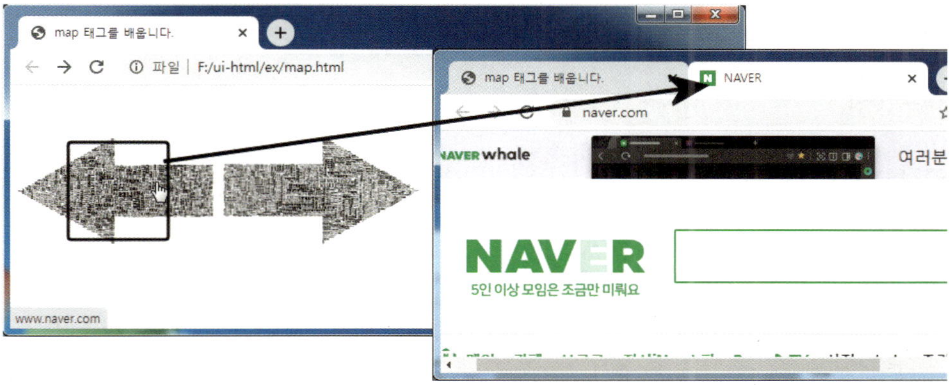
map 태그를 배웁니다.
F:/ui-html/ex/map.html
www.naver.com
NAVER
naver.com
NAVER
5인 이상 모임은 조금만 미뤄요

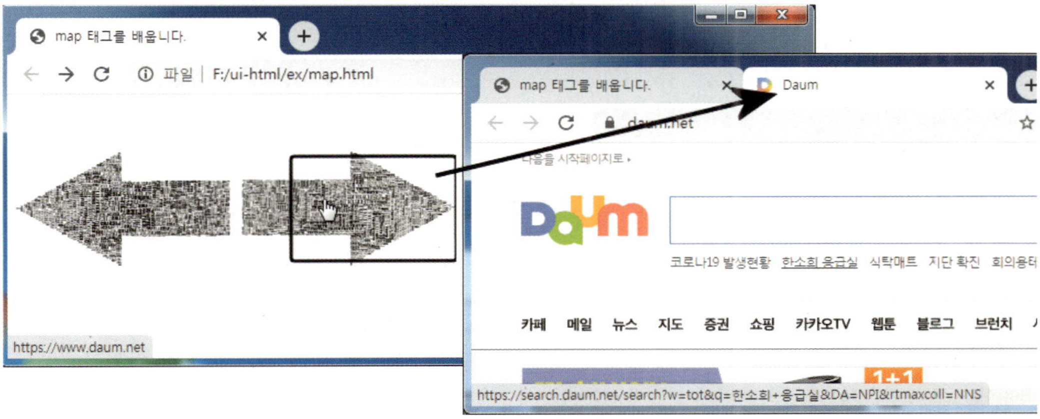
map 태그를 배웁니다.
F:/ui-html/ex/map.html
https://www.daum.net
Daum
daum.net
카페 메일 뉴스 지도 증권 쇼핑 카카오TV 웹툰 블로그 브런치
https://search.daum.net/search?w=tot&q=한소희+응급실&DA=NPI&rtmaxcoll=NNS

(6) 폼을 만드는 태그

사용자로부터 입력을 받을 수 있는 HTML 입력 폼(form)을 정의할 때 사용하는 태그들은 다음과 같다.

■ <FORM>...</FORM>

<FORM> 태그를 사용했을 때, 브라우저 화면에 나타나는 웹문서에는 <FORM> 태그의 효과가 나타나지 않는다.

그러나, 양식(form)의 각 요소들은 서버에게 전달할 값을 입력하거나 선택하는 것들인데, 사용자가 입력하거나 선택한 값들을 서버에게 전달하기 위해서는 반드시 <FORM> 태그와 </FORM> 태그 안에서 요소들이 정의되어 있어야 한다.

그러므로 단 한 개의 값을 입력 받는 양식이라고 하더라도 <FORM> 태그를 사용해야 한다.
<FORM> 태그와 </FORM> 태그 안에 포함되는 태그들은 다음과 같다.

<BUTTON>, <FIELDSET>, <INPUT>, <LABEL>, <OPTION>, <OPTGROUP>, <SELECT>, <TEXTAREA>

〈FORM〉 태그에서 지정 가능한 속성 (❺ 표시 : HTML5에서 추가된 속성)

속성명	값	설명
accept-charset	텍스트 값	폼 데이터를 서버가 받을 때 문자 인코딩(character encoding) 방식
action	URL	폼 데이터를 받아서 처리할 서버 페이지 URL
autocomplete❺	on off	자동 완성 기능을 사용할지 여부
enctype	application/x-www-form-urlencoded multipart/form-data text/plain	폼 데이터를 서버가 받을 때 해당 데이터의 인코딩되는 방법 (method 속성 값이 "post"인 경우에만 지정가능)
method	get/ post	폼 데이터를 서버로 전송하는 방법(HTTP 메소드)
name	텍스트 값	<FORM> 태그의 이름
novalidate	novalidate	폼 데이터를 서버가 받을 때 해당 데이터의 유효성을 검사하지 않음을 지정
target	_blank _parent _self _top 프레임 이름	폼 데이터(사용자가 폼 안의 각 요소에 입력하거나 선택한 값)를 서버가 받은 다음 그 결과(응답)가 열릴 위치를 지정

주의 HTML5에서는 <FORM> 태그의 accept 속성을 더 이상 지원되지 않는다.

■ <INPUT>

<INPUT> 태그는 사용자로부터 입력을 받을 수 있는 입력 필드(input filed)를 정의할 때 사용한다.

<INPUT> 태그의 type 속성 값에 따라서 다양한 형태로 나타낼 수 있다.

〈INPUT〉 태그에서 지정 가능한 속성(❺ 표시 : HTML5에서 추가된 속성)

속성명	값	설명
accept	파일 확장자 audio/* video/* image/* 미디어 타입	서버로 업로드할 수 있는 파일의 유형을 지정 (type 속성 값이 "file"인 경우에만 지정 가능)
alt	텍스트 값	이미지를 위한 대체 텍스트 (type 속성 값이 "image"인 경우에만 지정 가능)
autocomplete❺	on off	자동 완성 기능을 사용할지 여부
autofocus❺	autofocus	페이지가 로드될 때 자동으로 커서(focus)가 위치할 것을 지정
checked	checked	페이지가 로드될 때 미리 선택될 것을 지정 (type 속성값이 "checkbox" 또는 "radio"인 경우에만 지정 가능)
dirname❺	이름.dir	폼 데이터를 전송할 때 텍스트의 방향성(왼쪽 : ltr/오른쪽 : rtr)을 지정. 언제나 이름(name속성으로 지정한) 뒤에 ".dir"을 추가함 (type 속성 값이 "text" 또는 "search"인 경우에만 지정 가능)
disabled	disabled	<INPUT> 태그가 비활성화 되도록 지정
form❺	form id	<INPUT> 태그가 포함될 <FORM> 태그를 지정. <FORM> 태그에서 id로 지정된 값
formaction❺	URL	폼 데이터를 받아서 처리할 파일의 URL (type 속성 값이 "submit" 또는 "image"인 경우에만 지정 가능)
formenctype❺	application/ x-www-form-urlencoded multipart/form-data text/plain	폼 데이터를 서버가 받을 때 데이터의 인코딩(encoding) 방식을 지정 (type 속성 값이 "submit" 또는 "image"인 경우에만 지정가능)
formmethod❺	get post	폼 데이터를 서버로 보낼 때 사용할 HTTP 메소드를 지정 (type 속성값이 "submit" 또는 "image"인 경우에만 지정 가능)
formnovalidate❺	formnovalidate	폼 데이터(form data)가 서버로 제출될 때 해당 데이터의 유효성 검사를 하지 않음을 명시함 (type 속성 값이 "submit" 또는 "image"인 경우에만 지정 가능)
formtarget❺	_blank _self _parent _top 프레임 이름	폼 데이터를 서버가 받은 다음 응답(response) 데이터를 어디에 표시할 지를 지정 (type 속성 값이 "submit" 또는 "image"인 경우에만 지정 가능)

height❺	픽셀 단위 값 % 비율 값	높이 (속성 값이 "image"인 경우에만 지정 가능)
list❺	datalist id	<INPUT> 태그에서 사용하기 위해 미리 정의해 놓은 옵션들을 포함하고 있는 <DATALIST> 태그를 지정
max❺	숫자 날짜	최대값
maxlength	숫자	허용되는 최대 문자수
min❺	숫자 날짜	최소값
multiple❺	multiple	<INPUT> 태그에 사용자가 둘 이상의 값을 입력할 수 있음을 지정
name	텍스트 값	이름
pattern❺	정규 표현식	<INPUT> 태그의 값을 검사할 때 사용될 정규 표현식
placeholder❺	텍스트 값	입력될 값에 대한 짧은 힌트를 지정
readonly	readonly	읽기 전용임을 지정
required❺	required	폼 데이터를 서버로 보내기 전 반드시 값이 채워져 있어야 하는 필드를 지정
size	문자 개수(숫자)	너비를 문자수(in characters) 단위로 지정
src	URL	이미지의 URL (type 속성 값이 "image"인 경우에만 지정 가능)
step❺	숫자	입력할 수 있는 숫자들 사이의 간격
type	button checkbox color date datetime-local email file hidden image month number password radio range reset search submit tel text time url week	<INPUT> 태그가 나타낼 유형

value	텍스트 값	초기 값
width❺	픽셀 단위 값 % 비율 값	너비 (속성 값이 “image”인 경우에만 지정 가능)

주의 HTML5에서는 <INPUT> 태그의 align 속성을 더 이상 지원하지 않는다.

- type=“text”, type=“password”

  가장 일반적인 문자를 입력을 받을 수 있는 입력상자를 제공하며 “password”로 지정하면 입력한 문자 대신에 기호문자가 표시된다.

예제 2-36 〈FORM〉, 〈INPUT〉 태그 사용해서 간단한 입력 양식 만들기

```
〈!DOCTYPE html〉
〈HTML〉
〈HEAD〉
        〈META charset="utf-8"〉
        〈TITLE〉type속성 text를 배웁니다.〈/TITLE〉
〈/HEAD〉
〈BODY〉
〈FORM〉
        〈TABLE〉
                〈TR〉〈TD〉아이디〈/TD〉
                〈TD〉
                〈INPUT type="text" autofocus maxlength="8" size="8"〉(최대8자)
                〈/TD〉〈/TR〉
                〈TR〉〈TD〉비밀번호〈/TD〉
                〈TD〉
                〈INPUT type="password" placeholder="문자+숫자+특수기호 8...12자"〉
                〈/TD〉〈/TR〉
        〈/TABLE〉
〈/FORM〉
〈/BODY〉
〈/HTML〉
```

autofocus가 설정되었기 때문에 자동으로 커서가 위치한다.

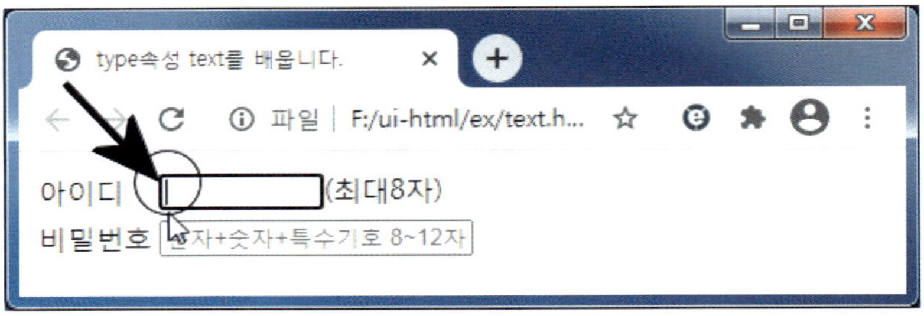

maxlenth 속성 값 때문에 8자 이상은 입력되지 않는다.

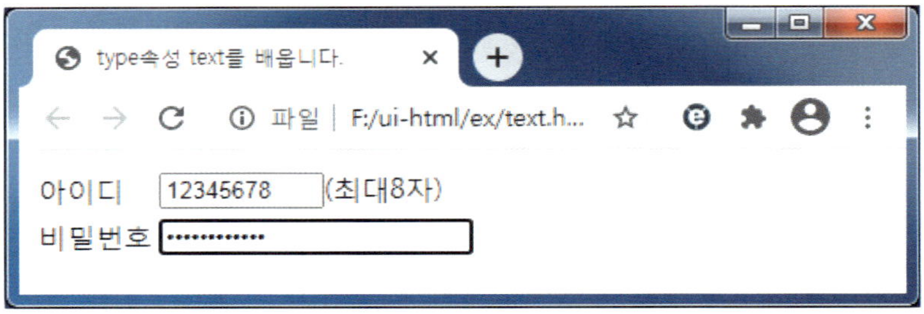

■ type="date", type="datetime-local", type="month"

type="date"는 날짜를 선택할 수 있는 입력 필드를 지정하고 type="datetime-local"은 날짜와 시간을 선택할 수 있는 입력 필드를 지정한다.

이 2개의 속성 값은 텍스트 필드에 날짜를 직접 입력하거나, 날짜를 선택할 수 있는 특별한 입력기(date picker)를 사용하여 날짜를 입력할 수 있는 입력 필드를 만들어 준다.

type="date"는 입력 결과에 년도(year), 월(month), 일(day)이 포함되지만, 시간은 포함되지 않는다.

type="datetime-local"은 년도(year), 월(month), 일(day)과 시간(hour, minute)이 포함된다. 시간을 입력할 때는 오전/오후를 반드시 선택해야만 한다.

예제 2-37 **<INPUT> 태그의 type 속성에 date, datetime-local 그리고 month를 지정해서 다양한 날짜 선택 항목 표현하기**

```
<!DOCTYPE html>
<HTML>
<HEAD>
        <META charset="utf-8">
        <TITLE>type속성 date,datetime-local,month를 배웁니다.</TITLE>
</HEAD>
<BODY>
<FORM>
        <TABLE>
                <TR>
                <TD>수업시작일</TD><TD> <INPUT type="date" > </TD></TR>
                <TR>
                <TD>수업시작일(시각)</TD><TD> <INPUT type="datetime-local" > </TD></TR>
                <TR><TD>학습연도/월</TD><TD> <INPUT type="month" > </TD></TR>
        </TABLE>
</FORM>
</BODY>
</HTML>
```

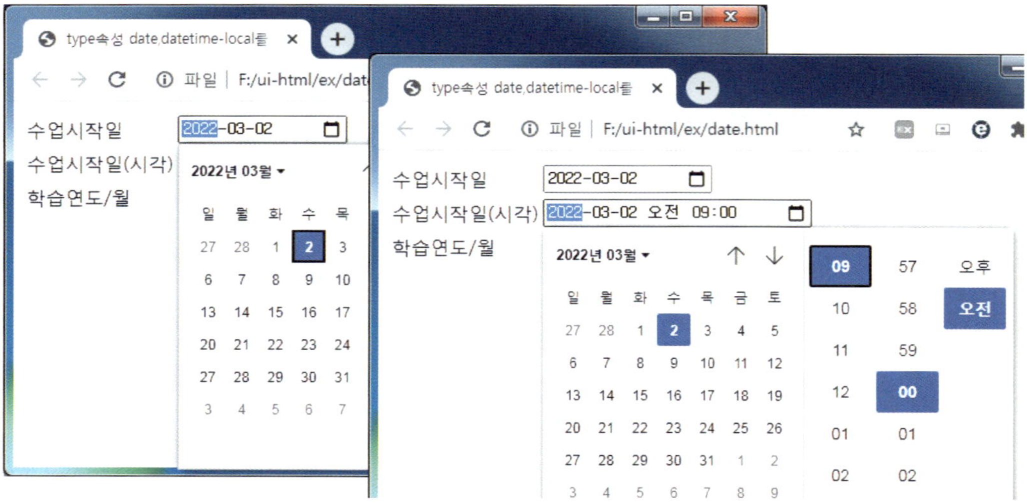

type="month"는 날짜를 선택할 수 있는 입력 필드를 정의한다.

이 속성 값은 텍스트 필드에 날짜를 직접 입력하거나, 날짜를 선택할 수 있는 특별한 입력기(date picker)를 사용하여 날짜를 입력할 수 있다.

입력 결과는 4자리 숫자의 년도(year)와 2자리 숫자인 월(month)을 나타내는 "YYYY-MM" 형식의 문자열이 되며, 일(day)과 시간은 포함되지 않는다.

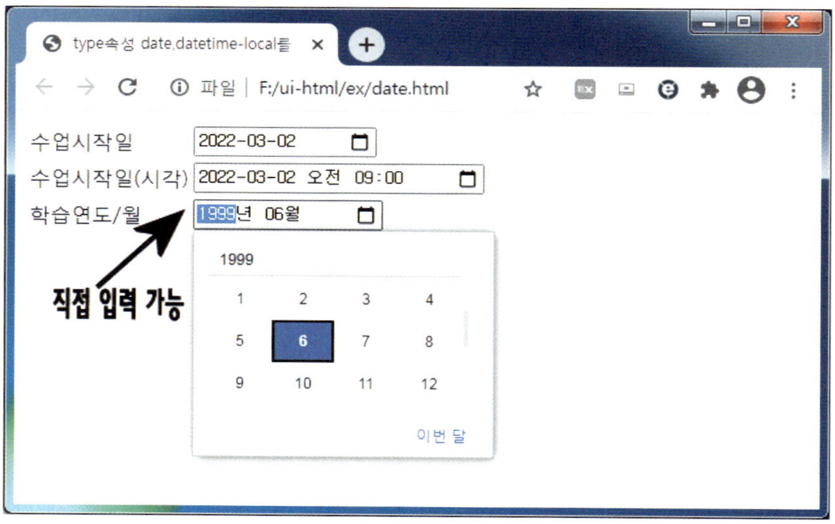

■ type="number", type="range"

type 속성이 number나 range일 때 max, min, step, value 속성에 값을 지정해서 입력할 숫자의 범위, 간격, 초기 값 등을 지정할 수 있다.

예제 2-38 <INPUT> 태그의 type 속성에 number, range로 지정해서 숫자 선택 항목 표현하기

```
<!DOCTYPE html>

<HTML>
<HEAD>
        <META charset="utf-8">
        <TITLE>type속성 number,range를 배웁니다.</TITLE>
</HEAD>
<BODY>
<FORM>
        <TABLE>
                <TR><TD>주문갯수(5의배수로만 가능)</TD>
                <TD>
                <INPUT type="number" min="0" max="30" step="5" value="0">
                </TD></TR>
                <TR>
                <TD>볼륨 </TD> <TD><INPUT type="range" min="0" max="10"> </TD>
                </TR>
        </TABLE>
</FORM>
</BODY>
</HTML>
```

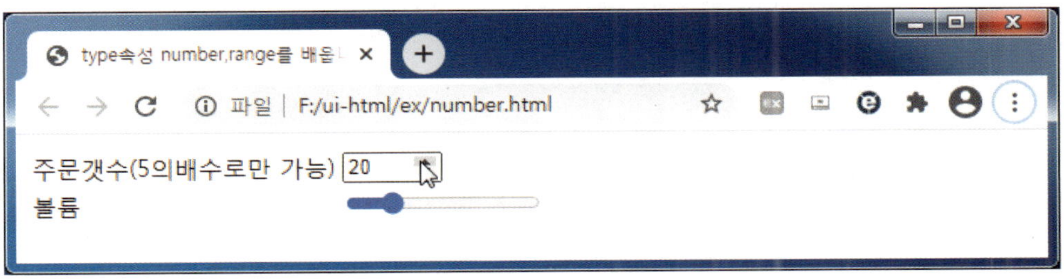

- type="checkbox", type="radio"

  type="checkbox"는 선택했을 때 체크 표시(✔)가 나타나는 사각형 모양의 박스 형태로 표시되고 type="radio"는 원형으로 표시된다.

  checkbox는 사용자가 여러 선택사항 중에서 하나 이상의 값을 선택할 수 있게 해주지만 radio는 그룹 내에서 오직 하나만 선택할 수 있다.

  type속성을 radio로 지정할 때, 나열한 항목들 중에서 단 한 개만 선택하도록 하려면 항목들의 name 속성을 모두 동일하게 지정해야 한다.

예제 2-39 〈INPUT〉 태그의 type 속성에 checkbox, radio로 지정해서 옵션 선택 항목 표현하기

```
〈!DOCTYPE html〉
〈HTML〉
〈HEAD〉
        〈META charset="utf-8"〉
        〈TITLE〉type속성 checkbox, radio를 배웁니다.〈/TITLE〉
〈/HEAD〉
〈BODY〉
〈FORM〉
        〈TABLE〉
                〈TR〉
                〈TD〉관심분야(2개이상 선택가능)〈/TD〉
                〈TD〉 〈INPUT type="checkbox"〉게임
                〈INPUT type="checkbox" checked〉스포츠〈INPUT type="checkbox"〉영화〈/TD〉
                〈/TR〉
                〈TR〉
                〈TD〉성별〈/TD〉
                〈TD〉〈INPUT type="radio" name="남녀"〉남
                〈INPUT type="radio" name="남녀"〉여 〈/TD〉
                〈/TR〉
        〈/TABLE〉
〈/FORM〉
〈/BODY〉
〈/HTML〉
```

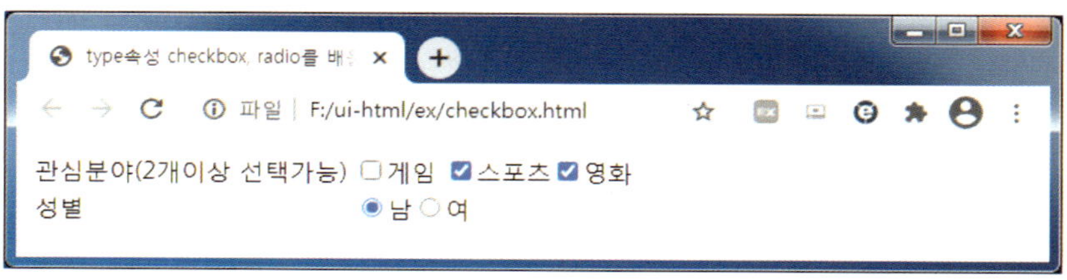

■ type="file", type="color"

type="file"은 업로드 할 파일을 선택할 수 있는 입력 필드와 "파일 선택" 버튼을 정의한다. multiple 속성을 지정하면 여러 개의 파일을 동시에 선택할 수도 있다.

type="color"는 색을 선택할 수 있는 입력 필드(color picker)를 정의한다. 기본 값은 "#000000"(블랙)이다.

예제 2-40 〈INPUT〉 태그의 type 속성에 file, color로 지정해서 파일 및 색상 선택 항목 표현하기

```
〈!DOCTYPE html〉
〈HTML〉
〈HEAD〉
        〈META charset="utf-8"〉
        〈TITLE〉type속성 file,color를 배웁니다.〈/TITLE〉
〈/HEAD〉
〈BODY〉
〈FORM〉
        〈TABLE〉
                〈TR〉
                        〈TD〉사진올리기〈/TD〉〈TD〉 〈INPUT type="file"〉〈/TD〉
                〈/TR〉
                〈TR〉
                        〈TD〉 색상선택 〈/TD〉 〈TD〉〈INPUT type="color"〉 〈/TD〉
                〈/TR〉
        〈/TABLE〉
〈/FORM〉
〈/BODY〉
〈/HTML〉
```

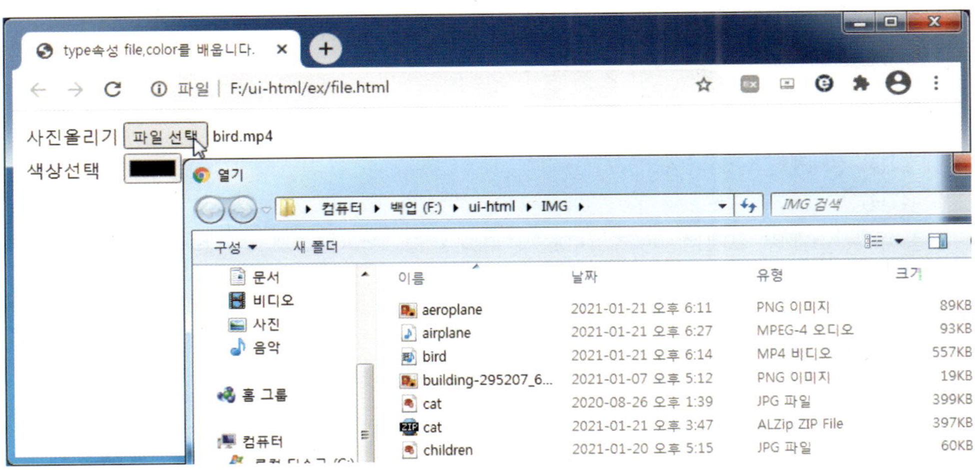

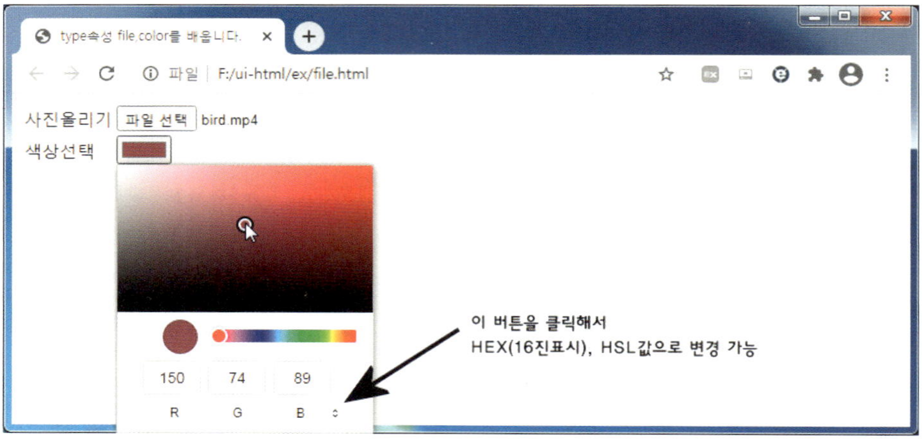

- type="button", type="reset", type="submit", type="image"
  버튼을 만드는 속성 값들이다.

  button은 주로 자바스크립트와 결합해서 많이 사용되고, submit은 폼 데이터를 서버에 전송할 때 사용하며, reset은 입력 한 값을 모두 취소하고 초기 값으로 재설정할 때 사용한다.

  또한, image는 이미지유형의 버튼을 표현할 때 사용한다.

예제 2-41 **<INPUT> 태그의 type 속성에 button, reset, submit, image를 지정해서 다양한 버튼 표현하기**

```
<!DOCTYPE html>
<HTML>
<HEAD>
        <META charset="utf-8">
        <TITLE>버튼을 만드는 속성을 배웁니다.</TITLE>
</HEAD>
<BODY>
<FORM>
        <TABLE>
        <TR>
        <TD>아이디</TD>
        <TD> <INPUT type="text"></TD>
        <TD>
        <INPUT type="image" src="../img/confirm.png" width="100px" height="40px">
        </TD></TR>
        <TR>
        <TD colspan="3">
        <INPUT type="submit" value="가입"> <INPUT type="reset">
```

```
            </TD></TR>
            </TABLE>
</FORM>
</BODY>
</HTML>
```

reset으로 지정된 버튼을 클릭하면 입력한 데이터가 모두 초기화 된다.

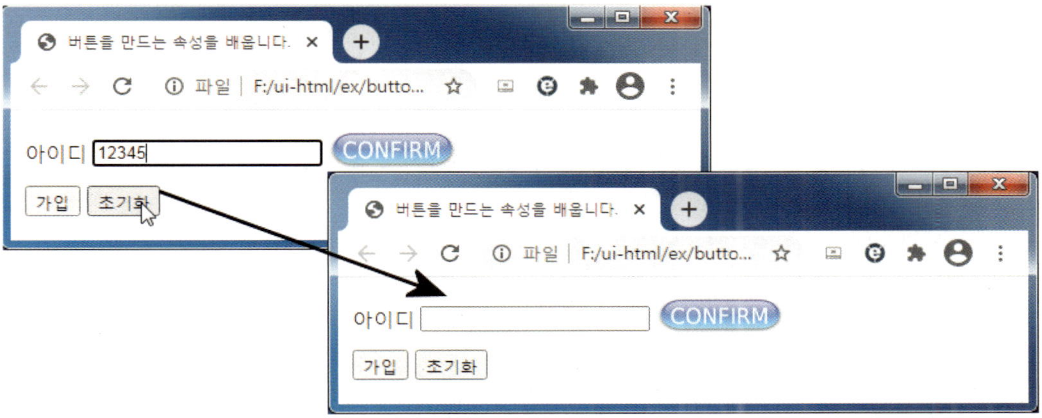

■ <SELECT>...</SELECT>

<SELECT> 태그는 드롭다운 리스트(drop-down list)를 제공해서 선택할 수 있는 항목들을 표시한다. 리스트에 포함될 각 선택 항목 들은 <SELECT>와 </SELECT> 태그 안에서 <OPTION>...</OPTION> 태그를 이용해서 정의한다.

〈SELECT〉 태그에서 지정 가능한 속성 (⑤ 표시 : HTML5에서 추가된 속성)

속성명	값	설명
autofocus⑤	autofocus	페이지가 로드될 때 자동으로 커서(focus)가 드롭다운 리스트에 위치하도록 지정
disabled	disabled	드롭다운 리스트를 비활성화 되도록 지정
form⑤	form id	<SELECT> 태그가 포함될 <FORM> 태그를 지정. <FORM> 태그에서 id로 지정된 값
multiple	multiple	두 개 이상의 옵션을 선택할 수 있도록 지정
name	텍스트 값	<SELECT> 태그의 이름
required⑤	required	폼 데이터를 서버로 보내기 전에 반드시 드롭다운 리스트에서 항목을 선택할 것을 지정
size	숫자	드롭다운 리스트에서 한 번에 보일 선택항목(옵션)의 개수를 지정

예제 2-42 〈SELECT〉 태그 사용해서 선택 목록 표현하기

```
〈!DOCTYPE html〉
〈HTML〉
〈HEAD〉
        〈META charset="utf-8"〉
        〈TITLE〉SELECT 태그를 배웁니다.〈/TITLE〉
〈/HEAD〉
〈BODY〉
        〈FORM〉
                사이즈 〈SELECT SIZE="3"〉
                      〈OPTION〉90〈/OPTION〉
                      〈OPTION〉95〈/OPTION〉
                      〈OPTION SELECTED〉100〈/OPTION〉
                      〈OPTION〉105〈/OPTION〉
                      〈/SELECT〉
        〈/FORM〉
〈/BODY〉
〈/HTML〉
```

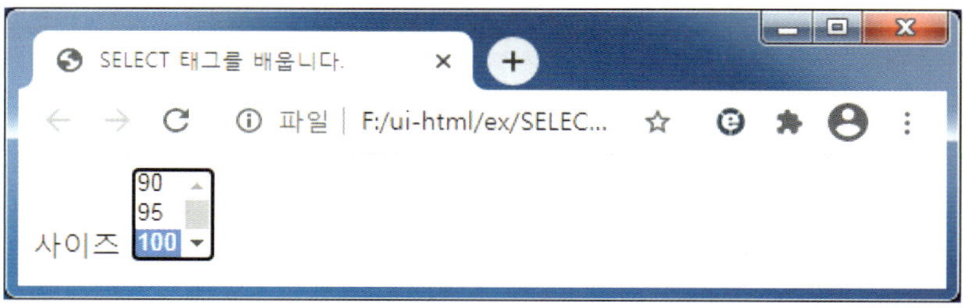

■ <DATALIST>...</DATALIST>

<DATALIST> 태그는 <INPUT> 태그에서 사용하기 위한 옵션들의 리스트를 미리 정의할 때 사용한다. <INPUT> 태그에게 목록을 제공하기 위해 사용된다,

<DATALIST> 태그는 사용자가 <INPUT> 태그에서 데이터를 입력할 때 미리 정의된 옵션을 드롭다운 리스트로 보여줌으로써 자동완성 기능을 제공한다.

<INPUT> 태그의 list 속성 값으로 <DATALIST> 태그의 id 속성 값을 명시하면, 해당 <DATALIST> 태그에서 미리 정의한 옵션들을 <INPUT> 태그에서 사용할 수 있다.

리스트에 포함 될 각 항목 들은 <DATALIST>와 </DATALIST> 태그 안에서 <OPTION>...</OPTION> 태그를 이용해서 정의한다.

리스트 항목의 값은 <OPTION> 태그의 value속성으로 지정한다.

예제 2-43 〈DATALIST〉 테그를 사용해서 지정한 옵션 목록들을 〈INPUT〉 태그의 list 속성으로 지정하기

```
<!DOCTYPE html>
<HTML>
<HEAD>
        <META charset="utf-8">
        <TITLE>datalist를 배웁니다.</TITLE>
</HEAD>
<BODY>
<FORM>
        <TABLE>
                <TR>
                <TD>학과명</TD><TD><INPUT type="text" list="학과리스트"></TD>
                </TR>
        </TABLE>
        <DATALIST id="학과리스트">
                <OPTION value="스포츠지도자과"></OPTION>
                <OPTION value="미디어과"></OPTION>
                <OPTION value="전자출판학과"></OPTION>
                <OPTION value="웹디자인과"></OPTION>
        </DATALIST>
</FORM>
</BODY>
</HTML>
```

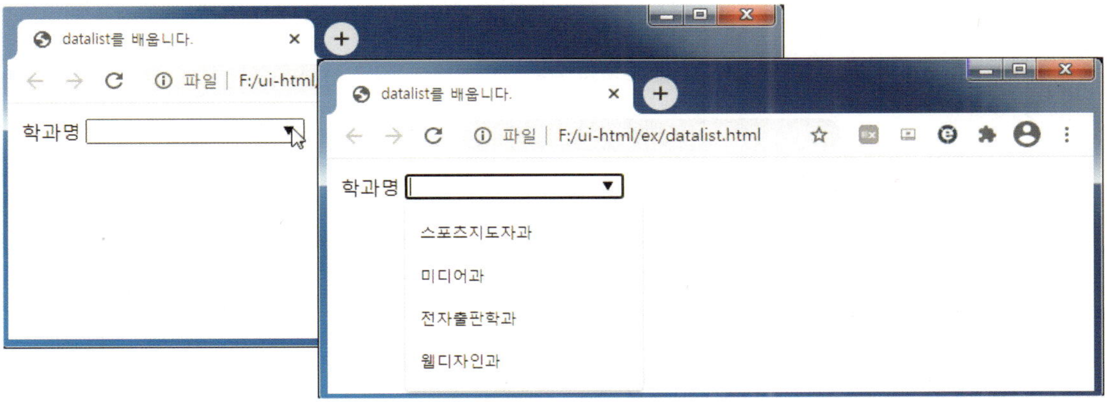

■ <TEXTAREA>...</TEXTAREA>

<TEXTAREA> 태그는 여러 줄의 텍스트를 입력할 수 있는 텍스트 입력 영역을 정의한다.

텍스트 입력 영역에는 제한 없이 문자를 입력할 수 있으며, 텍스트 입력 영역의 크기는 cols속성과 rows 속성으로 지정한다.

〈TEXTAREA〉 태그에서 지정 가능한 속성 (❺ 표시 : HTML5에서 추가된 속성)

속성명	값	설명
autofocus❺	autofocus	페이지가 로드될 때 자동으로 커서(focus)가 <TEXTAREA>영역에 위치하도록 지정
cols	숫자	텍스트 입력 영역 중 보이는 영역의 너비
dirname❺	textarea이름.dir	폼데이터를 전송할 때 텍스트의 방향성(왼쪽 : ltr/오른쪽 : rtr)을 지정. 언제나 이름(name속성으로 지정한) 뒤에 ".dir"을 추가함
disabled	disabled	<TEXTAREA>영역을 비활성화 되도록 지정
form❺	form id	<TEXTAREA> 태그가 포함될 <FORM> 태그를 지정. <FORM> 태그에서 id로 지정된 값
maxlength❺	숫자	허용되는 최대 문자수
name	텍스트 값	<TEXTAREA> 태그의 이름
placeholder❺	텍스트 값	입력될 값에 대한 짧은 힌트. 사용자가 입력할 곳에 미리 힌트로 보여줄 값
readonly	readonly	입력 영역이 읽기 전용임을 지정
required❺	required	폼 데이터를 서버로 보내기 전에 반드시 <TEXTAREA>영역에서 입력할 것을 지정
rows	숫자	텍스트 입력 영역 중 보이는 영역의 높이
wrap❺	hard soft(기본값)	폼 데이터를 서버로 전송 할 때 입력된 텍스트의 줄바꿈(wrap) 방식을 지정. 기본값은, 폼 데이터가 서버로 제출될 때 입력된 텍스트를 줄바꿈하지 않는 것이고, hard(반드시 cols 속성이 명시되어 있어야 함.)로 지정하면 줄바꿈 한다.

예제 2-44 〈TEXTAREA〉 태그 사용해서 내용이 많은 텍스트 입력 영역 만들기

```
<!DOCTYPE html>
<HTML>
<HEAD>
        <META charset="utf-8">
        <TITLE>TEXTAREA 태그를 배웁니다.</TITLE>
</HEAD>
<BODY>
<FORM>
        문의내용 <BR>
        <TEXTAREA cols="50" rows="5" maxlength="200" placeholder="200자이내로 입력하세요">
        </TEXTAREA>
        <BR>
        <INPUT type="submit" value="등록">
</FORM>
</BODY>
</HTML>
```

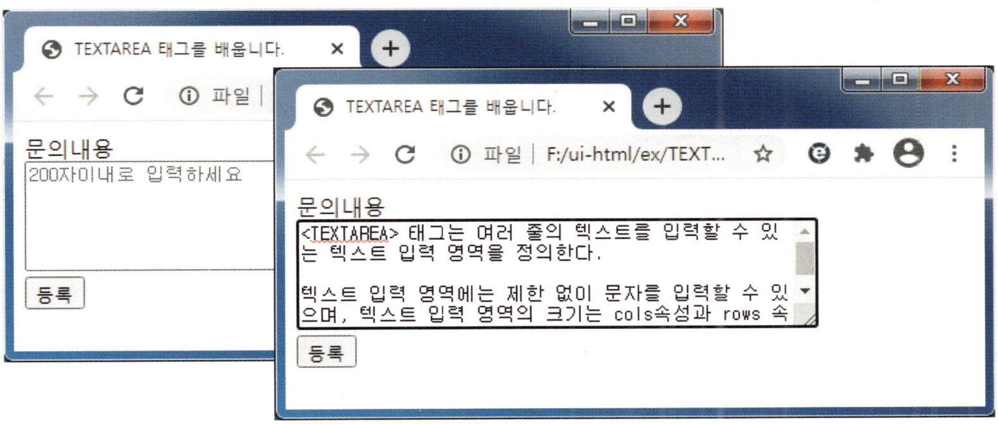

실습문제 2-5

다음 이미지를 참고하여 지금까지 배운 태그들만을 이용해서 회원가입 폼을 코딩한다.

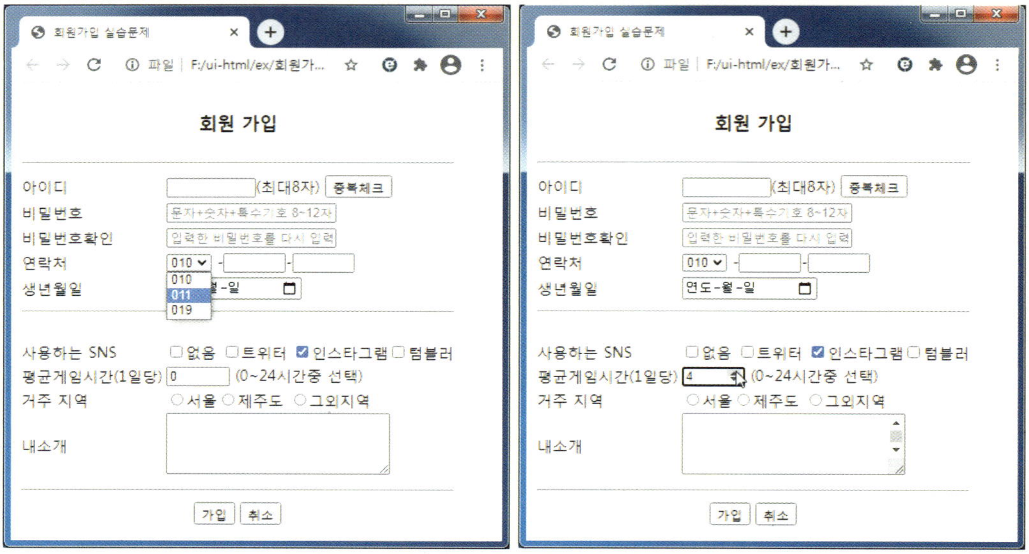

2.6 | 구조적인 정의를 위한 태그

HTML5에서 강조되는 내용 중에 하나는 HTML 소스 자체에서 각각의 요소가 웹 페이지에서 어떤 부분인지를 표시해주는 기능이다.

브라우저에서 사용자가 볼 때는 어떤 기능도 하지 않는 태그들이지만 HTML 소스를 조금 더 명확하게 정리하고 해당 페이지가 어떤 정보를 가지고 있는지, 해당 부분이 웹 페이지의 어떤 역할을 하는 지를 표시한다.

모두 HTML5에서 새롭게 추가된 태그들이다.

<ARTICLE>...</ARTICLE>

웹 문서가 사이트와는 완전히 독립적인 문서임을 알려주거나 해당 영역이 해당 문서에서 독립적인 영역임을 지정한다.

일반적으로 <ARTICLE> 태그에 포함되는 내용은 다음과 같다.

- 포럼(forum) 포스트
- 블로그 포스트
- 보도 기사
- 논평(comment)

<ASIDE>...</ASIDE>

웹 페이지의 다른 내용들과 약간의 연관성을 가지고 있지만, 분리시킬 수 있는 내용으로 보여줄 영역을 정의할 때 사용한다.

<FOOTER>...</FOOTER>

문서나 특정 섹션(section)의 바닥부분(footer)을 지정할 때 사용한다.

한 HTML 문서에는 여러 개의 <FOOTER> 태그를 포함할 수 있다.

바닥부분(footer)에는 일반적으로 다음과 같은 정보를 포함한다.

- 저자(author) 정보
- 저작권 정보
- 연락처
- 사이트맵(sitemap)

- 페이지 맨 위로 되돌아갈 수 있는 Top 버튼
- 연관 페이지 등

<HEADER>...</HEADER>

문서나 특정 섹션(section)의 머리부분(header)을 지정한다.
한 HTML 문서에는 여러 개의 <HEADER> 태그를 포함할 수 있다.

일반적으로 머리 부분(header)에는 도입부에 해당하는 콘텐츠나 내비게이션 링크의 집합 등과 같은 정보를 포함한다.

- 하나 이상의 제목 요소(<H1>~<H6>)
- 로고(logo)나 아이콘(icon)
- 저자(author) 정보

<NAV>...</NAV>

다른 페이지 또는 현재 페이지의 다른 부분과 연결되는 내비게이션 링크(navigation links)들이 있는 영역을 지정한다.

일반적으로 메뉴, 목차, 인덱스 등이 포함된다.

<SECTION>...</SECTION>

HTML 문서에 포함된 독립적인 섹션(section)을 지정한다.
일반적으로 제목 태그들(<H1>~<H6>)을 포함하고 있는 경우가 많다.

<ADDRESS>...</ADDRESS>

<ADDRESS> 태그가 <BODY> 태그 안에 있으면 해당 문서의 연락 정보를 나타내며, <ARTICLE> 태그 안에 있으면 해당 글에 대한 연락 정보를 나타낸다.

글자는 주로 이탤릭체(italic)로 표현되며, 대부분의 브라우저들은 <ADDRESS> 요소의 위쪽과 아래쪽에 약간의 공백을 자동으로 삽입하여 다른 텍스트와 구분한다.

예제 2-45 구조 정의를 위한 태그들을 사용해서 HTML 문서에서 구조 표현하기

```
〈!DOCTYPE html〉
〈HTML〉
〈HEAD〉
        〈META charset="utf-8"〉
        〈TITLE〉구획정리 태그를 배웁니다.〈/TITLE〉
〈/HEAD〉
〈BODY〉

〈NAV〉
        〈A href="http : //www.naver.com"〉네이버〈/A〉
        | 〈A href="http : //www.daum.net"〉다음   〈/A〉
〈/NAV〉

〈SECTION〉
    〈HEADER〉
        〈H1〉
          〈IMG src="../img/logo.png" width="50" height="50"〉 HTML & CSS
        〈/H1〉
    〈/HEADER〉
    〈H2〉HTML〈/H2〉
    하이퍼텍스트 마크업 언어(HyperText Markup Language)이다.
    〈ASIDE〉
    마크업 정보는 문서의 논리적 구성이나 체제와 같은 문서의 형식을 지정하는 것.
    〈/ASIDE〉
    〈H2〉CSS〈/H2〉
    웹문서의 스타일을 정의하며 문서를 꾸민다.
〈/SECTION〉
〈ARTICLE〉
    〈HEADER〉
    〈H3〉오늘 미세먼지 정보〈/H3〉
    〈/HEADER〉
    서울 : 좋음〈BR〉
    대전 : 보통〈BR〉
    부산 : 매우 좋음〈BR〉
〈/ARTICLE〉
〈FOOTER〉
    〈P〉 Copyright © 2021 DAMBI & SINBI. All rights reserved.
    〈ADDRESS〉Contact 010-1234-5678〈ADDRESS〉〈/P〉
〈/FOOTER〉
〈/BODY〉
〈/HTML〉
```

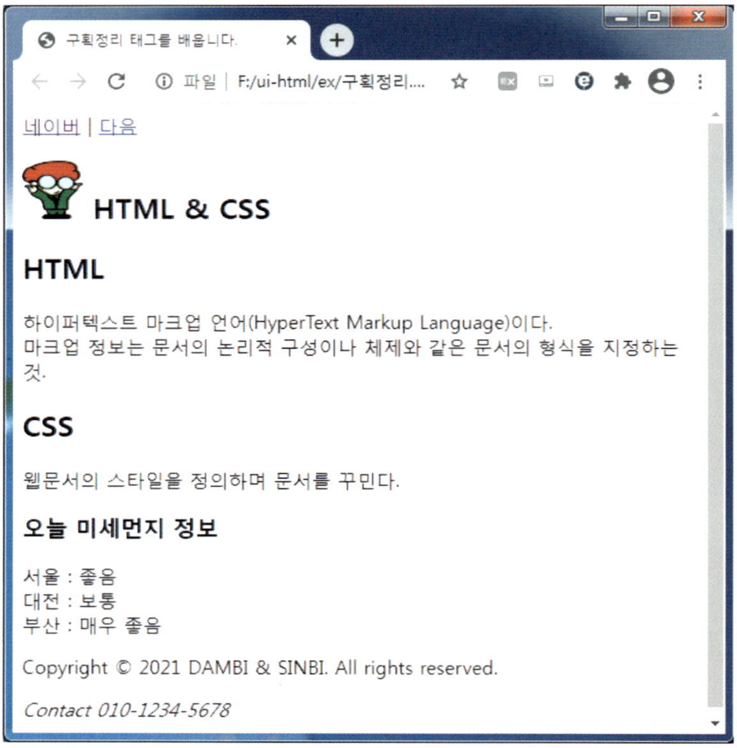

잠깐만

지금까지는 태그와 속성을 분리해서 보여주기 위해 태그는 대문자로 속성은 소문자로 코딩하였다. HTML 코딩에서는 대 소문자를 구별하지는 않지만(자바스크립트는 예외) 거의 모두 소문자로 코딩하는 것이 일반적이다.

다음단원 들어가기 전에...

에디터 사용하기

HTML문서를 작성하기 위한 편집기(editor)들은 많이 있고 반드시 특정 편집기를 사용할 필요는 없다. 많은 편집기 중에서 현재, 무료이면서 사용자 평가가 좋은 에디터를 소개한다.

■ 브래킷(Brackets)

다음 사이트를 방문해서 다운로드 받는다.

http : //brackets.io/

1 다운 받은 파일을 더블 클릭해서 실행시킨다.

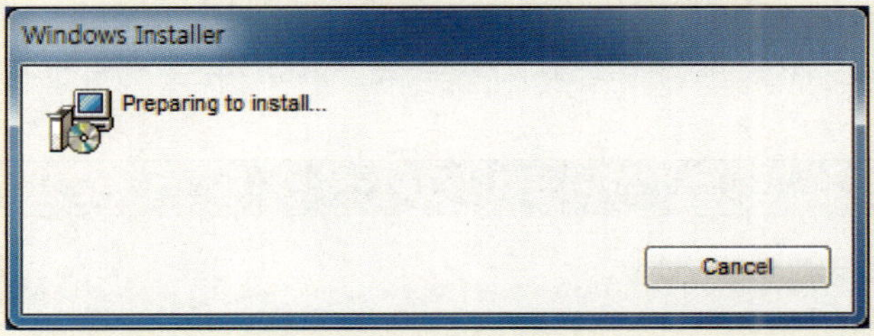

2 에디터에서 작업할 때의 기본 폴더를 지정하고 Next 버튼을 누른다.

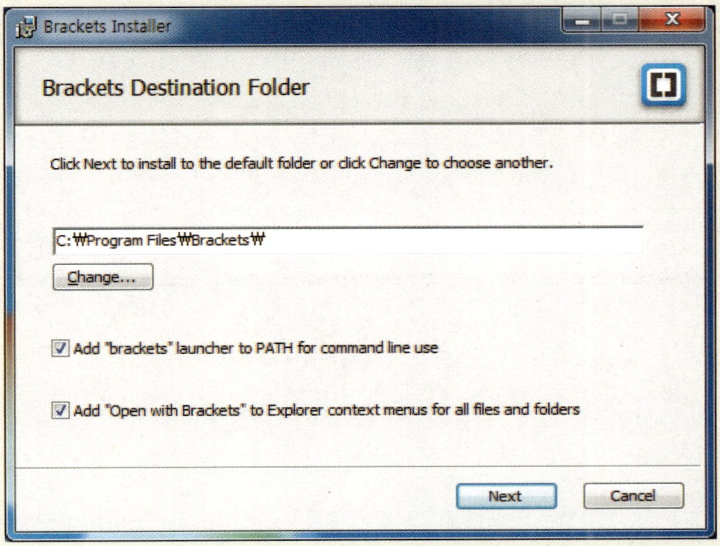

3 다음 대화상자에서 Install 버튼을 선택한다.

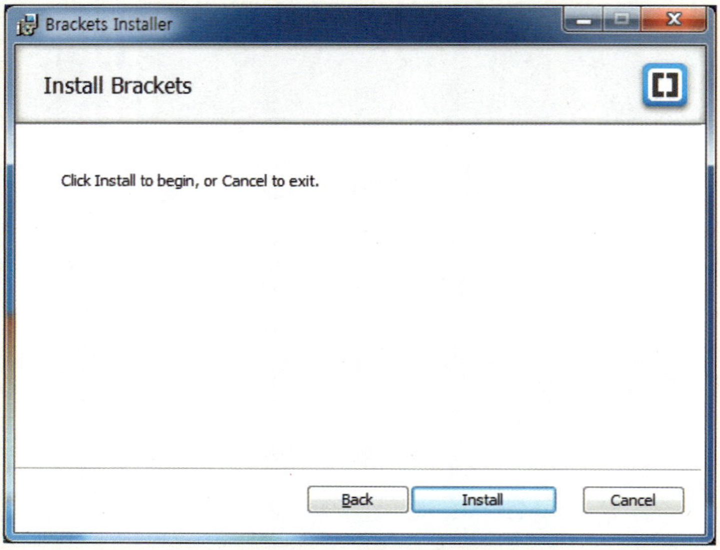

4 다음과 같이 설치되는 과정이 나타나고 설치가 종료되면 Finish 버튼을 클릭한다.

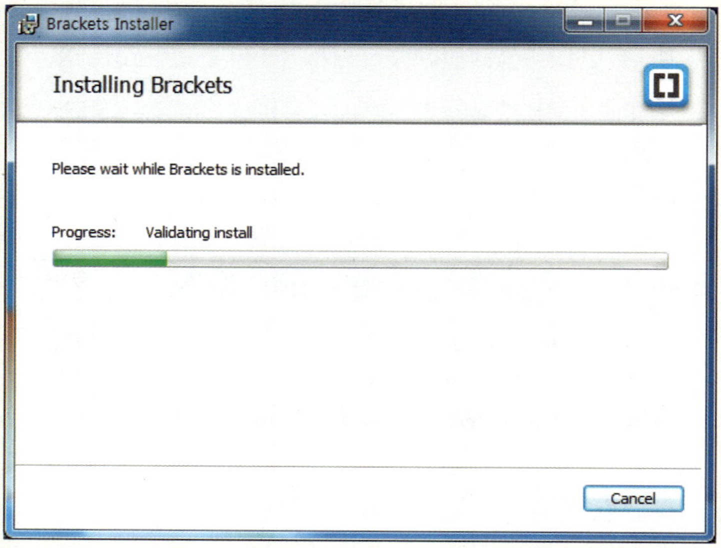

5 브래킷 편집기를 실행하면 기본적으로 열리는 파일이 보일 수 있다. 현재 보이는 내용을 무시하고 **파일 – 새파일** 메뉴를 선택해서 공백 창이 열리면 새로운 창에서 html 코드를 입력하면 된다.

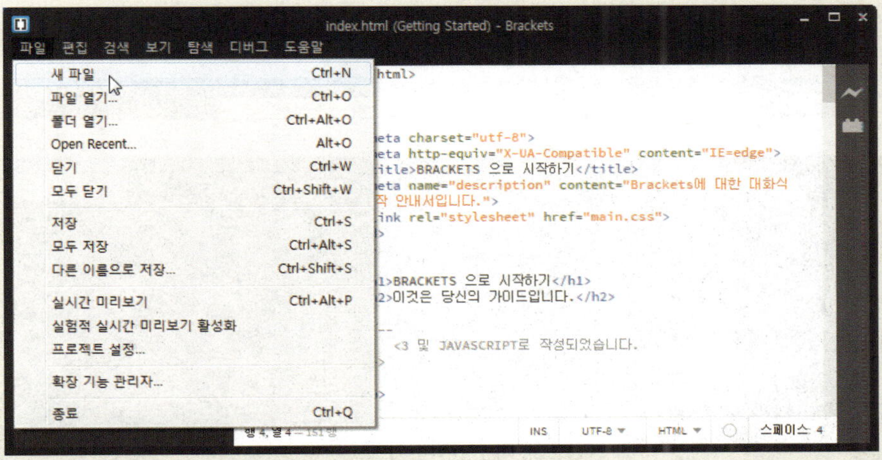

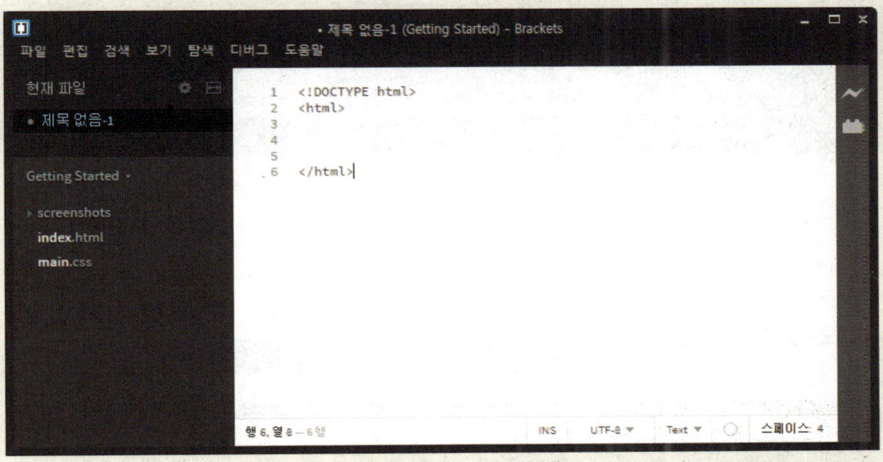

주의 브래킷 에디터는 어도비에서 21년도 9월1일까지만 지원하겠다고 발표된 상태이다.

■ 비주얼 스튜디오 코드

다음 사이트를 방문해서 다운로드 받는다.

https : //code.visualstudio.com/

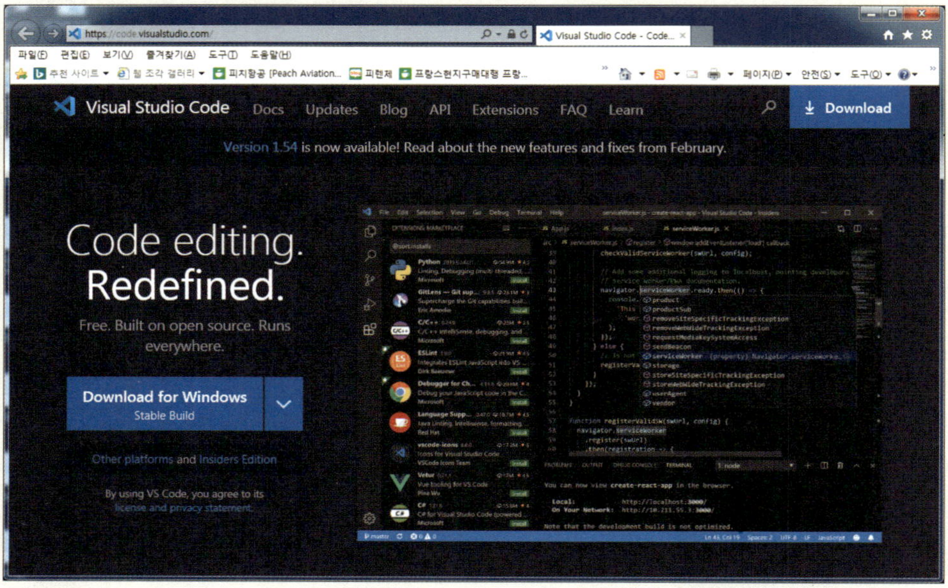

설치할 컴퓨터의 os와 bit에 해당하는 파일을 선택해서 다운 받는다.

또한 개인적으로 사용할 경우라면 user용으로 선택한다.

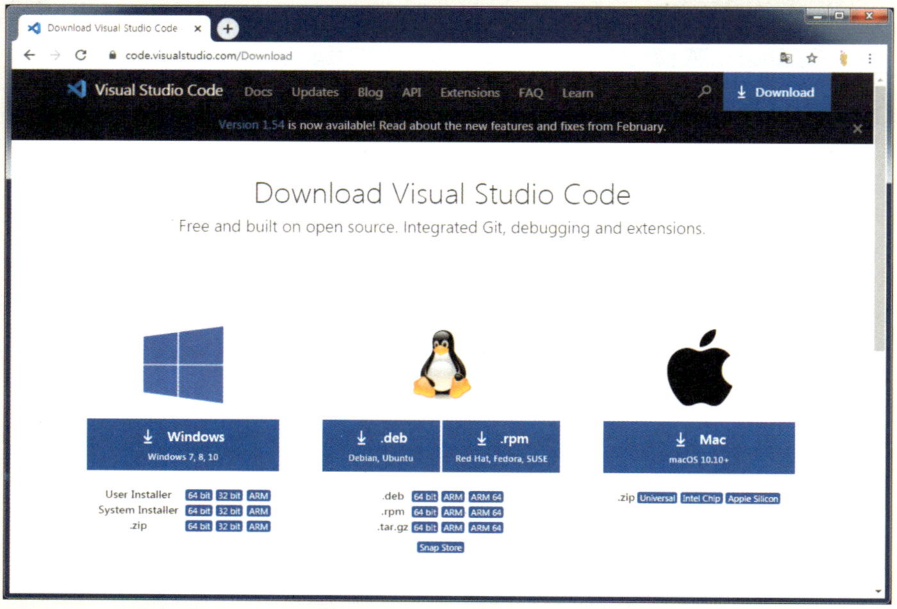

❶ 다운 받은 파일을 더블 클릭한 다음 실행시킨다.

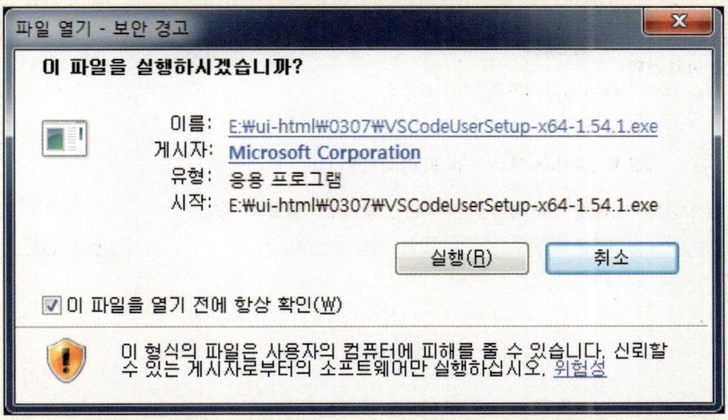

❷ 동의하고 다음 버튼을 누른다.

(이 단계 전에 사용자용과 관리자용에 대한 대화상자가 보일 수 있다.)

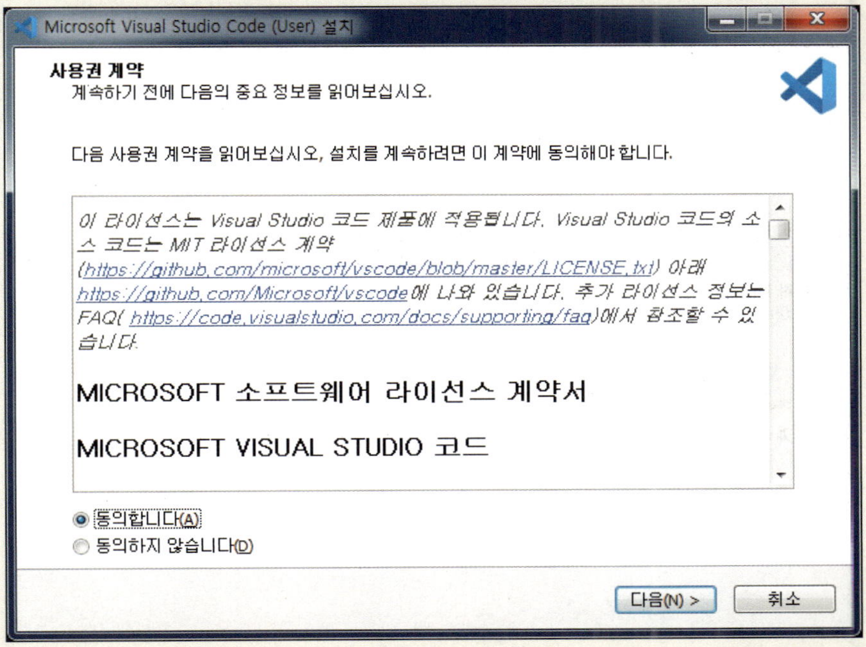

❸ 설치할 경로를 지정하고 다음 버튼을 누른다.

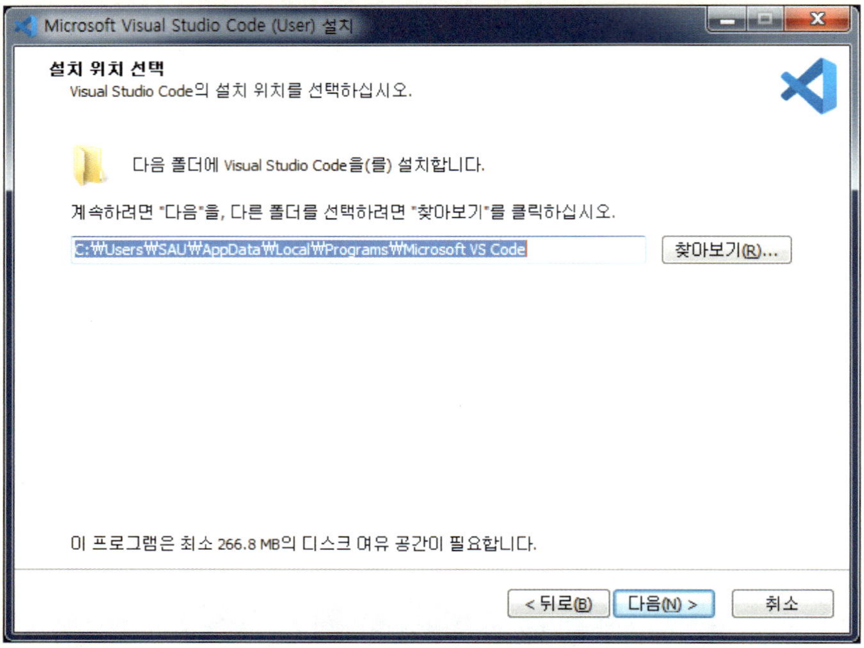

❹ 프로그램의 바로가기가 위치할 메뉴 폴더를 선택(변경)하고 다음 버튼을 누른다. 변경하지 않으면 기본적으로 시작 메뉴 안에 위치한다.

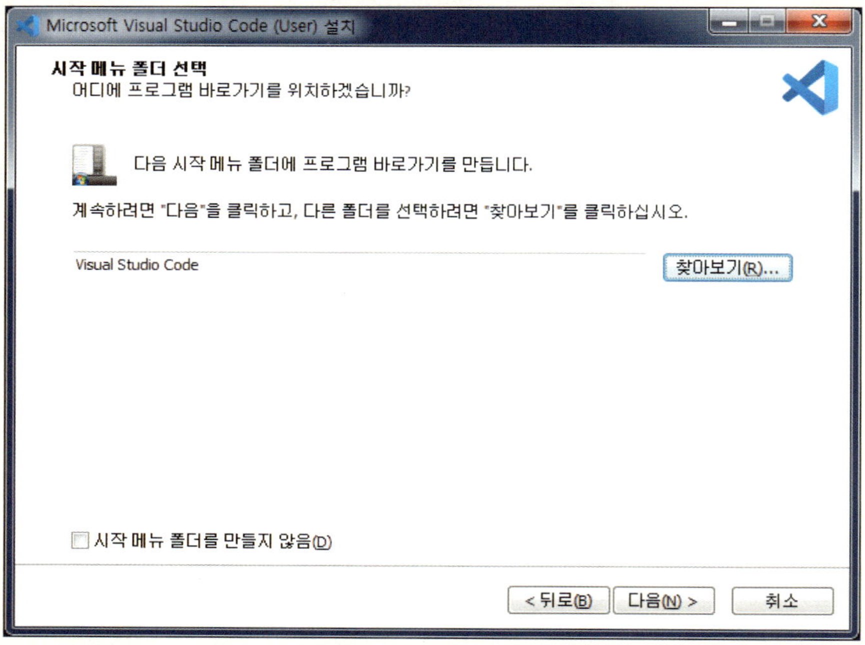

5 추가 작업 선택 메뉴에서 원하는 항목을 선택하고 다음 버튼을 누른다.

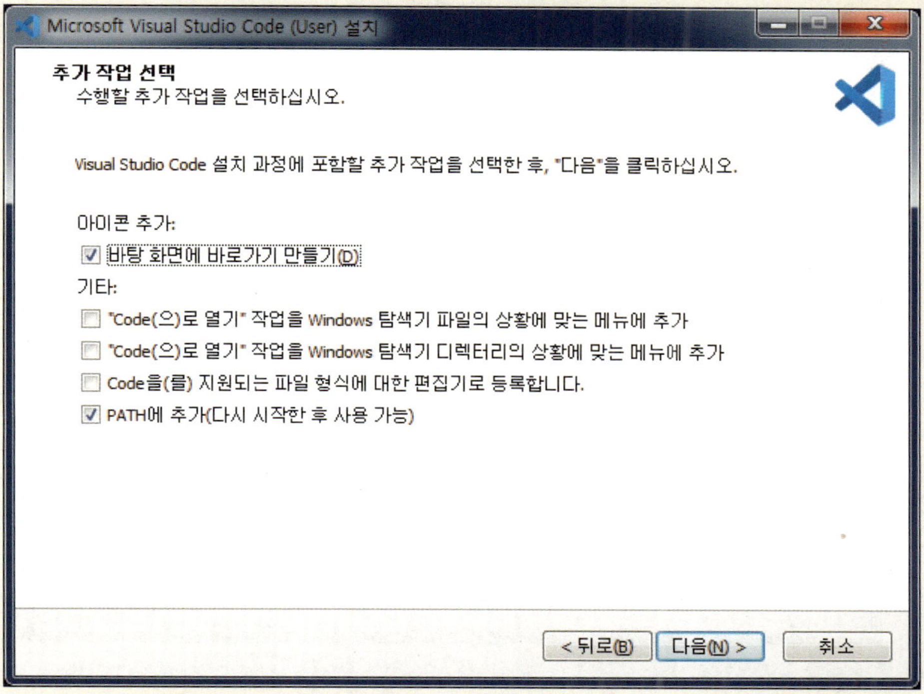

6 지금까지 선택한 내용이 나타난다. 설치 버튼을 누른다.

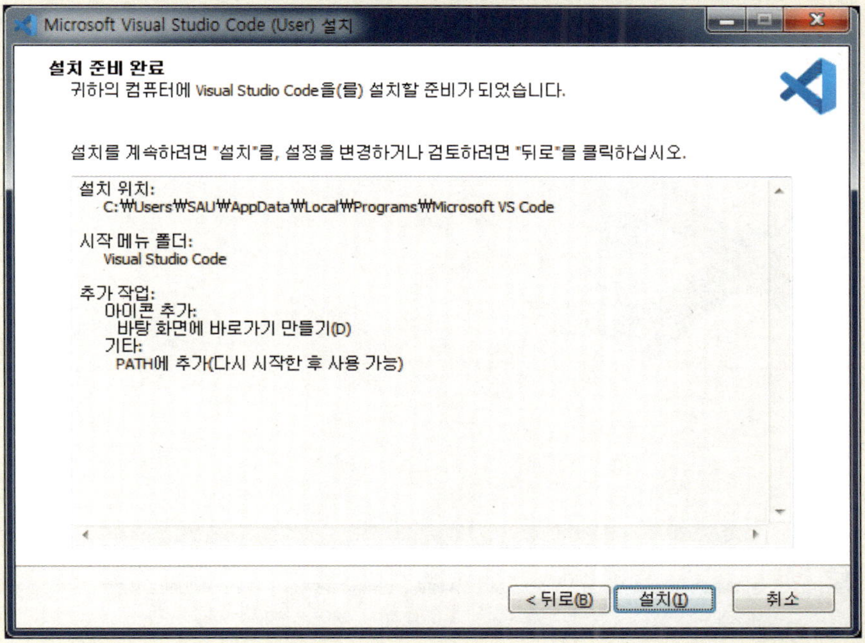

7 설치 작업과정이 나타난다.

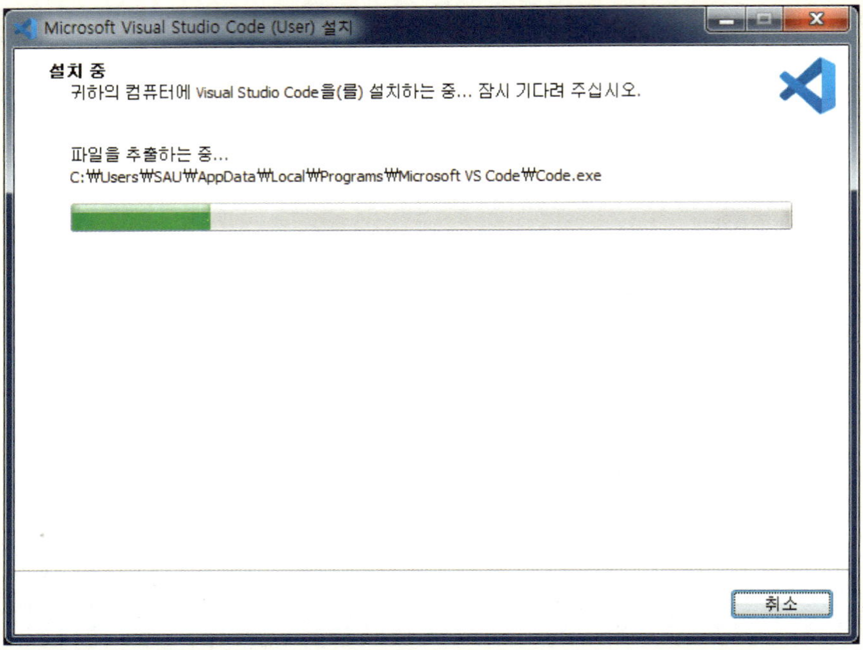

8 작업이 종료되면 다음 화면에서 종료 버튼을 누른다.

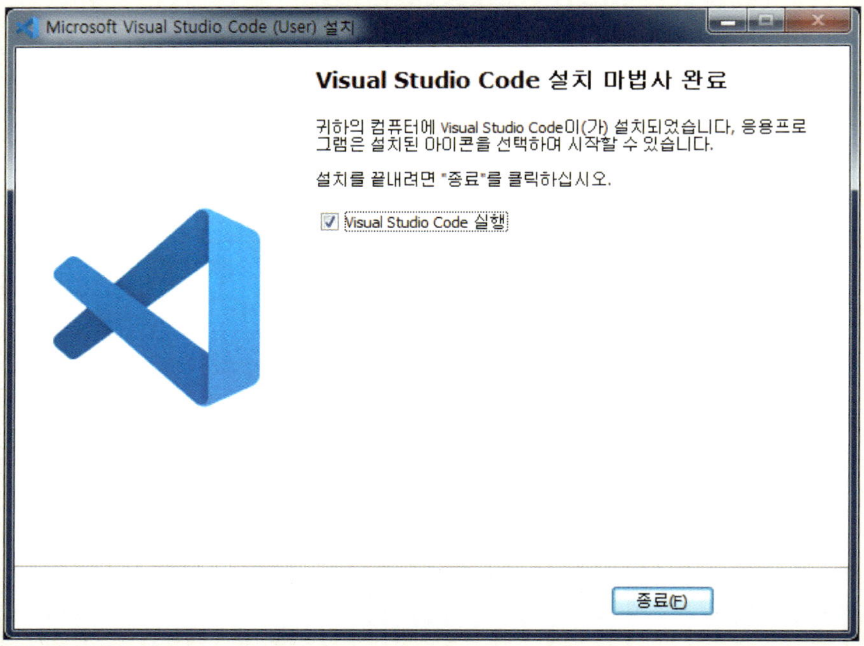

9 실행시키면 다음과 같은 화면이 나타나고, Start 영역의 New File을 선택하면 코딩할 수 있는 창이 열린다.

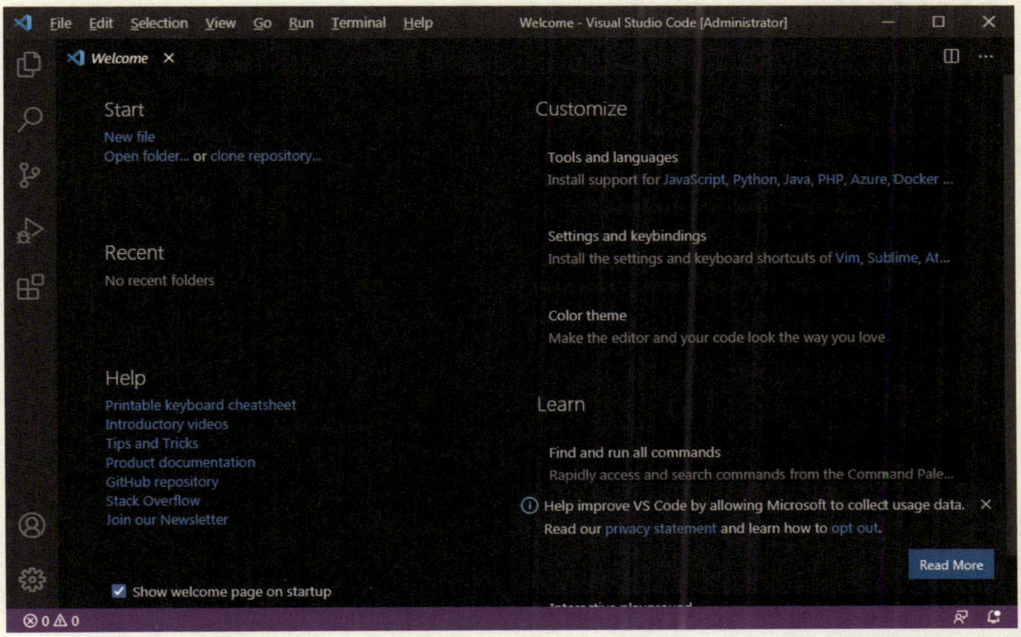

10 HTML로 저장하기 전까지는 HTML문서를 위한 에디터의 도움을 받을 수 없어서 불편할 수 있으니 먼저 HTML 파일로 저장한 다음 코딩하는 것이 편하다.

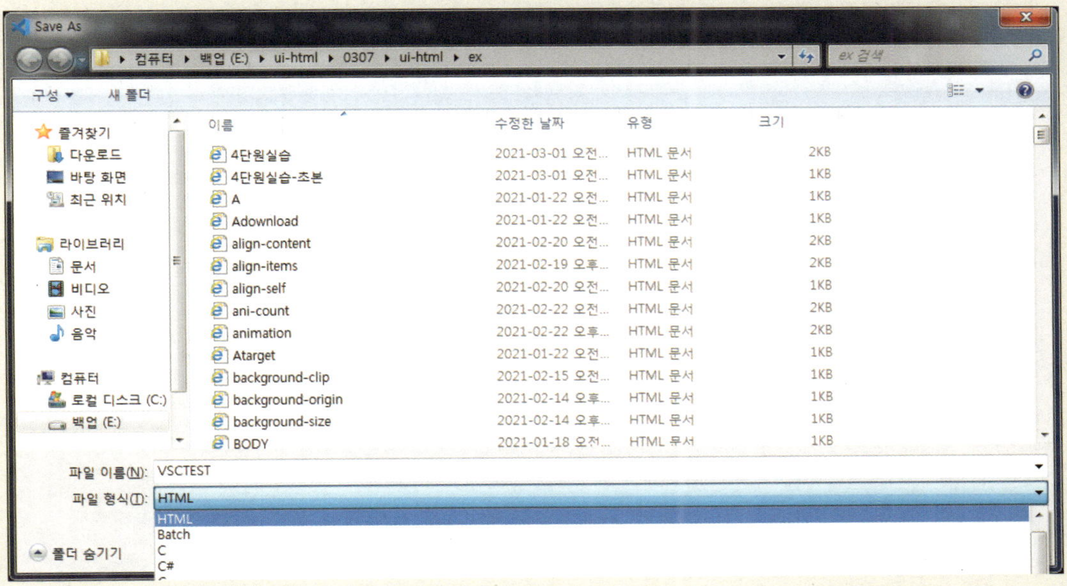

HTML파일로 저장하면 다음과 같이 에디터를 이용했을 때의 편의성을 지원 받을 수 있다.

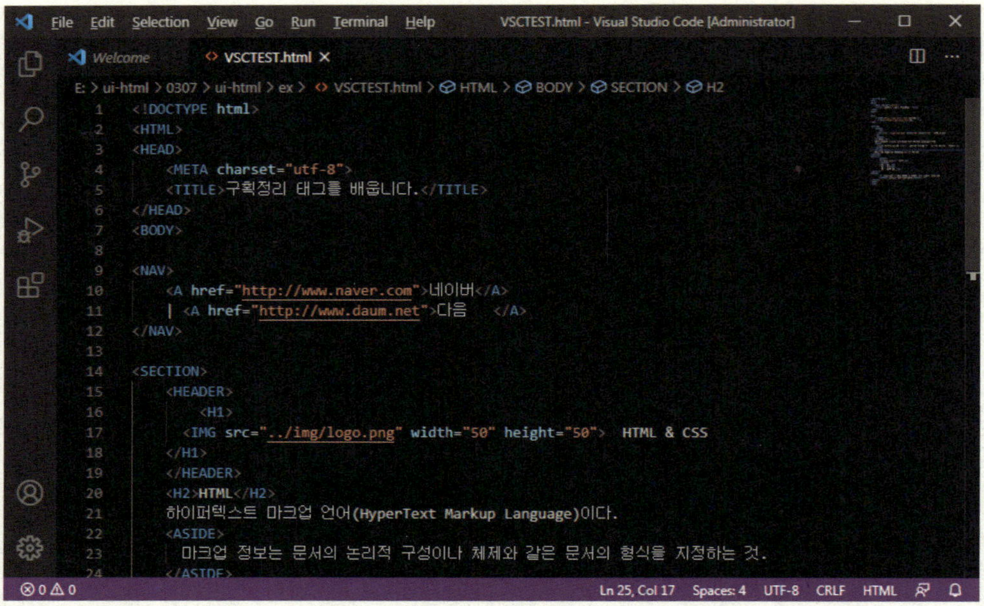

03

CSS(Cascading Style Sheets) 기초

HTML 태그를 이용해서 HTML 문서의 기본 구조를 만들고, CSS를 정의해서 HTML문서를 꾸미는 작업을 한다.

CSS는 HTML문서의 코디네이터 역할을 한다고 할 수 있다.

HTML5에서는 각 태그의 속성을 사용하는 것보다는 CSS 스타일을 사용하는 것을 더 권장한다.

CSS는 HTML 각 태그에 스타일을 지정하는 것인데 스타일을 지정하는 위치와 지정하는 방법이 다양하다.

이 단원에서는 각각에 대한 방법을 설명하면서 사용한 스타일에 대해서도 설명한다.

3.1 | 스타일 정의 위치

(1) 인라인(Inline) 스타일

태그 안에서 지정하는 방법이다.
스타일을 적용하고자 하는 태그의 style 속성을 이용해서 스타일을 지정하는 방법이다.

속성 이름과 값은 콜론(:)으로 구분해서 지정하고, 여러 개의 속성을 지정하려면 세미콜론(;)으로 구분한다.

선언 구분 (↓ ;) 선언 끝 (↓ ;)

〈태그 style="속성1:값1;속성2:값2;...;속성n:값n;"〉

예제 3-1 인라인(Inline) 방법으로 스타일 지정하기

```
<!DOCTYPE html>
<HTML>
<HEAD>
    <TITLE>inline 스타일을 배웁니다. </TITLE>
    <meta charset="UTF-8">
</HEAD>
<BODY>
    <p style="background-color:yellow;color:blue;">
        인라인(in-line) 스타일
    </p>
    <p style="background-color:#F361DC;color:#ffffff;">
        태그 안에서 지정하는 방법이다. <br>
        스타일을 적용하고자 하는 태그의 style 속성을 이용해서 스타일을 지정하는 방법이다.
    </p>
    <p style="background-color:yellow;color:blue;">
        속성 이름과 값은 콜론(:)으로 구분해서 지정하고, 여러 개의 속성을 지정하려면 세미콜론(;)으로 구분한다.
    </p>
</BODY>
</HTML>
```

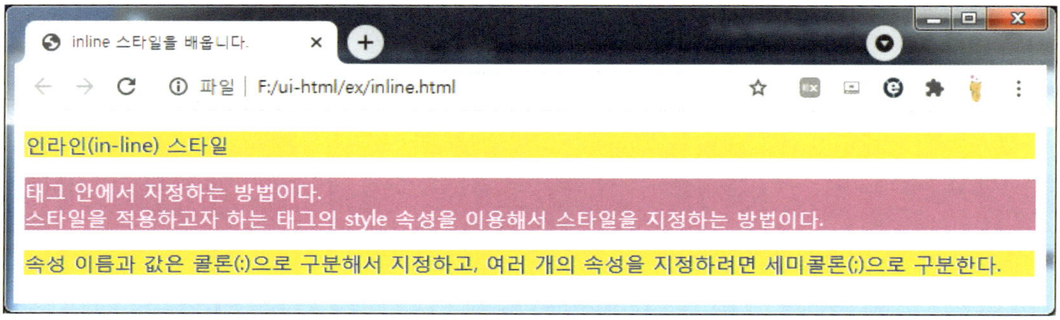

속성	설명
background-color	해당 태그에 의해 확보된 영역의 배경 색을 지정한다. 색상명, 16진수값, rgb값으로 지정할 수 있다.
color	해당 태그에 의해 확보된 영역의 글자 색을 지정한다.

웹문서에서 색상 값을 지정하는 방법은 다음과 같다.

- 영문 색상 명을 지정한다.
- R(Red), G(Green), B(Blue) 3가지 색상 값을 각각 2자리 16진수 값으로 표현한 6자리 값으로 지정하며 000000(black)에서부터 ffffff(white)까지 값으로 지정할 수 있다. 이때 6자리 앞에 16진수라는 의미의 #을 붙인다.
- RGB(red값, green값, blue값) 형태로 지정하는데, 각 값은 0(2^0, white)에서부터 255(2^8-1, black)까지의 값이다.

초록색은 “green” 또는 #00ff00 또는 RGB(0,255,0)으로 지정할 수 있다.

색상에 대한 RGB값은 네이버에서 색상팔레트로 조회할 수 있다.

또한, 다음 사이트에서 정확한 색상 명을 조회할 수 있다.

https : //www.htmlcsscolor.com/

#4BC593 색상값의 색상명은 “Shamrock”이라고 알려주고 있다.

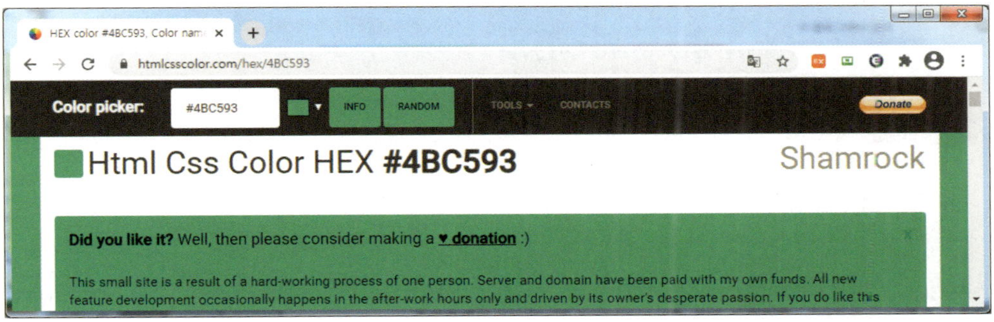

실습문제 3-1

인라인 스타일 방법을 이용해서 다음 그림과 같은 결과가 되도록 HTML 문서를 완성한다. 〈THEAD〉, 〈TBODY〉, 〈TFOOT〉 태그에 스타일을 지정한다.

```
<!DOCTYPE html>
<html>
<head>
    <meta charset="utf-8">
    <title>인라인스타일 실습문제</title>
</head>
<body>
    <table>
        <thead                                        >
        <tr><th>번호</th><th>이름</th><th>생일</th></tr>
        </thead>
        <tbody                                       >
        <tr><td>1</td><td>홍길동</td><td>2020/01/01</td></tr>
        <tr><td>2</td><td>김철수</td><td>2020/12/31</td></tr>
        </tbody>
        <tfoot                                       >
        <tr><td>합계</td><td colspan="2">2명</td></tr>
        </tfoot>
    </table>
</body>
</html>
```

(2) 내부(Internal) 스타일

스타일을 각 태그 안에서 지정하지 않고 <HEAD>와 </HEAD>사이 즉, HTML문서의 머리영역에서 <STYLE>...</STYLE> 태그를 이용해서 지정한다.

지정한 스타일을 어떤 태그(요소)에 적용할 것인지 알려주기 위해 반드시 태그(요소)를 표시해야 한다.

스타일을 지정할 때는 대괄호를 사용하고 인라인 스타일 방법과 마찬가지로 속성이름과 값은 콜론(:)으로 구분해서 지정하며, 여러 개의 속성을 지정하려면 세미콜론(;)으로 구분한다.

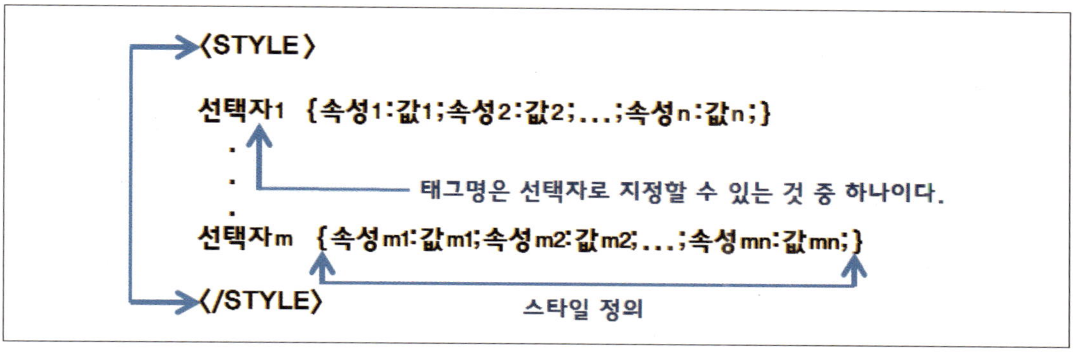

예제 3-2 내부(Internal) 방법으로 스타일 지정하기

```
<!DOCTYPE html>
<HTML>
<HEAD>
<TITLE>internal 스타일을 배웁니다 </TITLE>
<meta charset="UTF-8">
<style>
    h1 {width:500px;height:50px;background-color:#FFC19E;}
    h3 {width:400px;height:30px;background-color:#FFC19E;}
    h5 {width:300px;height:15px;background-color:#FFC19E;}
</style>
</HEAD>
<BODY>
    <H1>내부(internal) 스타일 </H1>
    <H3>STYLE 태그를 이용해서 지정한다. </H3>
    <H5>반드시 태그를 표시해야 한다. </H5>
    <H3>대괄호를 사용하고 </H3>
    <H5>속성 이름과 값은 콜론(:)으로 구분해서 지정하며</H5>
    <H3>여러 개의 속성을 지정하려면</H3>
    <H5>세미콜론(;)으로 구분한다. </H5>
</BODY>
</HTML>
```

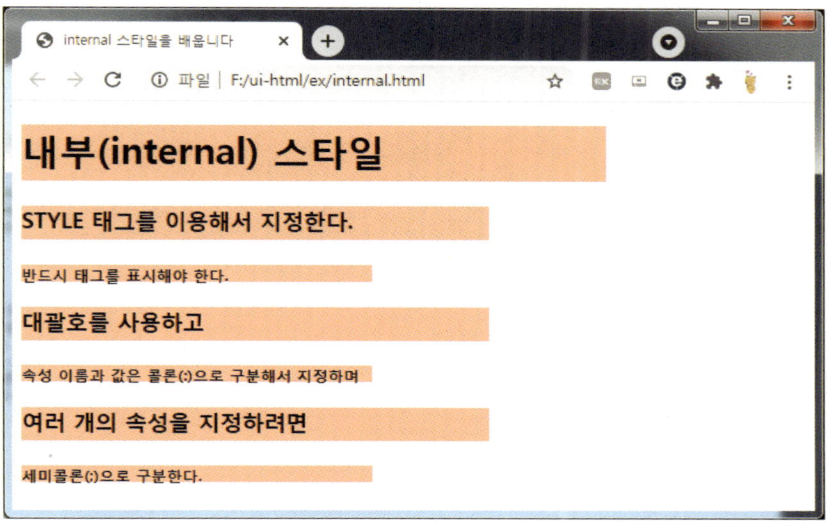

속성	설명
width	해당 태그에 의해 확보되는 영역의 너비를 픽셀 단위(px)나 브라우저 화면의 비율(%)로 지정한다.
height	해당 태그에 의해 확보되는 영역의 높이를 픽셀 단위(px)나 브라우저 화면의 비율(%)로 지정한다.

실습문제 3-2

내부 스타일 방법을 이용해서 다음 그림과 같은 결과가 되도록 HTML 문서를 완성한다.

테이블의 width 속성 값은 500px, height속성은 200px로 지정하고 다른 속성들은 (실습 문제 3-1)과 동일한 결과가 나오도록 인라인 스타일로 지정했던 속성을 내부 스타일 방법으로 변경한다.

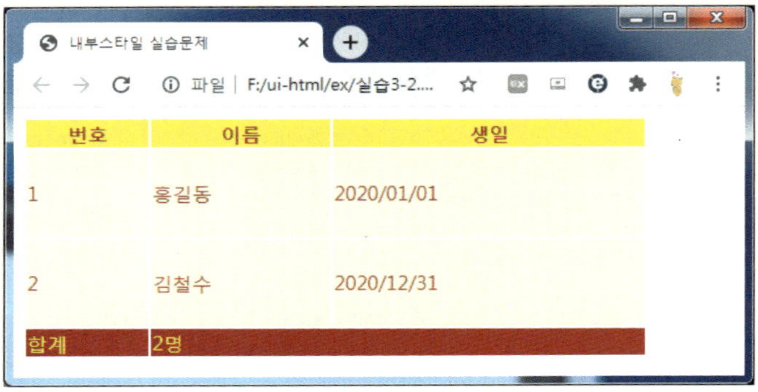


```
<!DOCTYPE html>
<html>
<head>
    <meta charset="utf-8">
    <title>내부스타일 실습문제</title>
    <style>
        table {width:500px; height:200px;}
        thead {                              }
        tbody {                              }
        tfoot {                              }
    </style>
</head>
<body>
    <table>
        <thead>
            <tr><th>번호</th><th>이름</th><th>생일</th></tr>
        </thead>
        <tbody>
            <tr><td>1</td><td>홍길동</td><td>2020/01/01</td></tr>
            <tr><td>2</td><td>김철수</td><td>2020/12/31</td></tr>
        </tbody>
        <tfoot>
            <tr><td>합계</td><td colspan="2">2명</td></tr>
        </tfoot>
    </table>
</body>
</html>
```

(3) 외부(External) 스타일

일반적으로 한 개의 웹 사이트는 다수의 HTML문서를 포함한다.

여러 개의 문서에서 동일하게 스타일을 적용해야 하는 태그들이 있을 것이고 또한 그렇게 하는 것이 사이트를 구성하는 문서에 일관성을 부여할 수 있다.

문서 밖에서 스타일을 지정해 놓은 다음 각 문서에서 스타일을 연결해서 사용하는 방법이 외부 스타일이다.

HTML문서 밖에서 스타일을 지정하는 방법은 포함된(embedded) 스타일과 비슷하게 작성한다.

다만, HTML문서 밖에서 스타일만을 작성해 놓은 파일임으로 <STYLE> 태그를 사용하지 않고 파일은 확장자가 .css인 CSS 스타일 파일로 저장한다.

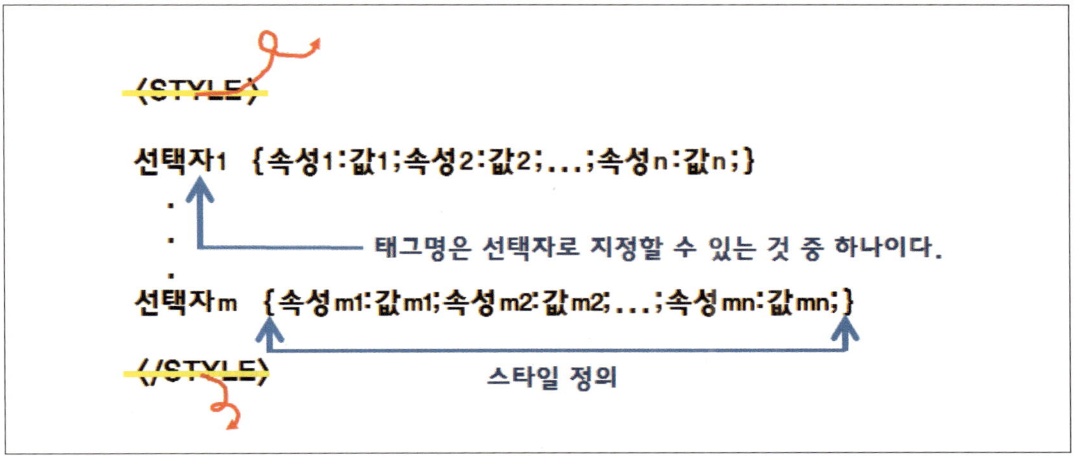

CSS 파일에서 작성된 스타일들을 HTML 문서에서 적용하려면 <LINK> 태그를 이용해서 연결한다.

<LINK> 태그의 href 속성에서 CSS 파일을 지정할 때 현재 HTML문서의 위치를 기준으로 상대 경로를 지정하거나 CSS 파일의 절대 경로를 지정하면 된다(2단원 <IMG> 태그 참조).

〈link rel="stylesheet" href="CSS파일경로와이름"〉

예제 3-3 외부(External) 방법으로 스타일 지정하기

다음의 스타일을 작성한 다음 CSS 파일로 저장한다(test.css).

```
body {background-color:#D5D5D5;color:#980000;
     font-family:"맑은 고딕";font-size:14pt;}
table {width:80%;border-style:solid;border-width:2px;}
td {border-style:dotted; border-width:2px; border-color:red;}
th {background-color:yellow;font-family:휴먼옛체;}
```

<LINK> 태그의 href 속성에서 CSS 파일을 지정한다.

```
<!DOCTYPE html>
<HTML>
<HEAD>
<meta charset="UTF-8">
<TITLE>링크 스타일을 배웁니다.</TITLE>
<link rel="stylesheet"  href="../css/test.css">
</HEAD>
<BODY>
    <TABLE>
            <TR><TH>CSS 위치</TH><TH>방법</TH></TR>
            <TR><TD>inline</TD><TD>태그안에서 style속성으로</TD></TR>
            <TR><TD>internal</TD><TD>머리부분의 style태그안에서</TD></TR>
            <TR><TD>external</TD><TD>외부 css파일로 저장</TD></TR>
</TABLE>
</BODY>
</HTML>
```

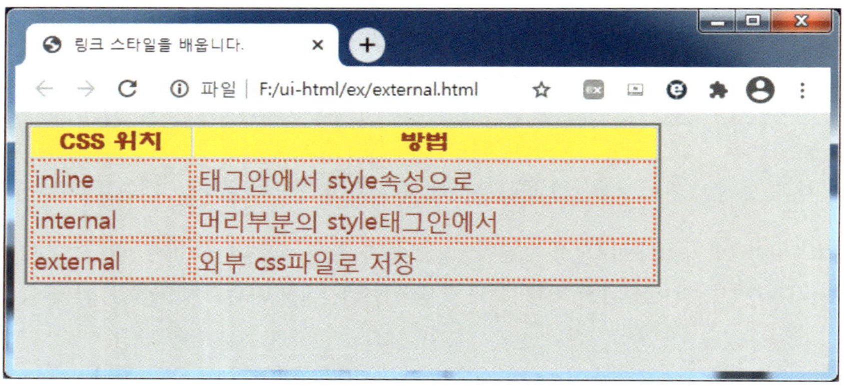

속성	설명
font-family	글꼴 이름 • 글꼴 이름에 공백이 있다면 따옴표("")로 묶는다. • 여러 개의 글꼴을 같이 설정할 수도 있는데, 이 경우에는 쉼표(,)로 구분 하고 브라우저는 설정된 순서대로 글꼴을 확인하여, 사용자 컴퓨터에 지정한 글꼴이 존재하면 해당 글꼴로 표시한다.
font-size	글꼴 크기 • 백분율 단위(%) : 기본 크기를 100%로 놓고, 그에 대한 상대적인 크기. • 배수 단위(em) : 글꼴(font)의 기본 크기를 1em으로 놓고, 그에 대한 상대적인 크기. • 픽셀 단위(px) : 스크린의 픽셀(pixel)을 기준으로 하는 절대적인 크기. (그러나 제목을 표현하려면 font-size만 큰 값을 지장해서는 안 되고 <H1>~<H6> 태그를 사용해야 한다.)
border-style	테두리 유형 • none(선 없음), dotted(점선), dashed(약간 긴 점선), solid(실선), double(이중 실선)과 border-color값에 따라 영향을 받는 groove(입체적인 선), ridge(능선효과), inset(내지로 끼운 선), outset(외지로 끼운 선) 값을 지정할 수 있으며 테두리는 존재하지만 표현되지는 않는 hidden을 지정할 수 있다.
border-width	테두리 두께(px단위)
border-color	테두리 색상

실습문제 3-3

외부 스타일 방법을 이용해서 다음 그림과 같은 결과가 되도록 (실습문제 3-2)에서 작성한 HTML 문서를 변경하였다.
스타일을 위한 외부 CSS 파일을 작성하고 저장(실습3-3.css)한다.
〈TABLE〉과 〈TH〉 border 속성 값은 그림에서 보이는 대로 설정하고 〈TH〉 내용의 글꼴도 자유롭게 지정한다. 그 외의 다른 속성들은 (실습문제 3-2)와 동일하다.

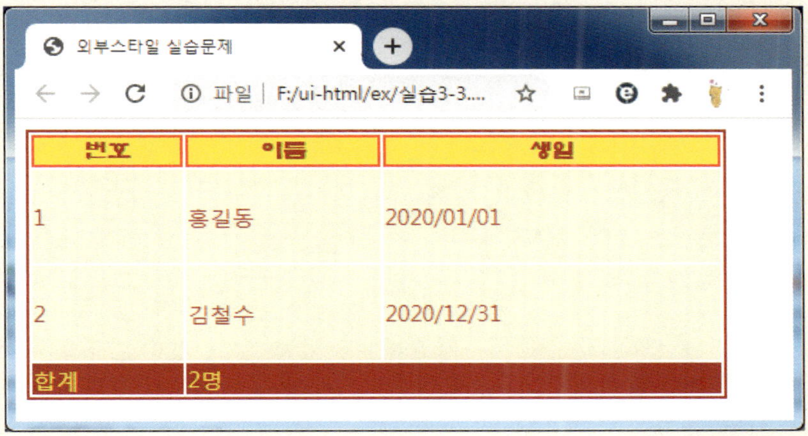

```
<!DOCTYPE html>
<html>
<head>
    <meta charset="utf-8">
    <title>외부스타일 실습문제</title>
    <link rel="stylesheet"  href="실습3-3.css">
</head>
<body>
    <table>
        <thead>
        <tr><th>번호</th><th>이름</th><th>생일</th></tr>
        </thead>
        <tbody>
        <tr><td>1</td><td>홍길동</td><td>2020/01/01</td></tr>
        <tr><td>2</td><td>김철수</td><td>2020/12/31</td></tr>
        </tbody>
        <tfoot>
        <tr><td>합계</td><td colspan="2">2명</td></tr>
        </tfoot>
    </table>
</body>
</html>
```

주의

한 선택자에 인라인, 내부(internal), 외부(external) 스타일을 이용해서 동일한 속성에 서로 다른 값이 지정되어 있다면 선택자가 있는 위치에서 가장 가까운 곳에 정의된 스타일 순으로 우선순위가 부여된다.

인라인 > 내부(internal) > 외부(external)

실습문제 3-4 인라인 유형의 스타일을 내부(internal) 또는 외부(external) 유형의 스타일로 변경하기

폼 실습 문제(실습 문제 2-5)의 코딩에 인라인(inline) 스타일을 추가한 결과이다.

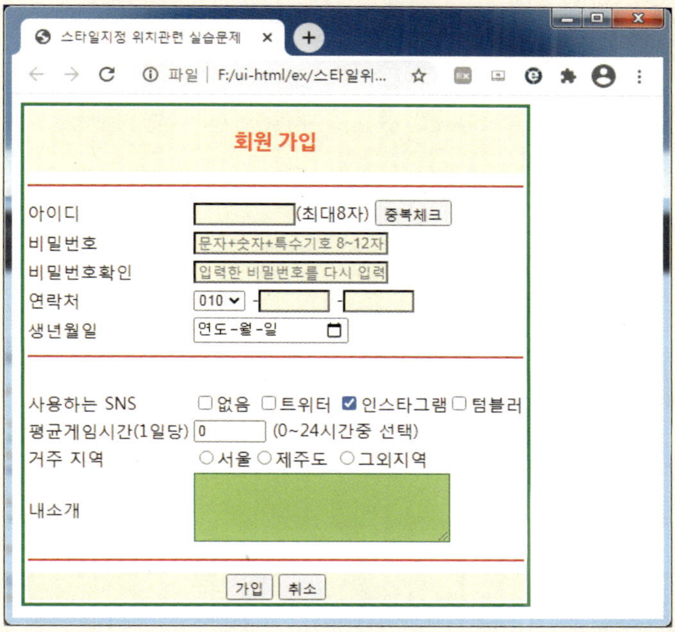

인라인 유형의 스타일로 작성한 다음 코딩 내용을 내부(internal) 또는 외부(external) 유형의 스타일로 변경해서 코딩하고 그 결과를 확인한다.

문제를 해결하다 보면 인라인 유형의 스타일보다 왜 내부나 외부 스타일이 유용하고 편리한지 이해할 수 있다.

```
<!DOCTYPE html>
<HTML>
<HEAD>
    <meta charset="UTF-8">
    <TITLE>스타일지정 위치관련 실습문제</TITLE>
</HEAD>
<BODY style="font-family:'맑은 고딕';">
<FORM>
<TABLE style="border-style:solid;border-width:3xp;border-color:forestgreen">
    <TR> <TH colspan="2" style="color:#ff0000;background-color:beige">
         <H3 style="font-family:나눔고딕;"> 회원 가입</H3>
         </TH>
    </TR>
    <TR> <TD colspan="2"> <HR style="border-color:red;"> </TD> </TR>
    <TR> <TD>아이디</TD>
         <TD>
         <INPUT style="background-color:beige" type="text" autofocus maxlength="8" size="8">(최대8자)
         <INPUT type="submit" value="중복체크">
         </TD>
    </TR>
    <TR> <TD>비밀번호</TD>
         <TD>
```

```
    <TR> <TD>비밀번호</TD>
        <TD>
        <INPUT style="background-color:beige" type="password" placeholder="문자+숫자+특수기호 8~12자">
        </TD>
    </TR>
    <TR> <TD>비밀번호확인</TD>
        <TD>
        <INPUT style="background-color:beige" type="password" placeholder="입력한 비밀번호를 다시 입력">
        </TD>
    </TR>
    <TR> <TD>연락처</TD>
        <TD><SELECT><OPTION>010</OPTION><OPTION>011</OPTION><OPTION>019</OPTION></SELECT>
          -<INPUT style="background-color:beige" type="text"  maxlength="4" size="4">
          -<INPUT style="background-color:beige" type="text" maxlength="4" size="4">
        </TD>
    </TR>

    <TR> <TD>생년월일</TD> <TD> <input type="date" > </TD> </TR>
    <TR> <TD colspan="2"> <HR style="border-color:red;"> </TD> </TR>
    <TR> <TD colspan="2"> <p> </p> </TD> </TR>
    <TR> <TD>사용하는 SNS</TD>
        <TD>
          <INPUT type="checkbox">없음 <INPUT type="checkbox">트위터
          <INPUT type="checkbox" checked>인스타그램<INPUT type="checkbox">텀블러
        </TD>
    </TR>
    <TR> <TD>평균게임시간(1일당)</TD>
        <TD> <INPUT type="number" min="0" max="24" value="0"> (0~24시간중 선택) </TD>
    </TR>
    <TR> <TD>거주 지역</TD>
        <TD> <INPUT type="radio" name="지역">서울<INPUT type="radio" name="지역">제주도
            <INPUT type="radio" name="지역">그외지역
        </TD>
    </TR>
    <TR> <TD>내소개</TD> <TD>
    <TEXTAREA style="border-style:solid;border-color:green;background-color:#CEF279" cols="30" rows="4">
    </TEXTAREA> </TD>
    </TR>
    <TR> <TD colspan="2"><HR style="border-color:red;"> </TD> </TR>
    <TR> <TH  style="color:#ff0000;background-color:beige" colspan="2">
        <INPUT type="submit" value="가입"> <INPUT type="reset" value="취소">
        </TH>
    </TR>
</TABLE>
</FORM>
</BODY>
</HTML>
```

잠깐만

에디터를 이용해서 코딩 할 때, 셀 내용으로 끝 태그가 없는 태그(예 : <HR>,<INPUT>등)를 사용한 경우에는 그다음 나오는 끝 태그 글자 색이 빨간색으로 보일 수 있다. </HR> </INPUT>과 같이 태그를 닫아주면 정상적인 색상으로 나온다.

3.2 | 스타일 지정하는 대상(선택자 종류)

스타일을 지정하는 대상을 선택자(selector)라고 하며, 선택자의 유형은 5가지이다.

다음에서 각 유형과 스타일 지정방법에 대해서 설명한다.

(1) 한개 태그에 지정하기

가장 대표적인 선택자는 한 개의 태그이다. 즉, 태그 한 개에 스타일을 지정하는 것이다.

```
태그1 {속성1:값1;속성2:값2;...;속성n:값n;}
  .
  .
  .
태그m {속성m1:값m1;속성m2:값m2;...;속성mn:값mn;}
```

예제 3-4 한개 태그(요소)에 스타일 지정하기

```
<!DOCTYPE html>
<html>
<head>
<title>CSS 선택자를 배웁니다 </title>
    <style>
       h1 {color:darkblue;}
       h3 {color:#B22222;}
       h5 {color:rgb(255,204,0);}
     </style>
</head>
<body>
    <h1>1. HTML 문서의 구성</h1>
    <h3>(1) HTML 태그 </h3>
    <h5>문서의 기본 구조</h5>
    <h3>(2) CSS style </h3>
    <h5>문서의 각 요소를 꾸밈</h5>
    <h3>(3) javascript</h3>
    <h5>동작을 제어</h5>
</body>
</html>
```

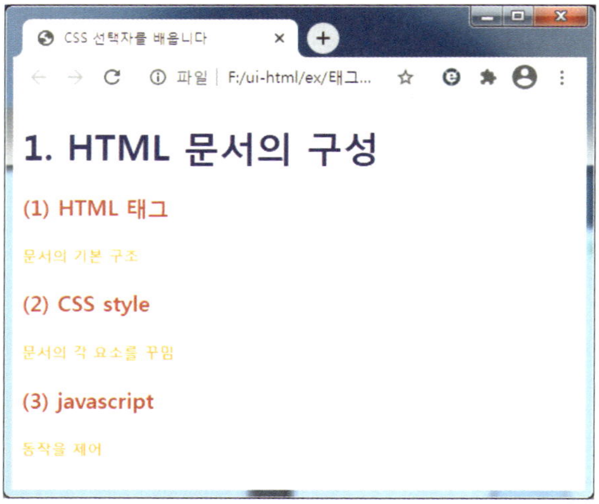

(2) 클래스에 지정하기

동일한 태그에 서로 다른 스타일을 지정할 때 사용한다.

한 태그를 여러 개의 클래스로 나눈 다음 각 클래스에 스타일을 적용하는 방법이다.

클래스이름 앞에 "."을 붙인다.

클래스이름은 자유롭게 지정할 수 있다. 하지만, 되도록 어떤 스타일이 지정되는 지를 암시하는 이름으로 클래스이름을 정의하는 것이 좋다.

```
태그1.클래스이름1  {속성1:값1;속성2:값2;...;속성n:값n;}
   .
   .
   .
태그1.클래스이름m  {속성m1:값m1;속성m2:값m2;...;속성mn:값mn;}
     └──→ 어떤 태그의(of) 어떤 클래스 의미
```

이렇게 클래스로 지정된 스타일을 지정하려면 태그 안에서 class 속성으로 동일한 클래스 이름을 지정해야 한다.

```
〈태그 class="클래스이름"〉

〈태그 class="클래스이름1 ··· 클래스이름n"〉
                        └──→ 클래스 여러 개를 지정하려면
                             클래스이름 사이에 공백으로 구분한다.
```

예제 3-5 클래스에 스타일 지정하기

```
<!DOCTYPE html>
<html>
<head>
    <meta charset="UTF-8">
    <title>클래스 선택자를 배웁니다. </title>
    <style>
        hr.red {border-color:red;border-style:dotted;}
        hr.blue {border-color:blue;border-style:dashed;}
    </style>
</head>
<body>
    <hr class="red">
    동일한 태그에 서로 다른 스타일을 지정할 때 사용한다.
    <hr class="blue">
    한 태그를 여러 개의 클래스로 나눈 다음 각 클래스에 스타일을 적용하는 방법이다.
    <hr class="red">
    클래스이름은 자유롭게 지정할 수 있다.
    <hr class="blue">
</body>
</html>
```

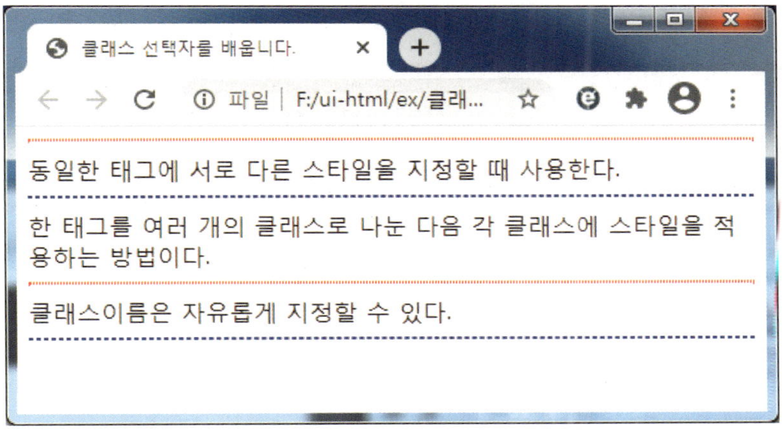

또한 클래스를 지정할 때 태그를 생략할 수 있는데, 이렇게 지정한 경우에는 어떤 태그와 관계없이 동일한 클래스이름으로 class 속성이 지정되어 있으면 어떤 태그이건 관계없이 스타일이 적용된다.

```
.클래스이름1 {속성1:값1;속성2:값2;...;속성n:값n;}
   .
   .
   .
.클래스이름m {속성m1:값m1;속성m2:값m2;...;속성mn:값mn;}
```

→ 태그 생략

예제 3-6 **태그명을 생략하고 클래스 지정하기**

```
<!DOCTYPE html>
<html>
<head>
    <meta charset="UTF-8">
    <title>클래스선택자를 배웁니다.</title>
    <style>
      .beige {background-color:#800000;color:beige}
    </style>
</head>
<body>
    <p class="beige">클래스에 지정하기</p>
    <h3>스타일을 지정할 때 태그를 생략할 수 있다.</h3>
    <h3 class="beige">이렇게 스타일을 지정한 경우에는 </h3>
    <p> 어떤 태그와 관계없이 동일한 클래스이름으로 class속성이 지정되어 있으면 <br>
    어떤 태그이건 모두 스타일이 적용된다.</p>
</body>
</html>
```

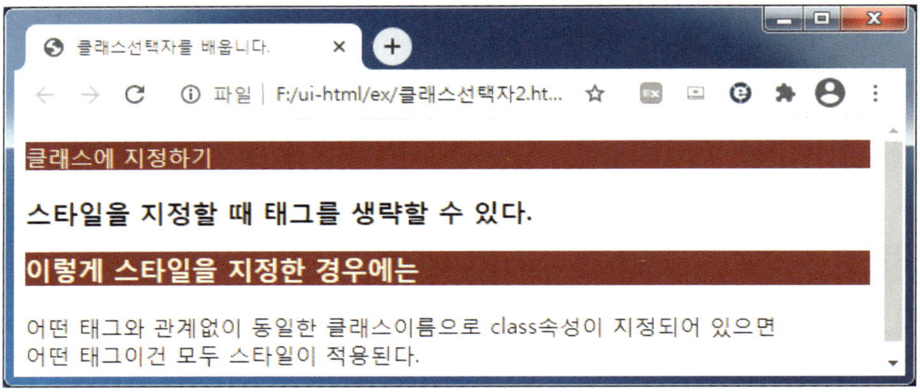

실습문제 3-5

다음 그림과 같은 결과가 되도록 클래스에 스타일을 지정하는 방법으로 HTML 문서를 완성한다.

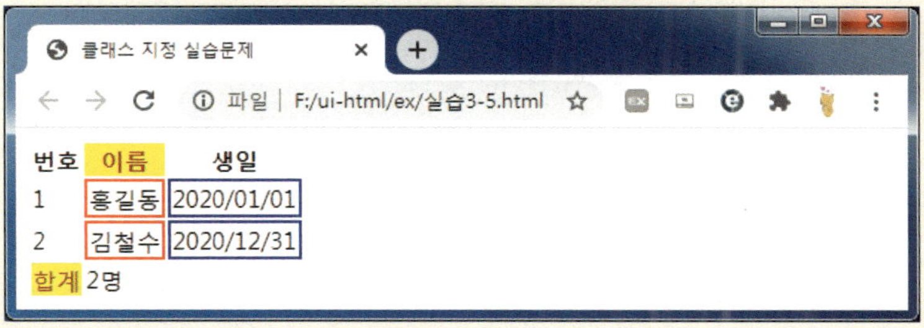


```
<!DOCTYPE html>
<html>
<head>
    <meta charset="utf-8">
    <title>클래스 지정 실습문제</title>
    <style>



    </style>
</head>
<body>
    <table>
        <tr><th>번호</th><th class="yellow">이름</th><th>생일</th></tr>
        <tr><td>1</td><td class="red">홍길동</td><td class="blue">2020/01/01</td></tr>
        <tr><td>2</td><td class="red">김철수</td><td class="blue">2020/12/31</td></tr>
        <tr><td class="yellow">합계</td><td colspan="2">2명</td></tr>
    </table>
</body>
</html>
```

(3) id로 지정하기

태그의 id속성으로 지정한 id이름으로 스타일을 지정하는 방법이다.

스타일을 지정할 때는 id 이름 앞에 "#"기호를 붙인다.

#id이름 {속성1:값1;속성2:값2;...;속성n:값n;}

└──→ **#을 붙인다.**

태그의 id속성에 id이름을 지정하면 스타일이 적용된다.

<태그 id="id이름">

예제 3-7 id에 스타일 지정하기

```
<!DOCTYPE html>
<html>
<head>
    <meta charset="utf-8">
    <title>id 선택자를 배웁니다.</title>
    <style>
        #brown {background-color:#9a7745;color:beige}
    </style>
</head>
<body>
    <h3 id="brown">id에 지정하기</h3>
    <p>태그의 id속성으로 지정한 id이름으로 스타일을 지정하는 방법이다.</p>
    <p> 스타일을 지정할 때는 id 이름 앞에 <em id="brown"> "#" 기호를 붙인다.</em></p>
</body>
</html>
```

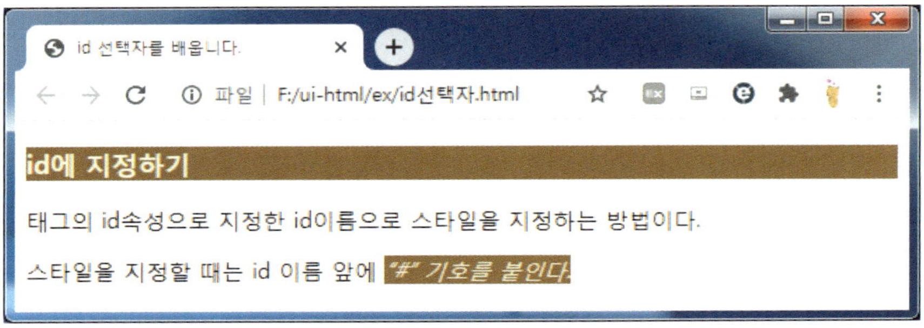

실습문제 3-6

아이디에 스타일을 지정하는 방법으로 (실습 문제 3-5)에서 작성한 HTML문서의 코딩 내용을 변경하려고 한다. HTML문서의 내용에서 스타일 부분을 완성한다.

```
<!DOCTYPE html>
<html>
<head>
    <meta charset="utf-8">
    <title>id 지정 실습문제</title>
    <style>



    </style>
</head>
<body>
    <table>
        <tr><th>번호</th><th id="yellow">이름</th><th>생일</th></tr>
        <tr><td>1</td><td id="red">홍길동</td><td id="blue">2020/01/01</td></tr>
        <tr><td>2</td><td id="red">김철수</td><td id="blue">2020/12/31</td></tr>
        <tr><td id="yellow">합계</td><td colspan="2">2명</td></tr>
    </table>
</body>
</html>
```

(4) 하위 레벨에 지정하기

어떤 태그(태그1)가 나온 다음 뒤에 나오는(descendant 레벨) 태그(태그2)에 스타일을 적용하는 방법이다. 이 경우에는 반드시 첫 번째 태그 안에서 두 번째 태그를 포함하고 있어야 한다.

태그1 태그2 {속성1:값1;속성2:값2;...;속성n:값n;}

→ **태그와 태그 사이에 공백을 둔다.**

잠깐만

이해하기 쉽도록 태그1, 태그2라고 했지만 태그대신에 태그.클래스 형태로 지정할 수도 있고 #아이디 이름으로 지정할 수 있다.

예제 3-8 하위 레벨에 스타일 지정하기

```
<!DOCTYPE html>
<html>
<head>
    <meta charset="utf-8">
    <title>하위레벨 선택자를 배웁니다.</title>
    <style>
        ul a{background-color:black;color:yellow;}
    </style>
</head>
<body>
  <ul><a href=""> 하위레벨</a> 종류
    <li>어떤 태그가 나온 다음 뒤에 나오는(<a href="">descendant 레벨</a>) 태그</li>
    <li>어떤 태그가 나온 다음 뒤에 바로 나오는(<a href="">child 레벨</a>) 태그 </li>
  </ul>
</body>
</html>
```

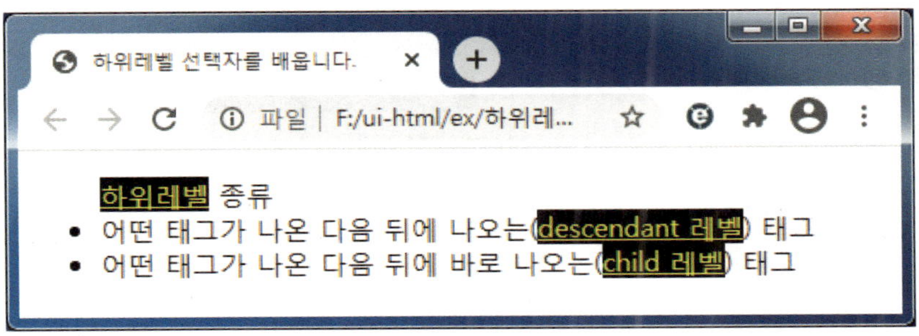

만일 어떤 태그(태그1)가 나온 다음 뒤에 **바로** 나오는(child 레벨) 태그(태그2)에만 스타일을 적용하려면 다음과 같이 지정한다.

이 경우에도 반드시 첫 번째 태그 안에서 두 번째 태그를 포함하고 있어야 한다.

```
태그1 > 태그2  {속성1:값1;속성2:값2;...;속성n:값n;}
```

→ 태그와 태그 사이에 ">"기호를 넣는다.

잠깐만

이 경우에도 이해하기 쉽도록 태그1, 태그2라고 했지만 태그 대신에 태그.클래스 형태로 지정할 수도 있고 #아이디이름으로 지정할 수 있다.

예제 3-9 하위 레벨의 2가지 유형(자손레벨/ 자식레벨) **이해하기**

```
<!DOCTYPE html>
<html>
<head>
    <meta charset="utf-8">
    <title>하위레벨 선택자를 배웁니다.</title>
    <style>
        ul>a {background-color:black;color:yellow;}
    </style>
</head>
<body>
  <ul><a href=""> 하위레벨</a> 종류
    <li>어떤 태그가 나온 다음 뒤에 나오는(<a href="">descendant 레벨</a>) 태그</li>
    <li>어떤 태그가 나온 다음 뒤에 바로 나오는(<a href="">child 레벨</a>) 태그 </li>
  </ul>
</body>
</html>
```

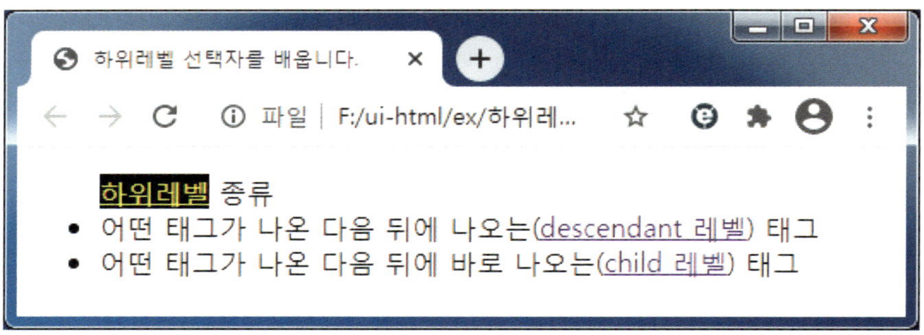

실습문제 3-7

다음 그림과 같은 결과가 되도록 하위 레벨에 스타일을 지정하는 2가지 방법을 이용해서 HTML 문서를 완성한다.

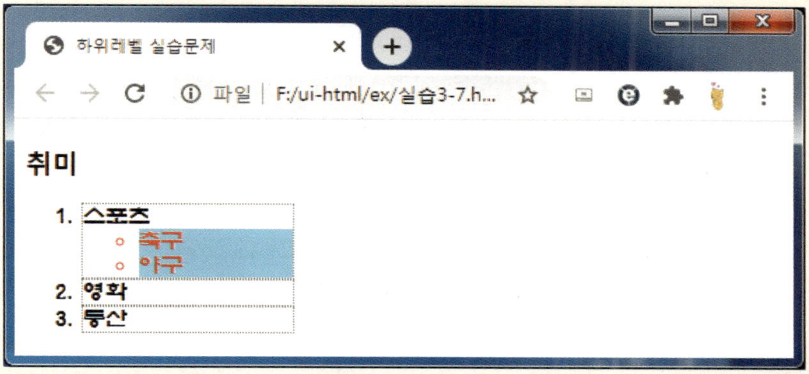


```
<!DOCTYPE html>
<html>
<head>
    <meta charset="utf-8">
    <title>하위레벨 실습문제</title>
    <style>
               {width:200px;}
               {background-color:skyblue;color:red;}
               {font-family:휴먼옛체;}
               {border-style:dotted; border-color:gray; border-width:1px;}
    </style>
</head>
<body>
<h3>취미 </h3>
  <ol>
    <li>스포츠
    <ul><li>축구</li>
        <li>야구</li>
    </ul></li>
    <li>영화</li>
    <li>등산</li>
  </ol>
</body>
</html>
```

(5) 동일레벨의 다른 태그에 지정하기

어떤 태그(태그1)가 나오고 그 뒤에 오는(sibling 레벨) 태그(태그2)에 스타일을 적용하는 방법이다.

첫 번째 태그와 두 번째 태그가 서로 포함관계가 아니어야 하고 두 개의 태그의 상위 태그가 동일해야 한다.

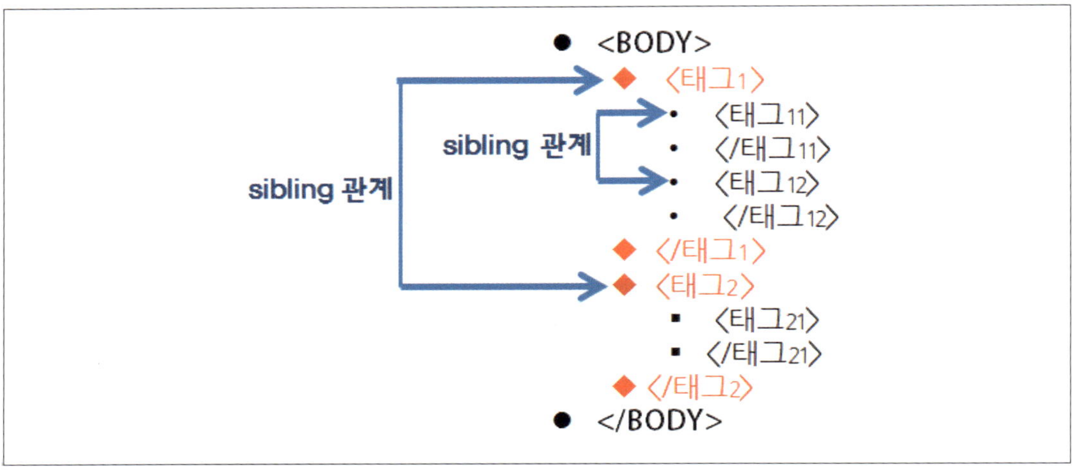

다음과 같은 두 가지 유형이 있다.

■ 일반 형제 선택자(general sibling selector)

일반 형제 선택자는 해당 태그와 동일 레벨에 있으며, 해당 태그보다 뒤에 존재하는 특정 태그 모두 해당된다.

```
태그1 ~ 태그2 {속성1:값1;속성2:값2;...;속성n:값n;}
```

→ 태그와 태그 사이에 "~"기호를 넣는다.

잠깐만 태그1, 태그2 대신에 태그.클래스 형태로 지정할 수도 있고 #아이디이름으로 지정할 수 있다.

예제 3-10 **형제레벨 요소에 스타일 지정하기**

```
<!DOCTYPE html>
<html>
<head>
    <meta charset="utf-8">
    <title>형제레벨 선택자를 배웁니다.</title>
    <style>
        ul~ol{background-color:#a30fe2;color:greenyellow;}
    </style>
</head>
<body>
  <ul> 하위레벨
    <li>어떤 태그가 나온 다음 뒤에 나오는 태그</li>
    <li>하위레벨 종류
        <ol>
            <li>자식 레벨</li>
            <li>자손 레벨</li>
        </ol>
     </li>
     <li>태그1이 태그2를 포함하고 있어야 한다. </li>
  </ul>
  <ol>형제레벨
    <li>어떤 태그가 나온 다음 뒤에 나오는 태그</li>
    <li>두개 태그의 부모 태그가 동일해야 한다.</li>
  </ol>
</body>
</html>
```

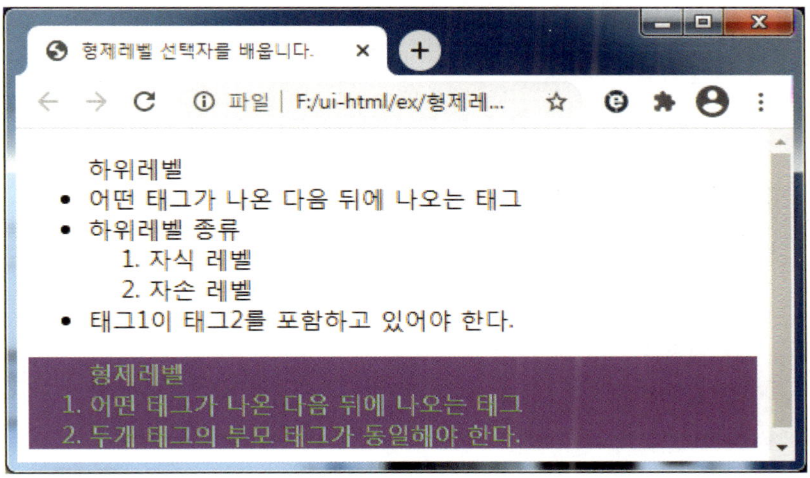

■ 인접 형제 선택자(adjacent sibling selector)

해당 태그와 형제 관계에 있으며, 해당 태그 **바로** 뒤에 존재하는 태그가 해당된다.

태그1 + 태그2 {속성1:값1;속성2:값2;...;속성n:값n;}

→ **태그와 태그 사이에 "+"기호를 넣는다.**

잠깐만 태그1, 태그2 대신에 태그.클래스 형태로 지정할 수도 있고 #아이디이름으로 지정할 수 있다.

예제 3-11 형제 선택자의 2가지 레벨(인접 형제 레벨/일반 형제 레벨) **이해하기**

```
<!DOCTYPE html>
<html>
<head>
    <meta charset="UTF-8">
    <title>형제레벨(인접) 선택자를 배웁니다.</title>
    <style>
        p+a{background-color:#a30fe2;color:greenyellow;}
    </style>
</head>
<body>
    <p>형제 레벨 선택자는 두가지</p>
    <a href="">인접 형제 레벨</a>
    <a href="">일반 형제 레벨</a>
</body>
</html>
```

실습문제 3-8

다음 그림과 같은 결과가 되도록 HTML 문서를 완성한다.
형제 레벨에 스타일을 지정하는 2가지 방법으로 스타일을 지정한다.

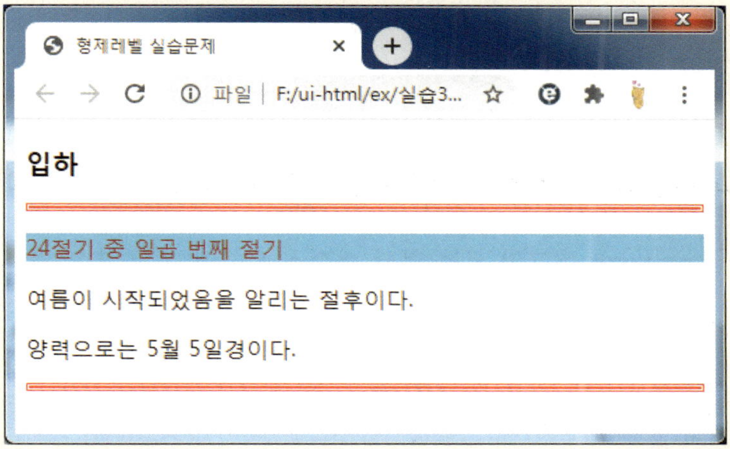


```
<!DOCTYPE html>
<html>
<head>
    <meta charset="UTF-8">
    <title>형제레벨 실습문제</title>
    <style>
              {border-style:double; border-color:red; border-width: 3px;}
              {background-color:skyblue;color:brown;}
    </style>
</head>
<body>
    <h3>입하 </h3>
    <hr>
    <p>24절기 중 일곱 번째 절기</p>
    <p>여름이 시작되었음을 알리는 절후이다.</p>
    <p>양력으로는 5월 5일경이다.</p>
    <hr>
</body>
</html>
```

(6) 동적 의사 클래스(dynamic pseudo-class)에 지정하기

CSS에서 의사 클래스(pseudo-class)는 HTML 요소(예 : 태그)의 특별한 '상태(state)'를 지정한다.

의사 클래스(또는 추상 클래스나 가상 클래스라고도 함) 중에 동적 의사 클래스는 해당 태그에 사용자가 어떤 동작을 할 때를 의미하며 이런 동적 상태에 있을 때 적용할 스타일을 지정할 수 있다.

일반적으로 하이퍼링크를 제공하는 <A> 태그에 많이 적용한다.

```
태그:동적의사클래스 {속성1:값1;속성2:값2;...;속성n:값n;}
```

→ 태그와 동적 의사 클래스 사이에 ":"기호를 넣는다.

잠깐만 태그 대신에 태그.클래스 형태로 지정할 수도 있고 #아이디이름으로 지정할 수 있다.

사용자가 지정할 수 있는 동적 의사 클래스는 다음과 같다.

동적 의사 클래스	설명
link	사용자가 한 번도 방문하지 않은 상태(해당 링크를 통해서)
visited	사용자가 해당 링크를 통해서 한번이라도 방문한 상태
hover	사용자가 마우스 포인터를 올려놓았을 때. link와 visited가 먼저 정의된 후에 정의되어야 정상적으로 동작함
active	사용자가 마우스를 눌렀을 때. hover가 먼저 정의된 후에 정의되어야 정상적으로 동작함
focus	해당 요소에 커서가 위치할 때

예제 3-12 **동적 의사 클래스에 스타일 지정하기**

```
<!DOCTYPE html>
<html>
<head>
    <meta charset="utf-8">
    <title>동적의사 클래스를 배웁니다.</title>
    <style>
        a:link    {text-decoration:none;color:red;}
        a:visited {text-decoration:none;color:darkgreen;}
        a:active  {text-decoration:none;color:yellow;}
        a:hover   {text-decoration:none;background-color:purple;color:yellow}
        h3:hover  {background-color:yellow;color:purple}
    </style>
</head>
<body>
<h3>즐겨찾는 사이트</h3>
<ul>
    <li><a href="">홈</a>으로</li>
    <li><a href="http://www.naver.com">네이버</a>로 이동</li>
    <li><a href="https://www.google.co.kr">구글</a>로 이동</li>
</ul>
</body>
</html>
```

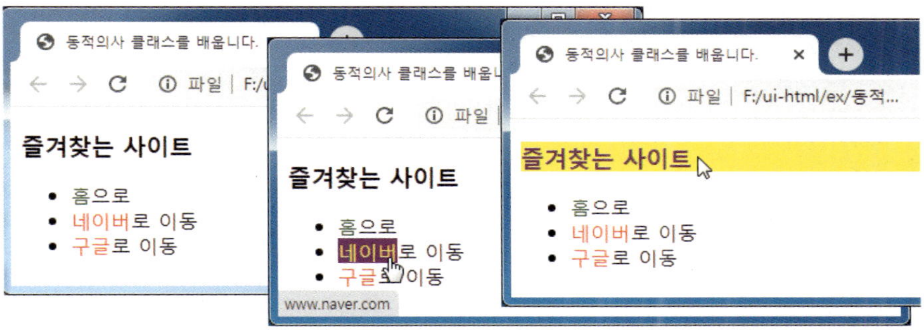

속성	설명
text-decoration	텍스트의 줄 효과 설정. none(줄 없음), line-through(취소선), underline(밑줄), overline(윗줄)

잠깐만

의사 클래스 종류에는 사용자 인터페이스 요소에 대한 상태 의사 클래스(UI element states pseudo-class)와 구조 의사 클래스(structural pseudo-class)가 더 있는데, 이 두 가지 의사 클래스에 스타일을 지정하는 방법은 다른 태그(<DIV>, <SPAN>))를 설명할 때 같이 다룬다.

실습문제 3-9

마우스가 올라갔을 때, 다음 그림과 같은 결과가 되도록 HTML 문서를 완성한다. 동적 의사 클래스에 스타일을 지정하는 방법으로 스타일을 지정한다.

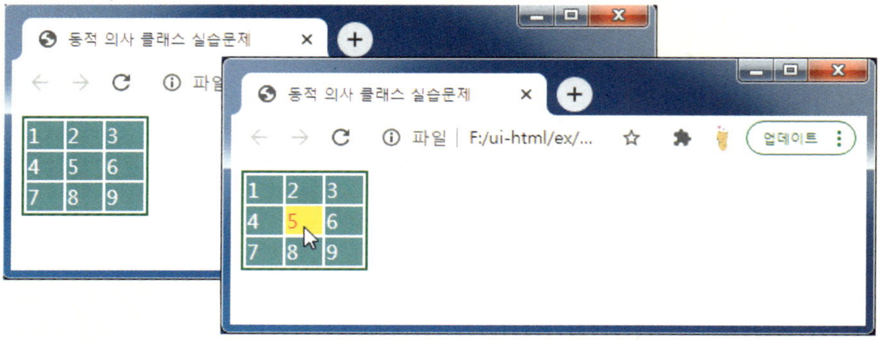


```
<!DOCTYPE html>
<html>
<head>
    <meta charset="utf-8">
    <title>동적 의사 클래스 실습문제</title>
    <style>
       table    {width:100px; border-style:solid; border-color:green; border-width:2px;}
       td       {background-color:cadetblue; color:white;}
                {background-color:yellow; color:red;}
     </style>
</head>
<body>
    <table>
        <tr><td>1</td><td>2</td><td>3</td></tr>
        <tr><td>4</td><td>5</td><td>6</td></tr>
        <tr><td>7</td><td>8</td><td>9</td></tr>
  </table>
</body>
</html>
```

(7) 의사 요소(pseudo-element)에 지정하기

의사 요소(pseudo-element)는 해당 HTML 요소의 특정 부분을 의미하며, 의사 요소(pseudo-element)를 지정해서 스타일을 적용할 수 있다.

의사 요소에 스타일 지정은 의사 클래스에 지정하는 방법과 구분되도록 " : "기호를 두 번(::) 사용한다.

```
태그::의사요소  {속성1:값1;속성2:값2;...;속성n:값n;}
```

→ 태그와 의사 요소 사이에 "::"기호를 넣는다.

> 잠깐만 태그대신에 태그.클래스, #id 형태로도 지정할 수도 있다.

사용자가 지정할 수 있는 의사 요소는 다음과 같다.

의사 요소	설명
first-letter	텍스트의 첫글자. 단, 블록(block) 유형(예 : <P>, <DIV>)에만 사용할 수 있다. 지정할 수 있는 스타일은 font, color, background, margin, padding, border, text-decoration, text-transform, line-height, float, clear, vertical-align(float 값이 none일 경우에만 지정가능) 속성 등이다. (before와 같이 지정되면 before에서 지정한 스타일이 우선적으로 적용된다)
first-line	텍스트의 첫 줄. 단, 블록(block) 유형(예 : <P>,<DIV>)에만 사용할 수 있다. 지정할 수 있는 스타일은 font, color, background, word-spacing, letter-spacing, text-decoration, text-transform, line-height, clear, vertical-align 속성 등이다.
before	특정 요소의 내용(content) 부분 바로 앞에 다른 요소를 삽입
after	특정 요소의 내용(content) 부분 바로 뒤에 다른 요소를 삽입
selection	사용자가 선택한 부분

> 잠깐만 블록유형의 태그들에는 <P>, <DIV>, <H>, <UL>, <OL>, <FORM>등이 해당된다.
> 이 유형의 태그를 사용하면 언제나 새로운 줄(line)에서 시작하며, 해당 줄의 모든 너비를 차지한다.

예제 3-13 **의사 요소**(pseudo-element)**에 스타일 지정하기**

```
<!DOCTYPE html>
<html>
<head>
    <meta charset="utf-8">
    <title> 의사요소를 배웁니다. </title>
<style>
    p.red::first-letter { color: #FF4500; font-size: 2em; }
    p::first-line       { font-style:italic;color:green; }
    p.img::before       { content: url("../img/check.png");}
    p.img::after        { content: "중요!";background-color:yellow;color:red;}
    p::selection        { color: #FF4500; }
</style>
</head>
<body>
    <p class="red"> 의사 요소는 해당 HTML 요소의 특정 부분을 의미</p>
    <p class="img"> 의사 요소를 지정해서 태그의 일부분에만 스타일을 적용할 수 있다.<br>
      의사 클래스에 지정하는 방법과 구분되도록 ":"기호를 두 번(::) 사용한다.</p>
</body>
</html>
```

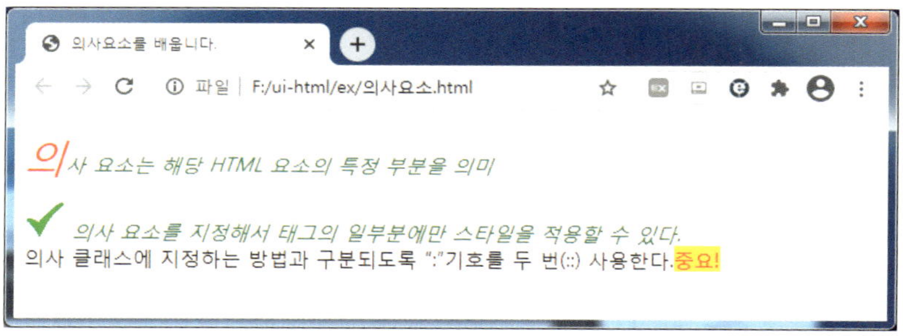

<P> 태그의 selection에 스타일(글자색상)을 지정했기 때문에 마우스로 글자들을 선택해서 드래그하면 색상이 변경된다.

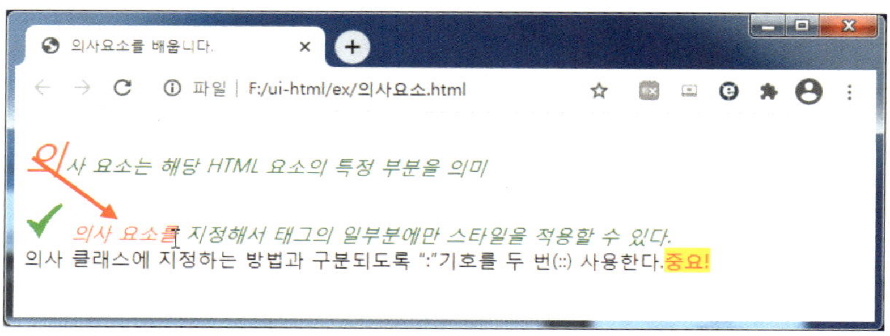

주의 before/after 의사요소에 content 속성으로 url이미지를 지정하면 그 이미지 사이즈는 조절할 수 없다. 이미지 사이즈를 조절하려면 다른 방법을 사용해야 하는데 다른 단원에서 다룬다.

속성	설명
font-style	normal(기본 값), italic(기울이기), oblique(italic과 유사하지만 지원하는 웹 브라우저가 거의 없음)

실습문제 3-10

다음 그림과 같은 결과가 되도록 HTML 문서를 완성한다.
의사 요소에 스타일을 지정하는 방법으로 스타일을 지정한다.

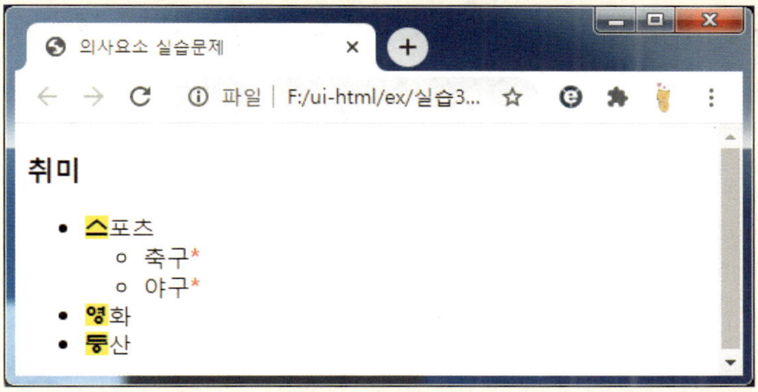


```
<!DOCTYPE html>
<html>
<head>
    <meta charset="utf-8">
    <title>의사요소 실습문제</title>
    <style>
                              {font-family:"휴먼옛체";background-color:yellow;}
                              {content:"*"; color:red;font-weight:bold;}
    </style>
</head>
<body>
<h3>취미 </h3>
  <ul>
    <li class="first">스포츠
        <ul><li class="after">축구</li>
            <li class="after">야구</li>
        </ul>
    </li>
    <li class="first">영화</li>
    <li class="first">등산</li>
  </ul>
</body>
</html>
```

(8) 속성 선택자(attribute selectors)에 지정하기

태그의 특정 속성이나 특정 속성 값에 스타일을 지정하는 방법이다.

속성 선택자(attribute selectors)와 동적 의사 클래스 등의 다른 의사 클래스를 같이 지정할 수 있다.

```
태그[속성명] {속성1:값1;속성2:값2;...;속성n:값n;}

태그[속성명="속성값"] {속성1:값1;속성2:값2;...;속성n:값n;}

태그[속성명특수기호="속성값"] {속성1:값1;속성2:값2;...;속성n:값n;}
```

- 태그 → 생략가능
- 특수기호 → ~/|/^/$/* 기호를 사용할 수 있다.

잠깐만 태그대신에 태그.클래스, #id 형태로도 지정할 수도 있다.

<table>
<tr><th>특수기호</th><th>설명</th></tr>
<tr><td>속성명~</td><td>해당 속성의 속성 값으로 지정한 문자열 한 개 단어로 시작하는 경우 선택
(예 : 속성명~="cat"인 경우 "cat & dog"는 선택, "cat&"은 해당 안됨)</td></tr>
<tr><td>속성명|</td><td>해당 속성의 속성 값으로 지정한 문자열로 시작하면서 한 개 단어인 경우 선택
(예 : 속성명|="cat"인 경우 "cat&dog"는 선택, "cat & dog"는 해당 안됨)</td></tr>
<tr><td>속성명^</td><td>해당 속성의 속성 값으로 지정한 문자열로 시작하는 경우 선택
(예 : 속성명^="cat"인 경우 "cat&dog"와 "cat & dog" 모두 해당)</td></tr>
<tr><td>속성명$</td><td>해당 속성의 속성 값으로 지정한 문자열로 끝나는 경우 선택</td></tr>
<tr><td>속성명*</td><td>해당 속성의 속성 값으로 지정한 문자열이 포함된 경우 선택
(예 : 속성명*="cat"인 경우 "dog & cat"과 "cat & dog" 모두 해당)</td></tr>
</table>

예제 3-14 속성 선택자(attribute selectors)에 스타일 지정하기

```
<!DOCTYPE html>
<html>
<head>
    <meta charset="UTF-8">
    <title>속성 선택자를 배웁니다.</title>
<style>
    input[type="text"]          {background-color: lightyellow;}
    input[type="password"]      {background-color: lightpink;}
    input[type="submit"]:focus {background-color: coral; }
</style>
</head>
<body>
    <h3>속성 선택자에 지정하기</h3>
    <form>
        아이디<input type="text" > 비번<input type="password" >
        <input type="submit" value="로그인">
    </form>
</body>
</html>
```

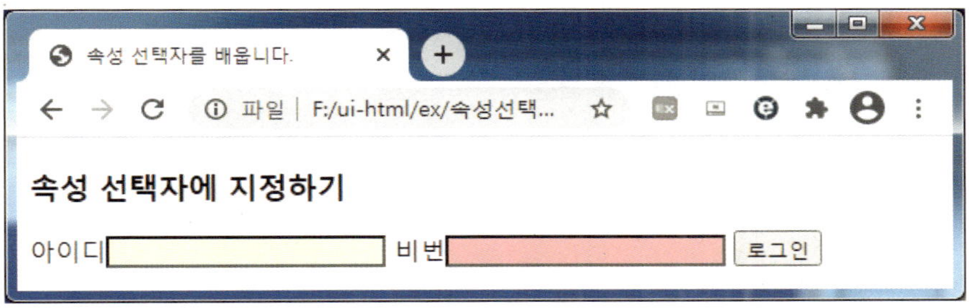

<INPUT> 태그의 type="submit"속성을 가진 대상에 커서(: focus)가 있을 때 스타일(배경색)을 적용하도록 지정했기 때문에 <로그인> 버튼을 클릭하면 버튼 색상이 변한다.

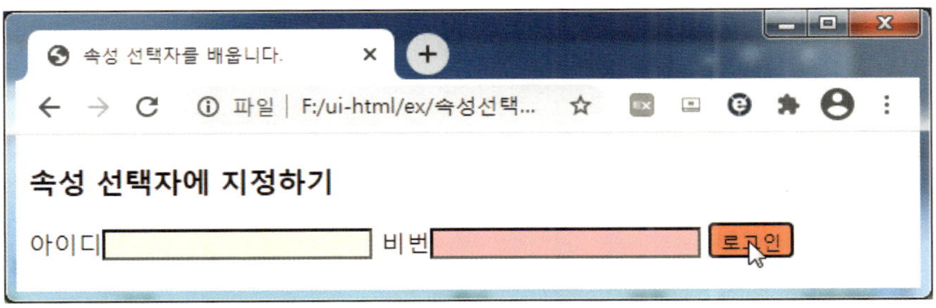

다음 그림과 같은 결과가 되도록 HTML 문서를 완성한다.
속성 선택자에 스타일을 지정하는 방법으로 스타일을 지정한다.

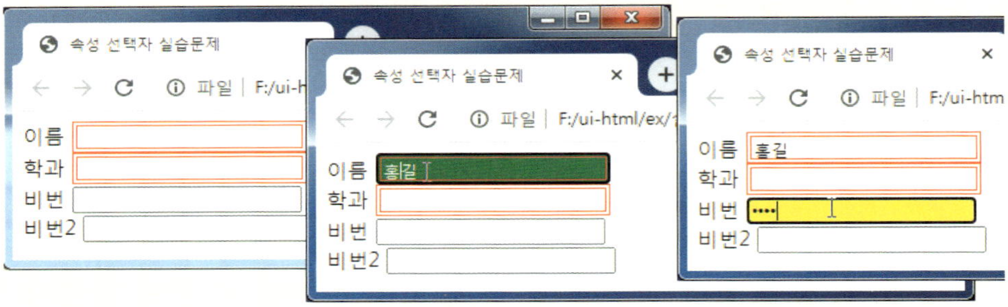


```
<!DOCTYPE html>
<html>
<hea>
    <meta charset="utf-8">
    <title> 속성 선택자 실습문제 </title>
<style>
                     {border-style:double; border-color:red; border-width:3px; }
                           {background-color:green; color:white; }
                               {background-color:yellow; }
</style>
</head>
<body>
    <form>
      이름 <input type="text"><br>
      학과 <input type="text"><br>
      비번 <input type="password"><br>
      비번2 <input type="password">
    </form>
</body>
</html>
```

(9) 기타 의사 클래스에 지정하기

스타일을 지정할 수 있는 기타 의사 클래스는 다음과 같다.

태그:not() {속성1:값1;속성2:값2;...;속성n:값n;}

→ ()에서 지정한 것을 제외한 모두를 대상으로 한다.

:lang(언어종류) {속성1:값1;속성2:값2;...;속성n:값n;}

→ en/fr 등 언어종류를 적는다.
언어에 따라 다르게 적용할 때 사용한다.
예) :lang(fr) { quotes: "<<" ">>" "<" ">"; }

예제 3-15 기타 의사 클래스에 스타일 지정하기

```html
<!DOCTYPE html>
<html>
<head>
    <meta charset="UTF-8">
    <title>기타 의사 선택자를 배웁니다.</title>
    <style>
        h3:not([class="a"])            {color:red; }
        input:not([type="password"]) {background-color: powderblue; }
    </style>
</head>
<body>
    <h3 class="a">기타 의사 선택자 </h3>
    <h3 class="b">:not을 사용해서 스타일 지정하기 </h3>
    <h3 class="c">로그인 하세요</h3>
    <form>
        사용자<input type="text"> 비밀번호 <input type="password">
        <input type="submit" value="로그인">
    </form>
</body>
</html>
```

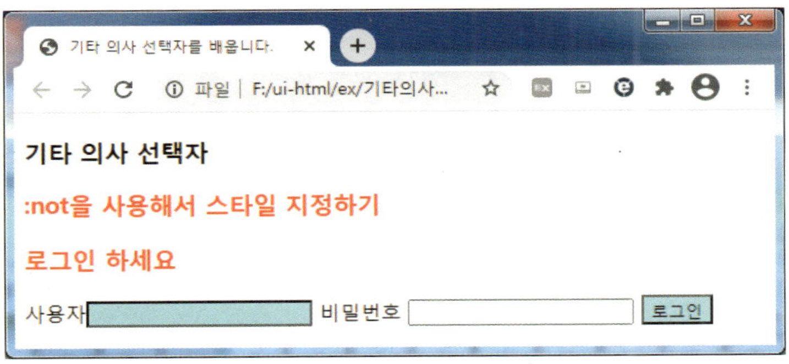

잠깐만

스타일 우선순위는 다음과 같다.
속성 값 뒤에 important를 붙인 속성 → 인라인 스타일 → #id로 지정한 속성 → 클래스 또는 가상클래스로 정의한 속성 → 태그이름에 지정한 속성 → 상위 태그에 지정되어 상속된 속성

실습문제 3-12

다음 그림과 같은 결과가 되도록 HTML 문서를 완성한다.
not()을 사용하는 스타일 지정 방법을 이용한다.

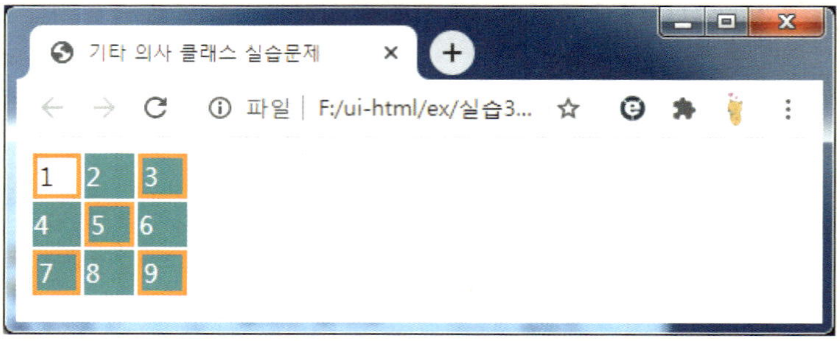


```
<!DOCTYPE html>
<html>
<head>
    <meta charset="utf-8">
    <title>기타 의사 클래스 실습문제</title>
    <style>
        table { width:100px;}
                            {background-color:cadetblue;color:white;}
                            {border-style:solid;border-color:orange;border-width:3px;}
     </style>
</head>
<body>
    <table>
        <tr><td class="one">1</td><td class="four">2</td><td>3</td></tr>
        <tr><td class="four">4</td><td>5</td><td class="four">6</td></tr>
        <tr><td >7</td><td class="four">8</td><td>9</td></tr>
    </table>
</body>
</html>
```

04

HTML 문서의 레이아웃

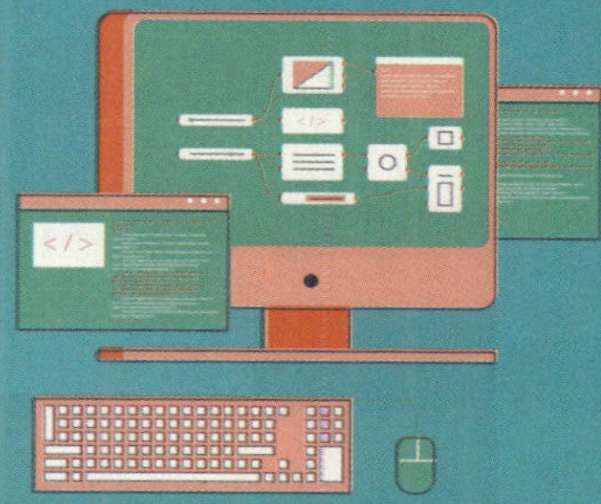

이 단원에서는 웹 문서의 레이아웃을 디자인하기 위해 필요한 내용을 다룬다.

새롭게 소개하는 태그도 있고 앞 단원에서 소개한 태그에 대해서는 조금 더 자세히 알아본다.

4.1 | 블록(block)과 인라인(inline) 유형

HTML의 모든 태그들은 브라우저에서 어떻게 자리를 차지하는 지를 결정하는 display 속성(block/inline)이 이미 정해져 있다.

블록(block) 유형은 언제나 새로운 줄(line)에서 시작하며, 해당 줄의 전체 너비를 영역으로 차지한다.

반면에 인라인(inline) 유형은 새로운 줄(line)에서 시작하지 않고 너비도 해당 줄 전체 너비가 아닌 해당 태그의 내용(content)만큼만 차지한다.

블록(block) 유형의 태그는 <P>, <DIV>, <H>, <UL>, <OL>, <FORM>등이고 인라인(inline) 유형에는 <SPAN>, <A>, <IMG> 태그가 해당된다.

(1) <DIV>...</DIV>

대표적인 블록 유형의 태그이다.

일반적으로 다른 태그들을 포함하는 전체 영역(division/section)을 지정할 때 사용하며 HTML5, CSS3에서 웹 문서의 레이아웃을 디자인할 때 가장 많이 사용되는 태그이다.

이전에는 <TABLE> 태그를 이용해서 레이아웃을 디자인 했었지만 HTML5, CSS3에서는 권하지 않는다.

또한, <DIV> 태그는 여러 HTML 태그들을 하나로 묶어서 CSS로 스타일을 지정하거나 자바스크립트로 특정 작업을 수행하기 위한 컨테이너(container) 역할을 한다.

예제 4-1 〈DIV〉 태그 이해하기

```
<!DOCTYPE html>
<html>
<head>
    <meta charset="UTF-8">
    <title>div태그를 배웁니다.</title>
    <style>
        .orange {background-color: orange;}
        .bisque {background-color: bisque;}
        .rosy   {background-color: rosybrown;color:white;}
    </style>
</head>
<body>
<div class="orange">
    <ul>dispay속성이 block인 대표 태그
        <li> &lt;p&gt;  </li>
        <li> &lt;div&gt;</li>
    </ul>
</div>
<div class="rosy">
    <p> &lt;div&gt;태그는 웹 문서의 레이아웃을 디자인할 때 가장 많이 사용되는 태그이다.</p>
</div>
<div class="bisque">
    <p>여러 HTML 태그들을 하나로 묶어서 CSS로 스타일을 지정할 때 컨테이너 역할을 한다.</p>
</div>
</body>
</html>
```

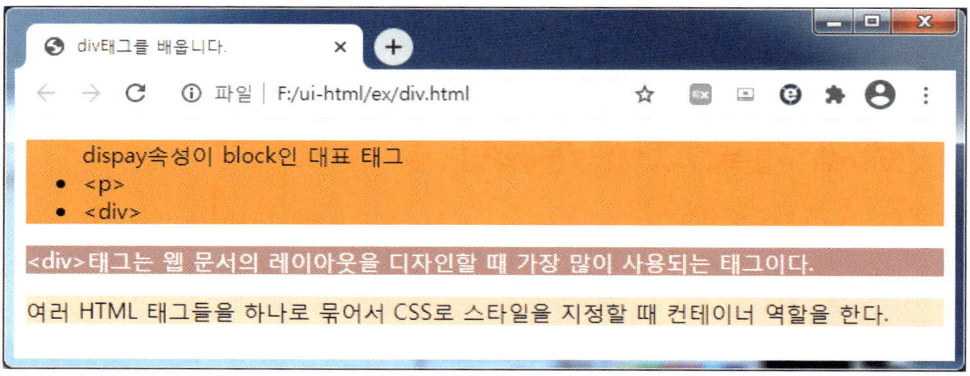

<DIV> 태그에서 margin(모든 블록유형의 태그에서 사용가능) 속성 값을 auto로 설정하면, 해당 태그 영역을 감싸고 있는 컨테이너 태그를 기준으로 수평 방향 가운데로 정렬시킨다.

이때 해당 태그는 특정한 너비(width 속성을 반드시 지정)를 가져야 하며, 너비를 제외한 나머지 공간은 좌우로 균등하게 나뉘어 여백으로 표현된다.

예제 4-2 <DIV> 태그에서 margin 속성을 설정해서 HTML 요소 정렬하기

```
<!DOCTYPE html>
<html>
<head>
    <meta charset="UTF-8">
    <title>div태그를 배웁니다.</title>
    <style>
        .orange {background-color: orange;margin:auto;width:300px;}
        .bisque {background-color: bisque;}
        .rosy   {background-color: rosybrown;color:white;}
    </style>
</head>
<body>
<div class="orange">
    <ul>dispay속성이 block인 대표 태그
        <li> &lt;p&gt;</li>
        <li> &lt;div&gt;</li>
    </ul></div>
<div class="rosy">
    <p> &lt;div&gt;태그는 웹 문서의 레이아웃을 디자인할 때 가장 많이 사용되는 태그이다.</p>
</div>
<div class="bisque">
    <p>여러 HTML 태그들을 하나로 묶어서 CSS로 스타일을 지정할 때 컨테이너 역할을 한다.</p>
</div>
</body>
</html>
```

주의 HTML5에서는 <DIV> 태그의 align 속성을 더 이상 지원하지 않는다.

실습문제 4-1

다음 그림과 같은 결과가 되도록 HTML 문서에서 스타일 부분을 채워서 완성한다.

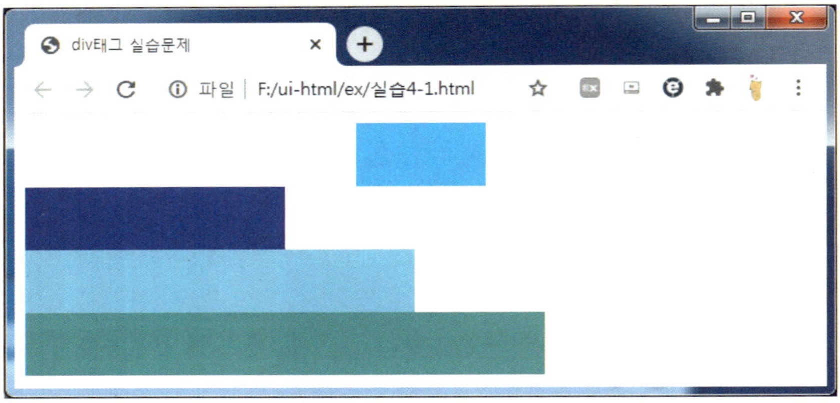


```
<!DOCTYPE html>
<html>
<head>
    <meta charset="utf-8">
    <title>div태그 실습문제</title>
    <style>
        div     { height:50px; }
        #first  { width:100px;              background-color:deepskyblue;}
        #second { width:200px;background-color:blue;}
        #third  { width:300px;background-color:skyblue;}
        #fourth { width:400px;background-color:cadetblue;}
     </style>
</head>
<body>
    <div id="first"> </div>
    <div id="second"> </div>
    <div id="third"> </div>
    <div id="fourth"> </div>
</body>
</html>
```

(2) <SPAN>...</SPAN>

대표적인 인라인 유형의 태그이다.

HTML 문서에서 전체 레이아웃을 디자인할 때 사용하기도 하지만 일반적으로 특정 단어에 대해 스타일을 지정할 때 사용된다.

이전에는 <FONT> 태그를 사용해서 특정 글자/단어를 꾸밀 수 있었지만 HTML5, CSS3에서는 더 이상 <FONT> 태그를 지원하지 않고, 대신 <SPAN> 태그를 사용한다.

예제 4-3 〈SPAN〉 태그 이해하기

```
<!DOCTYPE html>
<html>
<head>
    <meta charset="UTF-8">
    <title>span 태그를 배웁니다.</title>
    <style>
        .bold   {background-color:darkmagenta;color:lightgray;}
        .border {border-style:double;border-color:yellowgreen}
      </style>
</head>
<body>
    <p>
        <span class="bold"> &lt;span&gt; </span>
        태그는 대표적인 인라인 유형의 태그이다.
    </p>
    <p>
        <span class="border"> HTML 문서에서 전체 레이아웃을 디자인할 때 사용하기도 하지만 <br>
        일반적으로 특정 단어에 대해 스타일을 지정할 때 사용된다. 다음 DIV와 차이를 확인! </span>
    </p>
    <div class="border">
        <p> HTML 문서에서 전체 레이아웃을 디자인할 때 사용하기도 하지만 <br>
            일반적으로 특정 단어에 대해 스타일을 지정할 때 사용된다.
            <span class="bold">(앞의 SPAN과 차이를 확인!)</span>
        </p>
    </div>
</body>
</html>
```

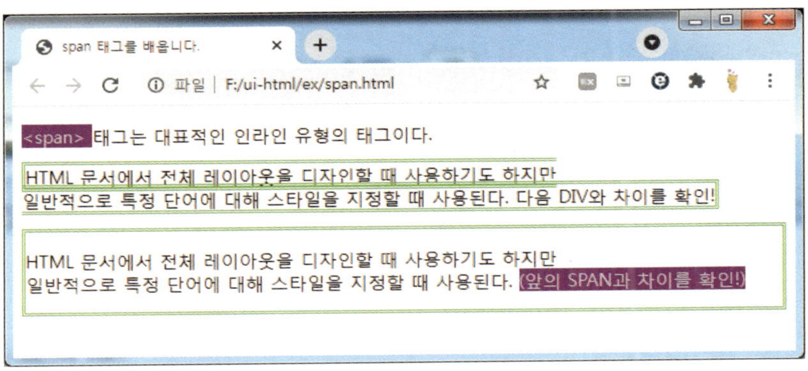

주의 <SPAN> 태그는 인라인 유형의 태그만을 포함할 수 있으므로 <SPAN><P>...</P></SPAN> 식으로 블록 유형의 <P> 태그를 묶으면 원하지 않는 결과가 나온다.

실습문제 4-2

다음 그림과 같은 결과가 되도록 HTML 문서에서 스타일 부분을 채워서 완성한다.
〈SPAN〉 태그에 지정된 클래스에 스타일을 지정하는 방법으로 스타일을 정의한다.

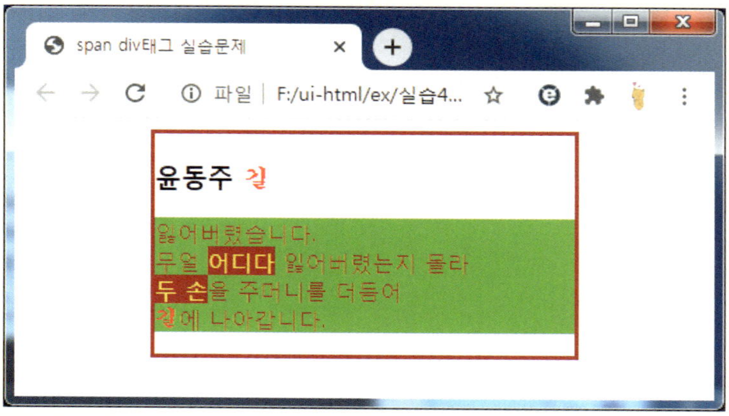


```
<!DOCTYPE html>
<html>
<head>
    <meta charset="utf-8">
    <title>span div태그 실습문제</title>
    <style>
        #container{ width:300px;              border-style:solid;
                    border-color:brown; border-width:3px;}
        #content { background-color:greenyellow; color:brown; }

        .title
        .bold

      </style>
</head>
<body>
    <div id="container"> <h3>윤동주 <span class="title">길</span> </h3>
        <div id="content">
            <p>
                잃어버렸습니다. <br>
                무얼 <span class="bold">어디다</span> 잃어버렸는지 몰라<br>
                <span class="bold">두 손</span>을 주머니를 더듬어<br>
                <span class="title"> 길</span>에 나아갑니다.
            </p>
        </div>
    </div>
</body>
</html>
```

4.2 | 레이아웃을 제어하는 스타일 속성

(1) display

웹 페이지의 레이아웃을 결정하는 CSS의 중요한 속성이다.

이 속성은 해당 HTML 태그가 웹 브라우저 화면에서 영역을 어떻게 차지하는지를 결정한다.

대부분의 HTML 태그의 display 속성은 다음 두 가지 값 중 하나의 값이 이미 기본 값으로 지정되어 있다.

- block
- inline

하지만, display 속성 값을 변경할 수 있으며 해당 태그의 display 속성 값을 변경해서 웹페이지를 원하는 레이아웃으로 디자인할 수 있다.

예제 4-4 display 속성 값 inline과 block의 차이 이해하기

```
<!DOCTYPE html>
<html>
<head>
    <meta charset="UTF-8">
    <title>display 속성을 배웁니다.</title>
    <style>
        p.inline  { display:inline;background-color:skyblue;}
        p.default { background-color:goldenrod;}
        a.block   { display: block; }
    </style>
</head>
<body>
    <p class="inline">p태그의 display 속성을 </p>
    <p class="inline"> inline으로 변경한 경우.</p>
    <p class="default">p태그의 display 속성을 </p>
    <p class="default">변경하지 않은 경우.</p>
    <p>a태그의 display 속성을 block으로 변경한 경우
        <a class="block" href="">네이버</a>
        <a class="block" href="">구글</a>
    </p>
    <p>a태그의 display 속성을 변경하지 않은 경우
        <a href="">네이버</a>
        <a href="">구글</a>
    </p>
</body>
</html>
```

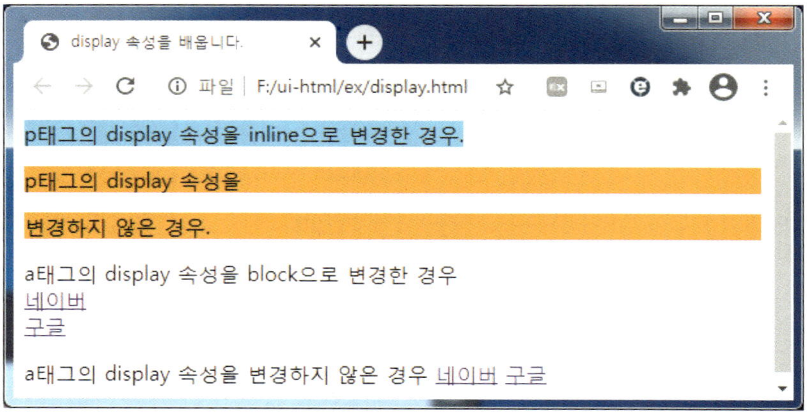

display 속성 값으로 inline, block이외에 inline-block으로도 지정할 수 있다.

- inline-block

inline-block으로 설정되면 해당 태그 자체는 inline으로 설정된 태그처럼 표현되지만 내부적으로는 block 유형의 성격을 가지기 때문에 너비와 높이를 지정할 수 있다.

또한, block 유형처럼 margin 속성을 이용해서 여백을 지정할 수도 있다.

따라서, 몇 개의 내용들이 inline 유형처럼 수평으로 한 줄에 있으면서 block 유형처럼 너비와 높이를 설정할 수 있어서 메뉴나 내비게이션 바를 만들 때 일반적으로 사용된다.

예제 4-5 display 속성 값 inline과 inline-block의 차이 이해하기

```
<!DOCTYPE html>
<html>
<head>
    <meta charset="UTF-8">
    <title> display 속성값 inline-block을 배웁니다.</title>
    <style>
        div  { width: 200px; height: 40px;text-align:center; }
        .blue { background-color: skyblue; }
        .red  { background-color: indianred; }
        .inline { display: inline; }
        .inline-block { display: inline-block; }
    </style>
</head>
<body>
    <p>display:block유형의 div 태그 그대로</p>
    <div class="blue"> HTML5 </div>
    <div class="red"> CSS3 </div>
    <p> display:inline으로 변경한 div태그 </p>
    <div class="blue inline"> HTML5 </div>
    <div class="red inline"> CSS3 </div>
```

```
    <p> display:inline-block으로 변경한 div태그 </p>
    <div class="blue inline-block"> HTML5 </div>
    <div class="red inline-block"> CSS3 </div>
</body>
</html>
```

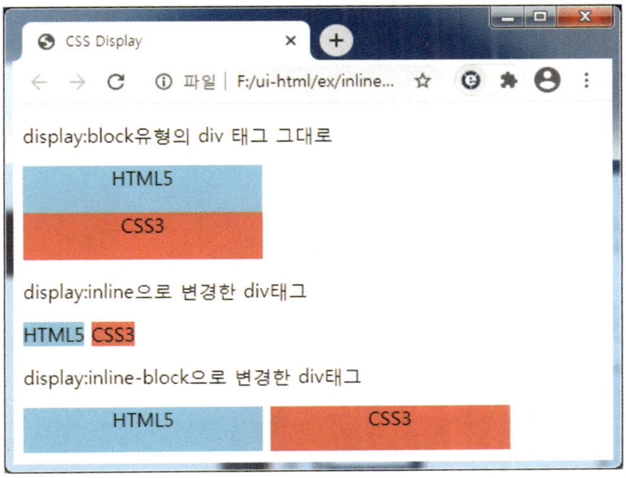

실습문제 4-3

다음 그림과 같은 결과가 되도록 스타일 부분을 채워서 HTML 문서를 완성한다. 태그에 지정되어 있는 id에 스타일을 지정하는 방법으로 스타일을 작성한다.

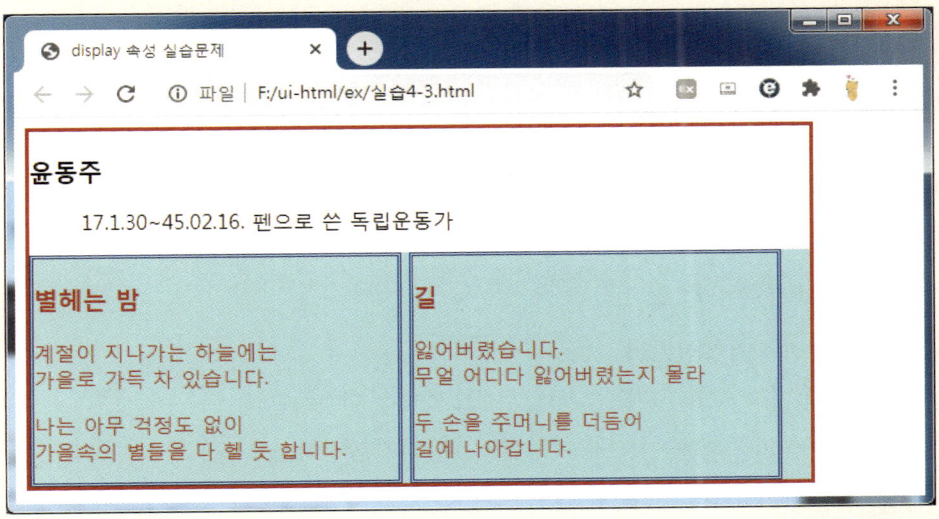

```
<!DOCTYPE html>
<html>
<head>
    <meta charset="utf-8">
    <title>display 속성 실습문제</title>
    <style>
        .container {width:600px;border-style:solid; border-color:brown;border-width:3px;}
        .content {background-color:powderblue; color:brown; }
        .left, .right {width:280px;border-style:double; border-color:blue;border-width:3px;}

        #inline-block
        #inline
    </style>
</head>
<body>
    <div class="container">
        <div>
            <h3>윤동주 </h3>
            <ul> <li id="inline"> 17.1.30~45.02.16. </li>
                 <li id="inline"> 펜으로 쓴 독립운동가 </li>
            </ul>
        </div>
        <div class="content">
            <div class="left" id="inline-block">
                <h3>별헤는 밤</h3>
                <p> 계절이 지나가는 하늘에는 <br> 가을로 가득 차 있습니다. </p>
                <p> 나는 아무 걱정도 없이 <br> 가을속의 별들을 다 헬 듯 합니다.</p>
            </div>
            <div class="right" id="inline-block">
                <h3>길</h3>
                <p> 잃어버렸습니다. <br> 무얼 어디다 잃어버렸는지 몰라 </p>
                <p> 두 손을 주머니를 더듬어 <br> 길에 나아갑니다.</p>
            </div>
        </div>
    </div>
</body>
</html>
```

(2) position과 관련된 속성들

HTML 태그 영역의 위치를 결정하는 방식을 설정한다.

CSS에서 태그 영역의 위치를 결정하는 방식에는 다음과 같이 4가지 유형이 있고 따라서 position속성에 지정할 수 있는 값도 4가지이다.

- static : 정적 위치 지정(기본 값)

  단순히 웹 페이지의 코딩된 내용 순서대로 태그 영역을 위치시킨다.

  top, right, bottom, left 속성 값을 지정해도 적용되지 않는다.

- relative : 상대 위치 지정

  해당 HTML 태그의 기본 위치(static 지정 방식일 때 결정되는 위치)를 기준으로 영역의 위치를 설정한다.

코딩된 내용 순서를 고려해서 static으로 지정되었을 때의 위치를 기준으로 위치가 결정된다. 따라서 해당 태그의 코딩내의 순서는 영역의 위치에 영향을 미친다.

- fixed : 고정 위치 지정

  사용자가 웹 페이지를 위아래/ 좌우로 스크롤 시켜도 fixed로 설정된 태그 영역은 항상 동일한 영역에 위치한다.

- absolute : 절대 위치 지정

  fixed로 지정된 경우와 비슷하게 동작하지만, 위치가 설정된 조상(ancestor) 태그를 기준으로 위치가 설정된다. 조상 태그 영역이 아닌 위치상 앞에 있는 태그 영역에는 영향을 받지 않는다.

  만일, 위치가 설정된 조상(ancestor) 태그가 없다면, HTML 문서의 <BODY>를 기준으로 위치가 설정된다.

예제 4-6 position 속성 이해하기

```
<!DOCTYPE html>
<html>
<head>
    <meta charset="UTF-8">
    <title>position 속성을 배웁니다.</title>
    <style>
        .container {width:400px; height:200px; position:relative; border-color:red;}
        .border    {border-style:solid;}
        .position  {width:300px; height:50px; top:100px; left:150px;}
        .static    {position: static; border-color:blueviolet;}
        .relative  {position: relative; border-color:brown;}
        .absolute  {position: absolute; border-color:yellowgreen;}
        .fixed     {position: fixed;}
    </style>
</head>
<body>
<h3>position 지정 방식의 특징</h3>
<div class="container border">
    <div class="static position border">static : top과 left속성 의미없음.</div>
    <div class="relative position border">relative : static인 위치를 기준으로 위치 결정.</div>
    <div class="absolute position border">absolute : 조상 태그 영역 기준으로 위치.</div>
    <div class="fixed position border">fixed :스크롤하면 맞추면서 따라간다.</div>
</div>
</body>
</html>
```

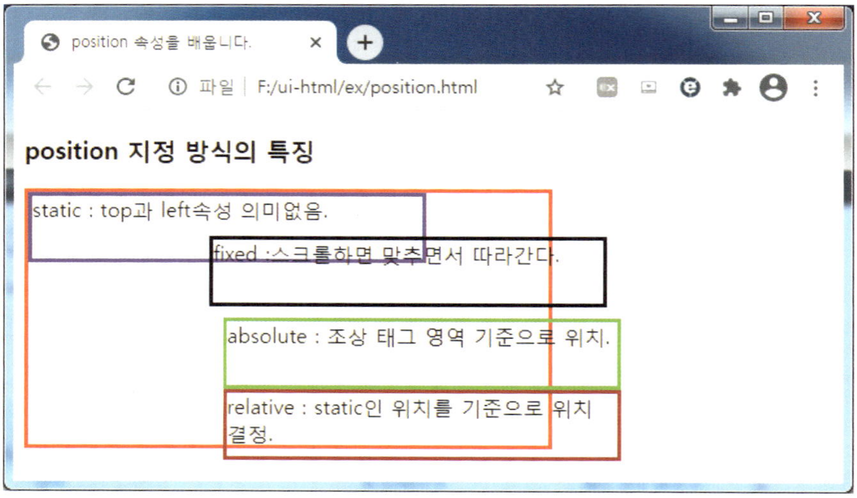

브라우저 화면을 스크롤하면 position을 fixed로 지정된 경우, 자신의 위치를 그대로 유지하기 위해 계속 이동한다.

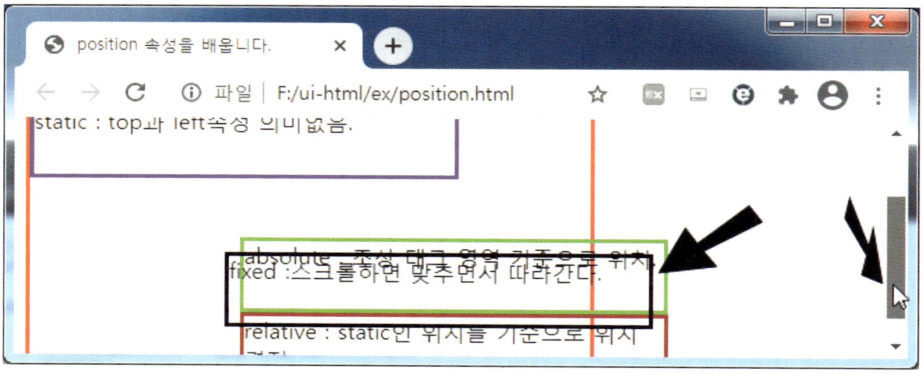

잠깐만

position 속성을 absolute로 지정하면 다른 태그 영역과 겹칠 수 있다.
따라서 이 특성을 이용하면 HTML 요소를 수평 방향으로 좌우 정렬할 수 있으며, 이때 <BODY> 태그에서 margin과 padding 속성을 설정하면 웹 브라우저마다 레이아웃이 다르게 보이는 것을 방지할 수 있다.

position 속성을 사용할 때 일반적으로 position속성과 연관된 다른 속성들을 함께 사용하는데, 연관된 속성들은 다음과 같다.

■ top

위치가 설정된 조상 태그 영역에서 위로부터의 여백을 지정한다.

■ right

위치가 설정된 조상 태그 영역에서 오른쪽으로부터의 여백을 지정한다.

■ bottom

위치가 설정된 조상 태그 영역에서 아래쪽으로부터의 여백을 지정한다.

■ left

위치가 설정된 조상 요소의 왼쪽으로부터의 여백을 지정한다.

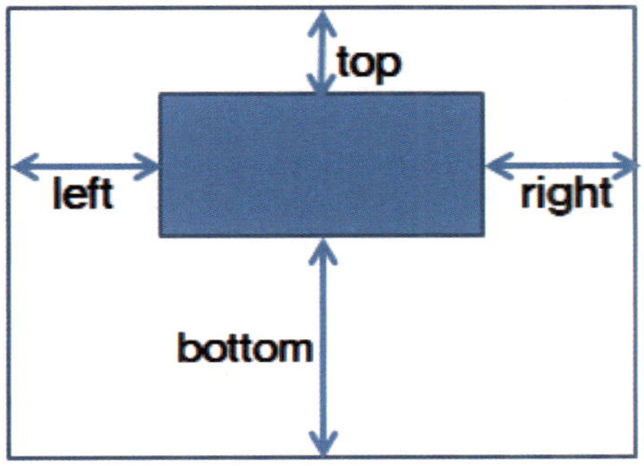

실습문제 4-4

다음 그림과 같은 결과가 되도록 스타일 부분을 채워서 HTML 문서를 완성한다.
태그에 지정되어 있는 id에 스타일을 적용하는 방법으로 작성하고 position(모두 absolute값으로 지정), left, right, top, bottom 속성 등을 사용해서 완성한다.

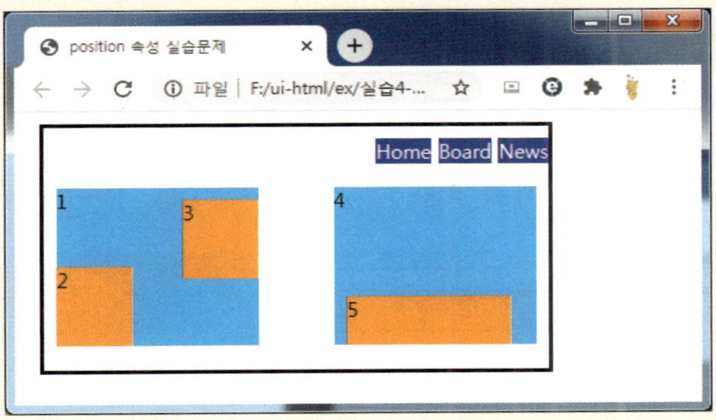

```
<!DOCTYPE html>
<HTML>
<HEAD>
    <meta charset="utf-8">
    <TITLE>position 속성 실습문제</TITLE>
    <style>
        body{padding:0; margin:0;}
        #container { width:400px; height:200px;border-style:solid;
                                         top:10px; left:20px; }
        a { background-color:blue; color:white; text-decoration:none; }
        .box { width:160px; height:130px; background-color:deepskyblue; }
        .l-content { width:60px;height:65px; background-color:orange; }
        .r-content { width:130px;height:40px;background-color:orange; }

        #menu     {                    right:0; top:10px;}
        #left     {                    left:10px; top:50px;}
        #right    {                    right:10px; top:50px;}
        #l-inner  {                    left:0; top:65px; }
        #l-inner2 {                    right:0; top:10px;}
        #r-inner  {                    bottom:0; left:10px;}

    </style>
</HEAD>
<BODY>
<div id="container">
    <div id="menu" >
        <a href="">Home</a> <a href=""> Board</a> <a href="">  News</a>
    </div>
    <div id="left" class="box">1
        <div id="l-inner"  class="l-content"> 2 </div>
        <div id="l-inner2"  class="l-content"> 3 </div>
    </div>
    <div id="right" class="box">4
        <div id="r-inner" class="r-content">5 </div>
    </div>
</div>
</BODY>
</HTML>
```

z-index

레이어 기능을 부여한다.
태그 영역의 내용들이 서로 겹칠 때, 누가 위로 올라올지 쌓이는 순서를 정할 때 사용한다.

겹치는 순서는 z-index 값(양수&음수 지정가능)이 클수록 위쪽에 위치하고 작을수록 아래쪽에 위치한다.

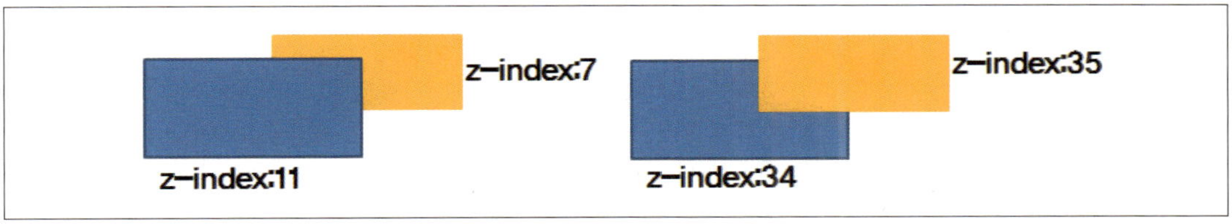

clip

position속성을 absolute로 설정한 경우 해당 태그 영역을 잘라낸다.

cursor

표시되는 마우스 커서의 모양을 설정한다.

overflow

태그 내용(content)의 크기가 해당 태그를 감싸고 있는 컨테이너 태그 영역보다 클 때 처리방법을 정한다.
overflow 속성 값을 auto로 설정하면, 컨테이너 태그의 영역 크기가 자동으로 내부 태그 영역을 감쌀 수 있을 만큼 커진다.

overflow-x

태그 내용(content)의 크기가 해당 태그 영역의 수평 방향 박스(box)를 넘어갈 때 처리 방법을 정한다.

overflow-y

태그 내용(content)의 크기가 해당 태그 영역의 수직 방향 박스(box)를 넘어갈 때 처리 방법을 정한다.

(3) float과 관련된 속성들

float 속성(값 : left/right)을 사용하여 수평 방향으로 왼쪽 또는 오른쪽으로 정렬시킬 수 있으며 해당 HTML 태그 영역을 주변의 다른 태그 영역들과 자연스럽게 배치되도록 만든다.

일반적으로 웹 페이지의 레이아웃을 디자인할 때 연관된 다른 속성들과 함께 사용하는데, 연관된 다른 속성들은 다음과 같다.

■ clear

float 속성이 적용된 후 나타나는 태그들이 더 이상 float 속성에 영향을 받지 않도록 설정(left/right/both로 지정)한다.

■ overflow

태그 내용(content)의 크기가 해당 태그를 감싸고 있는 컨테이너 태그 영역보다 클 때 처리하는 방법을 정한다.
overflow 속성 값을 auto로 설정하면, 컨테이너 태그의 영역 크기가 자동으로 내부 태그 영역을 감쌀 수 있을 만큼 커진다.
내부 태그가 inline 유형일 때 효과가 있다.

■ overflow-x

태그 내용(content)의 크기가 해당 태그 영역의 수평 방향 박스(box)를 넘어갈 때 처리 방법을 정한다.

■ overflow-y

태그 내용(content)의 크기가 해당 태그 영역의 수직 방향 박스(box)를 넘어갈 때 처리 방법을 정한다.

잠깐만

float속성을 사용하는 경우에도 <BODY> 태그에서 margin과 padding 속성을 설정하면 웹 브라우저마다 레이아웃이 다르게 보이는 것을 방지할 수 있다.

예제 4-7 float 속성을 사용해서 HTML요소 배치하기

```
<!DOCTYPE html>
<html>
<head>
    <meta charset="UTF-8">
    <title>float속성을 배웁니다.</title>
    <style>
        .left  {float:left; background-color:greenyellow; height:100px;}
        .right {float:right;background-color:lightcoral; height:150px;}
        .clear {clear:both; background-color:lemonchiffon;}
        .noclear{background-color:lightpink;}
    </style>
</head>
<body>
    <div>
    <div class="left"> float:left; 왼쪽에 배치됩니다.</div>
    <div class="right"> float:right; 오른쪽에 배치됩니다.</div>
    </div>
    <div class="noclear">clear를 지정하지 않은 경우 </div>
    <div class="clear">clear를 지정한 경우 </div>
</body>
</html>
```

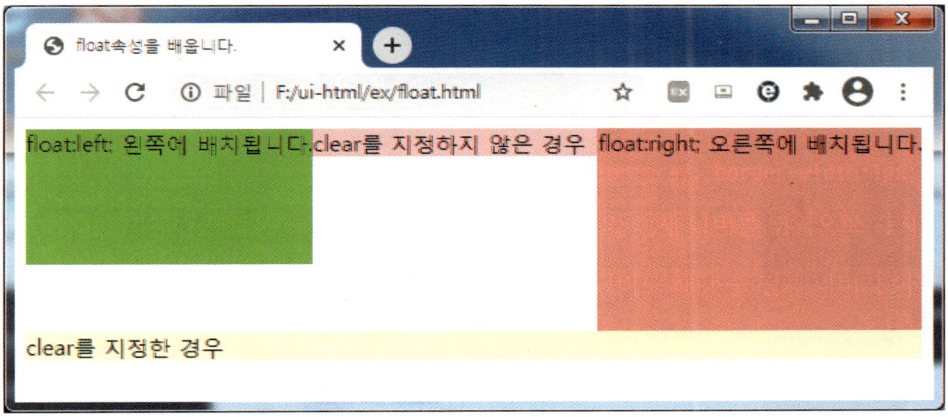

예제 4-8 overflow 속성에서 지정한 값에 따라 결정되는 컨테이너의 크기 이해하기

```
<!DOCTYPE html>
<html>
<head>
    <meta charset="UTF-8">
    <title>overflow 속성을 배웁니다.</title>
    <style>
       div    { border-style:solid;border-color:green; }
       img    { float:left; width:100px; height:80px; }
       .clear { clear:left;}
       .auto  { overflow:auto;}
    </style>
</head>

<body>
    <div>overflow를 지정하지 않으면 이렇게 됩니다.
        <img src="../img/children.jpg">
    </div>
    <p class="clear">비교 </p>
    <div class="auto">overflow를 auto로 지정하면 자동으로 컨테이너 크기가 커집니다.
        <img src="../img/children.jpg">
    </div>
</body>
</html>
```

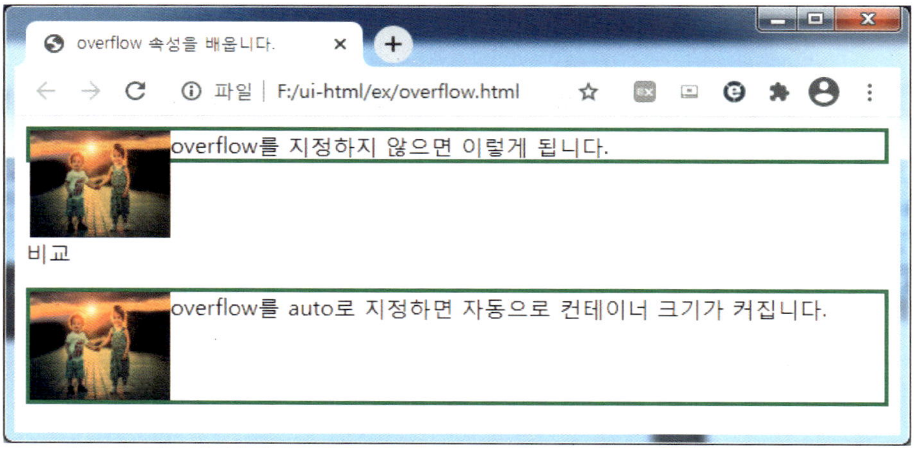

예제 4-9 float 속성을 사용해서 레이아웃 디자인하기

```html
<!DOCTYPE html>
<html>
<head>
    <meta charset="UTF-8">
    <title>float속성으로 레이아웃을 디자인합니다.</title>
    <style>
        div    {border-style:solid; color:red; overflow:auto;}
       .center {text-align: center;}
        header {border-style:dotted; color:green;}
        nav    {border-style:double; color:blue; width:100px; float:left;}
        section{border-style:solid; color:brown; margin-left:110px;}
        footer {border-style:double; color:blueviolet; }
    </style>
</head>
<body>
<div>
    <header>
        <h2 class="center">HTML5와 CSS3 </h2>
    </header>
    <nav>
        <ol>
            <li>HTML5</li>
            <li>CSS3 </li>
        </ol>
    </nav>
    <section>
       <p>HTML은 웹 페이지를 만드는 데 사용하는 언어이며 태그로 구성됩니다.
          사용하는 태그는 미리 정의되어 있으며, 각각의 태그는 속성을 지정함으로써 완성됩니다.
          CSS는 웹 페이지에 스타일을 부여하는 역할을 하며
          스타일을 지정하는 위치와 지정 방법이 다양합니다.</p>
    </section>
    <footer>
        <p class="center">HTML5 + CSS5 연구소 전화문의 :010-1234-5678</p>
    </footer>
    </div>
</body>
</html>
```

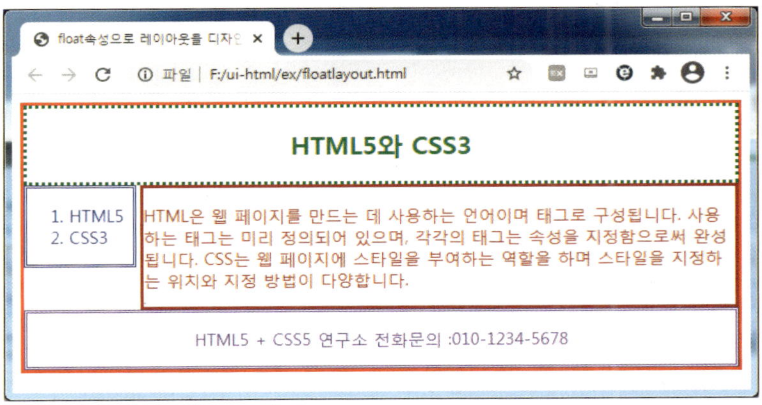

주의

익스플로러 8과 그 이전 버전에서는 HTML 문서에 <!DOCTYPE html> 태그를 지정해야 float, position, margin 속성이 정상적으로 동작한다.

4.3 | 태그 내용 감추기

(1) visibility 속성

HTML 태그 내용을 브라우저에서 보여줄 것인지 여부를 지정한다.
브라우저에 나타낼지 숨길지만을 제어하기 때문에 숨긴다고 하더라도 레이아웃 내에는 존재한다.

visibility 속성을 자바스크립트에서 제어하면 복잡한 메뉴나 레이아웃을 만들 수 있다.

visibility 속성에 사용할 수 있는 속성 값은 다음과 같다.

- visible : 해당 HTML 태그 내용을 웹 페이지에 표시한다.
- hidden : 해당 HTML 요소를 웹 페이지에서 숨긴다.
- collapse : 동적인 테이블에서만 사용할 수 있으며, 테이블의 테두리를 한 줄만 보여준다.

(2) display 속성

HTML 태그 내용을 숨기기 위해서 display 속성을 이용할 수 있으며 none으로 설정하면 된다.

visibility 속성 값을 hidden으로 설정하면 눈에는 보이지 않지만 레이아웃에는 존재하는 것과는 달리 display 속성을 none으로 설정하면 눈에도 보이지 않고 레이아웃 상에서도 없어진다.

예제 4-10 display 속성과 visibility 속성 이용해서 HTML 태그 내용 감추기

```
<!DOCTYPE html>
<html>
<head>
    <meta charset="UTF-8">
    <title>visibility 와 display속성을 배웁니다.</title>
    <style>
        div {border-style:solid; border-color: green; }
        .none { display: none; }
        .hidden { visibility: hidden; }
    </style>
</head>
<body>
    <div>
        <p>display:none으로 다음 태그를 설정했기 때문에 보이지 않고 페이지에도 없음.</p>
        <p class="none">이 내용은 보이지도 할당되지도 않습니다.</p>
    </div>
    <p>비교해보세요 </p>
    <div>
        <p>visibility:hidden으로 다음 태그를 설정했기 때문에 보이지 않지만 페이지에는 있음.</p>
        <p class="hidden">이 내용은 보이지는 않지만 영역은 존재합니다.</p>
    </div>
</body>
</html>
```

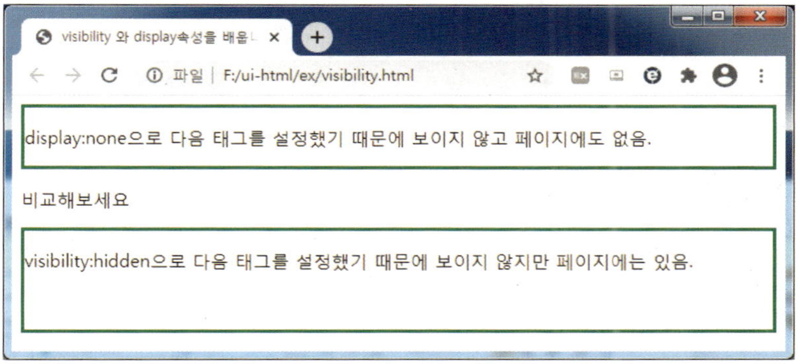

(3) opacity 속성

HTML 태그 내용에 대한 투명도를 조절한다.
속성 값이 0에 가까울수록 투명한 상태가 된다.

익스플로러 8과 그 이전 버전에서도 동일한 결과를 얻으려면 opacity속성과 함께 filter 속성을 같이 지정해준다. 그 이후 버전이라면 opacity속성만 지정해도 된다.

```
opacity:값;
  └──→ 0.0~1.0 까지 지정.
filter:alpha(opacity=값)
                  └──→ 0~100 까지 지정.
```

예제 4-11 opacity 속성 사용해서 투명도 설정하기

```
<!DOCTYPE html>
<html>
<head>
    <meta charset="UTF-8">
    <title>opacity 속성을 배웁니다</title>
    <style>
        img { width:200px;height:120px;}
        img:hover { opacity: 1.0; }
        .op8 { opacity: 0.8; }
        .op5 { opacity: 0.5; }
        .op2 { opacity: 0.2; }
    </style>
</head>
<body>
    <p>이미지 위에 마우스를 올리면 선명하게 보입니다. </p>
    <img class="op8" src="../img/당근.jpg" >
    <img class="op5" src="../img/치즈.jpg">
    <img class="op2" src="../img/블루베리.jpg" >
</body>
</html>
```

실습문제 4-5

다음의 웹 페이지는 〈DIV〉, 〈SPAN〉 태그와 float 속성을 주로 사용하여 코딩한 결과이다. 그림을 참고해서 레이아웃과 관련된 속성으로 float과 clear만 사용해서 HTML 코딩을 완성한다.

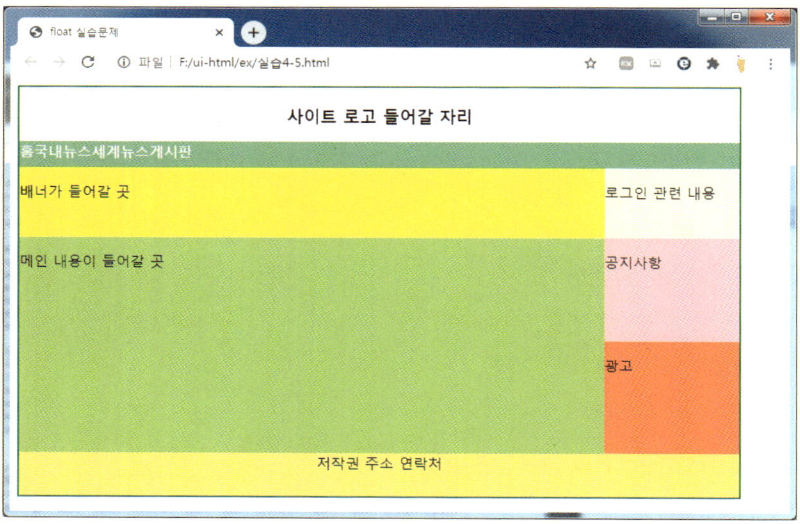

```
<!doctype html>
<html>
<head>
    <meta charset="utf-8">
    <title>float 실습문제 </title>
    <style>
        .container { width:800px;border:solid 2px green; }
        h3 { text-align:center;}
        .menu { height:30px; text-align:left; background-color:darkseagreen; color:white;}
        .login { width:150px; height:80px; background-color:beige; }
        .banner { width:650px; height:80px; background-color:yellow; }
        .main { width:650px; height:250px; background-color:#CEF279; }
        .note { width:150px; height:120px; background-color:pink; }
        .ad { width:150px; height:130px; background-color:coral; }
        .footer { height:50px; background-color:#FAED7D; text-align:center; }

        #right_top    {            }
        #right_middle {            }
        #right_bottom {            }
        #left_top     {            }
        #left         {            }
        #bottom       {            }
    </style>
</head>
<body>
<div class="container">
    <h3>사이트 로고 들어갈 자리</h3>
    <div class="menu">
        <span>홈</span><span>국내뉴스</span><span>세계뉴스</span><span>게시판</span>
    </div>
    <div id="right_top"class="login"> <p>로그인 관련 내용</p> </div>
    <div id="left_top" class="banner"> <p>배너가 들어갈 곳</p> </div>
    <div id="left" class="main"> <p>메인 내용이 들어갈 곳</p> </div>
    <div id="right_middle" class="note"> <p>공지사항</p> </div>
    <div id="right_bottom" class="ad"> <p>광고</p> </div>
    <div id="bottom" class="footer"> <p>저작권 주소 연락처</p> </div>
</div>
</body>
</html>
```

4.4 | 기타 의사 클래스에 스타일 지정하는 방법

3단원에서 동적 의사 클래스에 스타일을 지정하는 방법에 대해서 설명하였다.

동적 의사 클래스 외에 또 다른 유형의 의사 클래스가 있는데 <DIV>나 <SPAN> 태그와 함께 사용되는 경우가 일반적이라서 3단원에서 다루지 않고 이단원에서 추가적으로 설명하려고 한다.

(1) 사용자 인터페이스 요소에 대한 상태 의사 클래스(UI element states pseudo-class)에 지정하기

웹페이지에서 사용자와의 인터페이스는 주로 양식(FORM)을 만드는 요소들로 제공된다.

즉, 입력항목(<INPUT>)과 선택항목(<SELECT>) 등이다.

이런 요소들이 어떤 상태가 되었을 때 적용할 스타일을 지정하는 방법이다.

스타일 지정은 다른 유형의 의사 클래스에 지정하는 방법과 동일하다.

```
태그:상태의사클래스  {속성1:값1;속성2:값2;...;속성n:값n;}
└──────→ 태그와 상태 의사 클래스 사이에 ":"기호를 넣는다.
```

잠깐만 태그 대신에 클래스나 아이디 그리고 다른 의사 클래스를 지정할 수 있다.

사용자가 지정할 수 있는 상태 의사 클래스는 다음과 같다.

상태 의사 클래스	설명
checked	체크된(checked) 상태
enabled	사용가능한 상태
disabled	사용할 수 없는 상태

예제 4-12 상태 의사 클래스에 스타일 지정하기

```
<!DOCTYPE html>
<html>
<head>
    <meta charset="UTF-8">
    <title>상태 의사 클래스를 배웁니다.</title>
    <style>
        input+span {background-color:gray;color:white;  }
        input:checked+span {background-color:yellow;color:#CD853F; }
    </style>
</head>
<body>
    <form>
        관심분야 :
        <input type="checkbox" ><span>영화</span>
        <input type="checkbox"><span>스포츠</span>
        <input type="checkbox" checked><span>게임</span>
    </form>
</body>
</html>
```

실습문제 4-6

다음의 그림을 참고해서 HTML코딩을 완성한다.
상태의사 클래스에 스타일을 지정하는 방법으로 스타일을 작성한다.

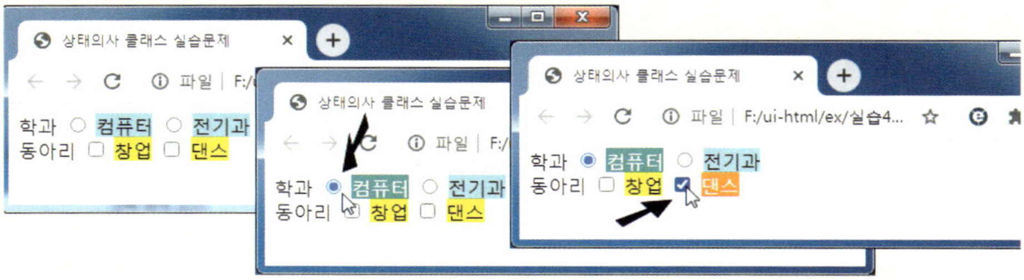


```
<!DOCTYPE html>
<html>
<head>
    <meta charset="utf-8">
    <title>상태의사 클래스 실습문제</title>
    <style>
                            {background-color:lightblue; }
                            {background-color:yellow; }

                                    {background-color:cadetblue; color:white;}
                                    {background-color:orange; color:white;}
     </style>
</head>
<body>
    <form>
        학과 <input type="radio" name="major"> <span>컴퓨터</span>
        <input type="radio" name="major"> <span>전기과</span> <br>
        동아리 <input type="checkbox"> <span>창업</span>
        <input type="checkbox"> <span>댄스</span>
    </form>
</body>
</html>
```

(2) 구조 의사 클래스(structural pseudo-class)에 지정하기

HTML 문서의 계층 구조에서 특정 위치에 있는 태그를 선택하여 스타일을 지정하는 방법이다. 스타일 지정은 다른 유형의 의사 클래스에 지정하는 방법과 동일하다.

태그:구조의사클래스 {속성1:값1;속성2:값2;...;속성n:값n;}

→ **태그와 구조 의사 클래스 사이에 ":"기호를 넣는다.**

> 잠깐만
> 태그 대신에 클래스나 아이디 그리고 다른 의사 클래스를 지정할 수 있다.

사용자가 지정할 수 있는 구조 의사 클래스는 다음과 같다.

구조 의사 클래스	설명
: first-child	맨 앞에 위치하는 태그
: last-child	맨 마지막에 위치하는 태그
: nth-child(n)	n번째 위치하는 태그. n값으로 even 또는 odd를 지정해서 짝수/홀수 번에 해당하는 대상을 일괄적으로 지정할 수 있다.
: nth-last-child(n)	뒤에서부터 n번째 위치하는 태그
: first-of-type	맨 처음에 위치하는 특정 유형의 태그
: last-of-type	맨 마지막에 위치하는 특정 유형의 태그
: nth-of-type(n)	n번째 위치하는 특정 유형의 태그
: nth-last-of-type(n)	끝에서 n번째 위치한 지정한 유형의 태그
: only-child	자식 태그를 단 하나만 가진 태그
: only-of-type	특정 타입의 태그 하나만을 가지는 태그
: empty	자식 태그를 가지고 있지 않은 태그. 태그안의 내용(텍스트)도 가지고 있지 않아야 한다.
: root	문서의 root 태그. 기본적으로 <BODY> 태그가 해당된다.

예제 4-13　구조 의사 클래스에 스타일 지정하기

```
<!DOCTYPE html>
<html>
<head>
    <meta charset="utf-8">
    <title>구조 의사 클래스를 배웁니다. </title>
    <style>
        :root    {background-color:lightgray;}
        :empty  {background-color:yellow;height:30px; }
        p span:nth-of-type(3) {background-color:white;}
        p span:first-child     {color:red;}
        p span:last-child    {color:blue}
        p span:only-child    {text-decoration:underline;}
        p:first-child {background-color:aqua;}
        p:last-child  {background-color:deepskyblue;}
    </style>
</head>
<body>
<p><span>body(p태그의 first child)</span> 태그의 <span>first</span> <span>child</span></p>
<p></p>
<p><span>body(p태그의 first child)</span> 태그의 child</p>
<p></p>
<p><span>body(p태그의 first child)</span> 태그의 <span>last</span> <span>child</span></p>
</body>
</html>
```

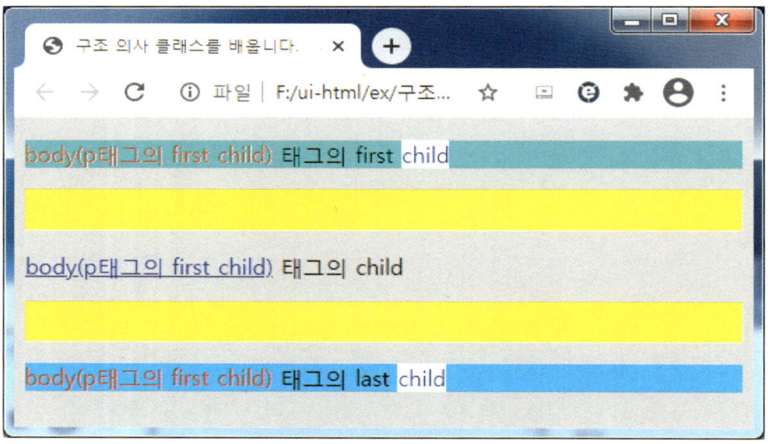

실습문제 4-7

다음의 그림을 참고해서 HTML코딩을 완성한다.
구조 의사 클래스에 스타일을 지정하는 방법으로 스타일을 작성한다.

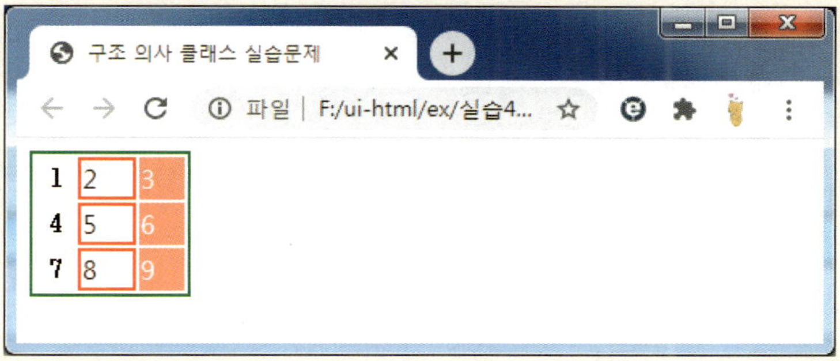


```
<!DOCTYPE html>
<html>
<head>
    <meta charset="utf-8">
    <title>구조 의사 클래스 실습문제</title>
    <style>
    table {width:100px; border-style:solid; border-color:green; border-width:2px;}

                         {border-style:solid; border-color:red; border-width:2px; }
                         {text-align:center; font-family:궁서체; }
                         {background-color:darksalmon; color:white;}
    </style>
</head>
<body>
    <table>
        <tr><td>1</td><td>2</td><td>3</td></tr>
        <tr><td>4</td><td>5</td><td>6</td></tr>
        <tr><td>7</td><td>8</td><td>9</td></tr>
     </table>
</body>
</html>
```

05

CSS 기본 속성

이전 단원에서는 태그와 CSS의 작성 방법을 설명하기 위해 사용한 속성들이 나올 때 마다 간단하게 설명하였다.

이 단원에서는 조금 더 자세하게 속성들을 유형별로 나누어 설명한다.

(1) 박스 모델

웹 페이지에서 모든 HTML 태그(요소)의 내용(content)은 상자(box) 형태로 존재하며, 이것을 박스 모델(box model)이라고 한다.

박스 모델은 HTML 태그(요소) 영역을 안쪽여백(padding), 테두리(border), 외부여백(margin), 그리고 내용(content)으로 정의된다.

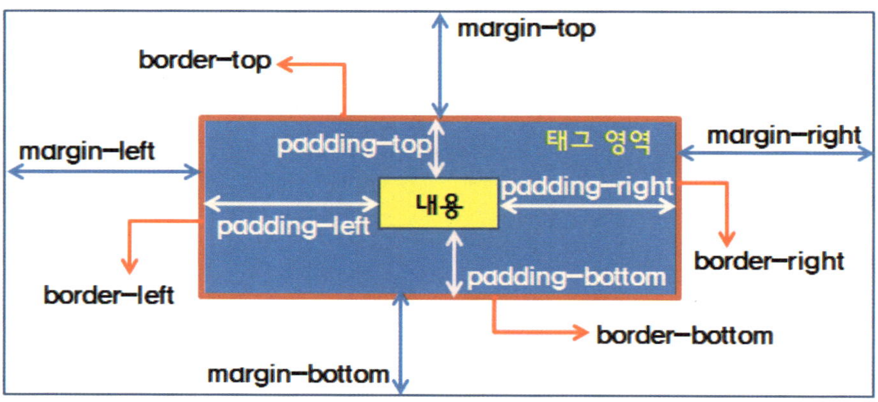

여백과 관련된 속성, margin과 padding은 top, right, bottom, left 각 속성 값을 각각 지정할 수도 있고 박스모델 각 속성의 4개 값을 한 번에 지정할 수 있다.

{margin-top:값1; margin-left:값2;…;}

{margin:값1 값2 값3 값4;}

→ 값 사이에 공백을 둔다.
시계방향으로 top, right, bottom, left 값이 지정된다.

{margin:값1 값24 값3;}

→ 값 사이에 공백을 둔다.
3개 값을 지정하면 첫 번째 값이 top,
두 번째 값이 right과 left, 세번째값이 bottom으로 지정된다.

{margin:값13 값24;}

→ 값 사이에 공백을 둔다.
2개 값을 지정하면 첫 번째 값이 top과 bottom,
두 번째 값이 right과 left 값으로 지정된다.

{margin:값1234;}

→ 1개 값을 지정하면 top, right, bottom, left 값이 동일하게 지정된다.

크기 단위는 %, em(배수), px, cm, mm, inch 등이 있는데, CSS에서 일반적으로 사용되는 크기 단위는 다음과 같다.

- 백분율 단위(%)

  기본 크기를 100%로 놓고, 그에 대한 상대적인 크기를 지정한다.

- 배수 단위(em)

  해당 글꼴(font)의 기본 크기를 1em으로 놓고, 그에 대한 상대적인 크기를 설정한다.

- 픽셀 단위(px)

  스크린의 픽셀(pixel)을 기준으로 하는 절대적인 크기를 설정한다.

margin 속성에 크기 값을 지정하지 않고 auto로 설정할 수 있는데, width 속성 값을 지정하면서 margin 속성을 auto로 설정하면 영역을 수평 가운데로 자동으로 위치시킬 수 있다.

예제 5-1 margin 속성을 사용해서 HTML 요소 배치하기

```
<!DOCTYPE html>
<html>
<head>
    <meta charset="UTF-8">
    <title>margin속성으로 정렬방법을 배웁니다.</title>
    <style>
        div {background-color:rosybrown; color:white; width:200px;}
        .auto {margin: auto;}
        .fix  {margin: 20px;}
        .fix2 {margin: 20px 50px;}
    </style>
</head>
<body>
    <div class="auto">{margin: auto;}</div>
    <div class="fix"> {margin: 20px;}</div>
    <div class="fix2">{margin: 20px 50px;}</div>
</body>
</html>
```

예제 5-2 padding 속성 사용해서 HTML 요소의 안쪽 여백 주기

```
<!DOCTYPE html>
<html>
<head>
    <meta charset="UTF-8">
    <title>padding 속성을 배웁니다.</title>
    <style>
       div { background-color:skyblue;border: 2px solid navy;margin:5px;}
       .once { padding: 30px;}
       .each { padding-top: 50px; padding-left: 30px;}
       .two { padding:25px 50px;}
       .once-each { padding :10px 20px 30px 40px; }
    </style>
</head>
<body>
    <div> padding 속성 지정 안함 </div>
    <div class="once"> { padding: 30px; } </div>
    <div class="each"> { padding-top: 50px; padding-left: 30px; } </div>
    <div class="two"> {padding:25px 50px;} </div>
    <div class="once-each"> {padding :10px 20px 30px 40px;}</div>
</body>
</html>
```

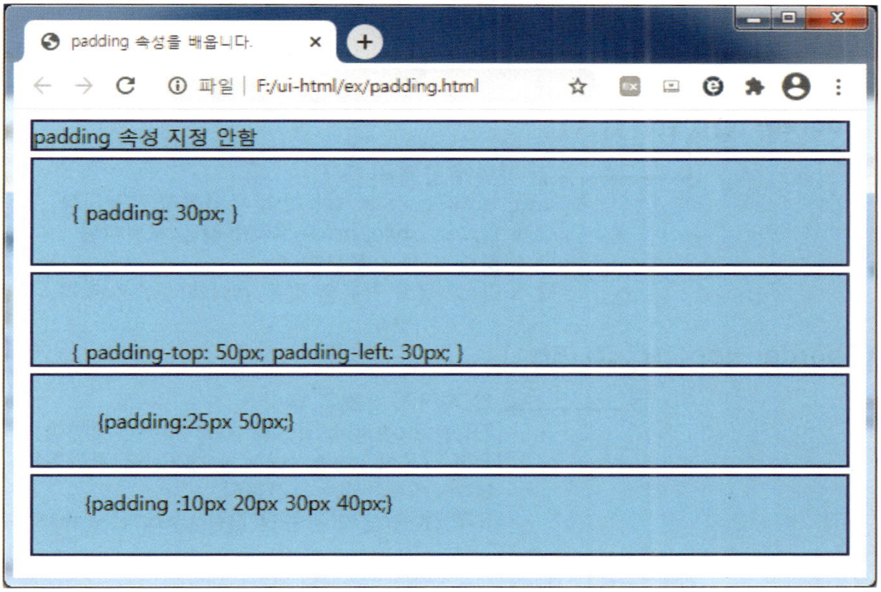

테두리(border)에 속성을 지정하는 방법은 박스 4개의 테두리 면에 대해 모두 동일하게 지정할 수 있고, 4면에 대해 개별적으로 지정 가능하다.

{ border–top–style:solid; border–top–color :red;border–top–width:3px; }

{ border–style:값1 값2 값3 값4; }
→ 값 사이에 공백을 둔다.
시계방향으로 top, right, bottom, left 값이 지정된다.

{ border–style:값1 값24 값3}
→ 값 사이에 공백을 둔다.
3개 값을 지정하면 첫 번째 값이 top ,
두 번째 값이 right과 left , 세번째값이 bottom으로 지정된다.

{ border–style:값13 값24; }
→ 값 사이에 공백을 둔다.
2개 값을 지정하면 첫 번째 값이 top과 bottom,
두 번째 값이 right과 left 값으로 지정된다.

{ border–style:값1234; }
→ 1개 값을 지정하면 top, right, bottom, left 값이 동일하게 지정된다.

주의 width와 color속성을 설정하려면 반드시 style 속성이 설정되어 있어야 한다.

또한, 여러 개의 속성을 한 번에 지정할 수도 있다.

{border:값1 값2 값3;}

→ 값 사이에 공백을 둔다.
top, right, bottom, left 값이 동일하게 지정된다.
3개 값으로 style, color, width 값을 지정하며
3개 값의 순서는 무관하다.
3개 값 중 생략 가능한 값은 color와 width이다.

{border-top:값1 값2 값3;}

→ 값 사이에 공백을 둔다.
지정한 top/right/ bottom/left 에만 설정된다.
3개 값으로 style, color, width 값을 지정하며
3개 값의 순서는 무관하다.
3개 값 중 생략 가능한 값은 color와 width이다.

예제 5-3 border 속성 사용해서 박스 모델에 테두리 설정하기

```
<!DOCTYPE html>
<html>
<head>
    <meta charset="UTF-8">
    <title>box model을 배웁니다.</title>
    <style>
        .container { margin-left:100px;  margin-top: 50px; padding: 5px;
                    border: 3px solid darkblue; background-color:bisque; }

        .all { margin:10px; padding: 20px;
               border-style: double; border-color: coral;
               background-color:lightgray; }

        .each { margin-left:50px; margin-top:2em; padding-top:50px;
                border-style : dashed dotted solid double;
                border-width: 3px 5px; border-top-color: coral;
                background-color:lightyellow; }
    </style>
</head>
<body>
    <div class="container">
      <div class="all">박스 4면의 margin, padding border값을 한번에 동일하게 지정.</div>
      <div class="each">박스 4면의 margin, padding border값을 각각 지정.</div>
    </div>
</body>
</html>
```

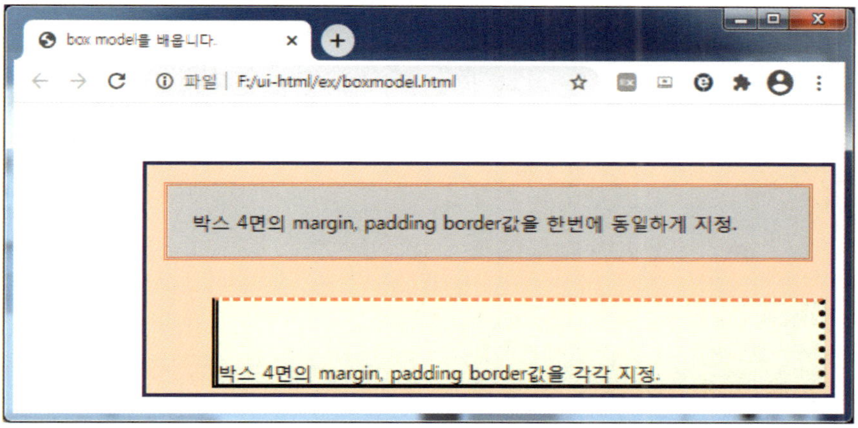

잠깐만

border-width(테두리 굵기) 속성은 일반적으로 px, em, cm 등의 CSS 크기 단위를 이용하여 두께를 직접 설정하지만 thin(가는 굵기), medium(중간 굵기), thick(두꺼운 굵기)등의 예약어(reserved word)를 지정할 수도 있다.
또한, border-color 속성의 기본 값은 color(글자색)값이다.

■ box-shadow

박스 영역에 그림자 효과를 설정한다.
텍스트에 그림자 효과를 지정하는 text-shadow속성 사용방법과 동일하다.

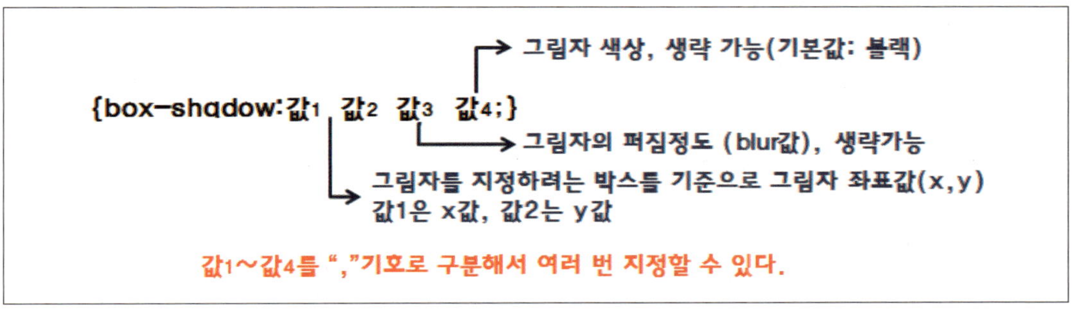

예제 5-4 box-shadow 속성 사용해서 박스모델에 그림자 효과 설정하기

```
<!DOCTYPE html>
<html>
<head>
    <meta charset="UTF-8">
    <title>box shadow를 배웁니다.</title>
    <style>
        div { background-color:yellow; margin: 30px;}
        #xy { box-shadow: 10px 5px; }
        #xyblur { box-shadow: 10px 5px 30px; }
        #xycolor { box-shadow: 10px 5px coral; }
        #minus { box-shadow: -10px -5px coral; }
        #xyblurcolor { box-shadow: 0 0 30px green; }
        #nth { box-shadow: 0 0 10px purple, 10px 10px 30px red, 15px 30px 10px green; }
    </style>
</head>
<body>
    <div id="xy">box-shadow: 5px 3px;</div>
    <div id="xyblur">box-shadow: 10px 5px 30px;</div>
    <div id="xycolor">box-shadow: 10px 5px coral;</div>
    <div id="minus">box-shadow: -10px -5px coral;</div>
    <div id="xyblurcolor">box-shadow: 0 0 30px green;</div>
    <div id="nth">box-shadow: 0 0 10px purple, 10px 10px 30px red, 15px 30px 10px green;</div>
</body>
</html>
```

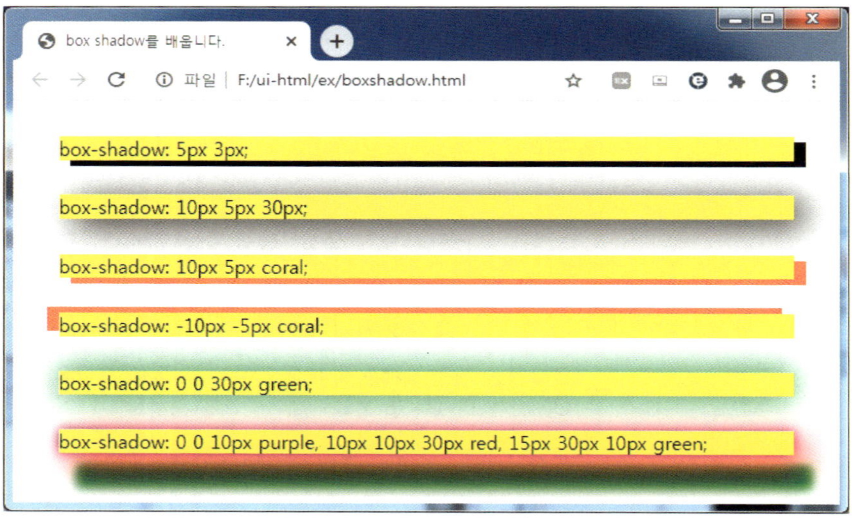

실습문제 5-1

다음 그림과 같은 결과가 나오도록 주어진 HTML 문서를 완성한다.
박스 전체에 그림자 효과를 표현하고 메뉴안의 각 항목의 테두리는 왼쪽과 오른쪽만 나타나도록 id에 스타일을 지정하는 방법으로 작성한다.

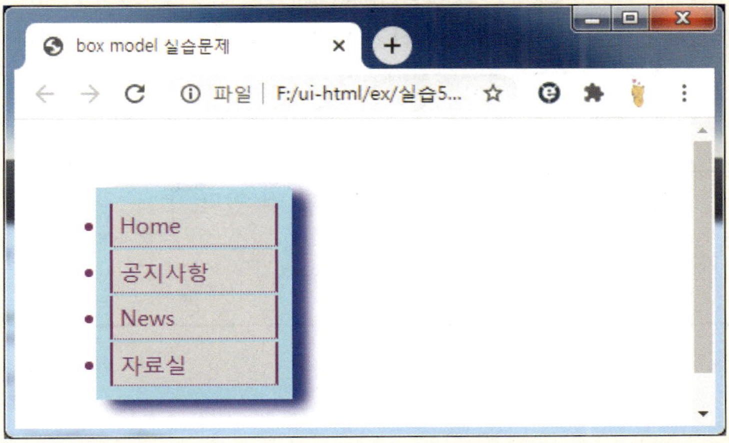


```
<!DOCTYPE html>
<html>
<head>
    <meta charset="UTF-8">
    <title>box model 실습문제</title>
    <style>
       ul {width:120px; background-color:lightblue; margin:50px;}
       li { background-color:lightgray; color:purple; }

        #menu
        #item



    </style>
</head>
<body>
    <ul id="menu">
        <li id="item">Home</li>
        <li id="item">공지사항</li>
        <li id="item">News</li>
        <li id="item">자료실</li>
    </ul>
</body>
</html>
```

(2) 텍스트관련 속성

글자 형태(font)를 제어하는 속성들(font-size, font-family, font-style, color, text-align, text-decoration) 이외에 다음과 같은 CSS 속성 들을 이용해서 텍스트를 다양한 스타일로 꾸밀 수 있다.

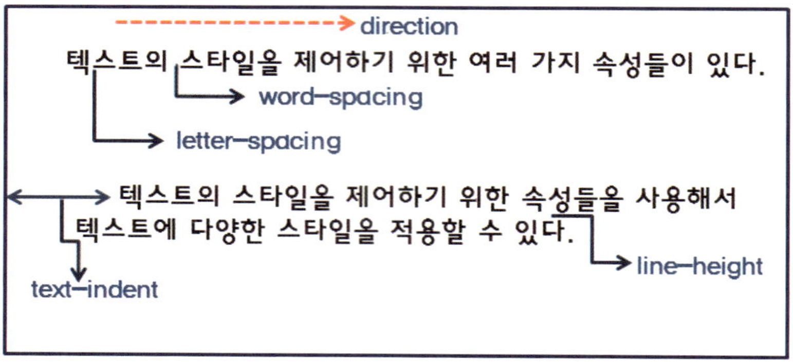

■ direction

텍스트를 쓰는 방향을 설정한다.

웹 페이지에서 텍스트는 기본적으로 왼쪽에서 오른쪽 방향(left-to-right(ltr))이며 right-to-left(rtl)로 설정하면 오른쪽에서 왼쪽 방향으로 변경된다.

■ font-variant

이 속성은 한글에는 적용되지 않고 영문자에만 적용되며, small-caps로 설정하면, 텍스트에 포함된 영문자 중 모든 소문자를 작은 대문자(small-caps) 글꼴로 변경한다.

이때 영문자 중 대문자는 기존 크기 그대로 표현된다.

작은 대문자(small-caps) 글꼴이란 텍스트의 기존 대문자보다는 약간 작은 크기의 대문자를 의미한다.

■ font-weight

글자를 얼마나 두껍게 표현할지를 지정한다.

lighter, normal, bold, bolder 등을 지정할 수 있으며 100, 200, 300, ... , 900 등과 같이 숫자로 설정할 수도 있다.

■ letter-spacing

글자 사이의 간격을 설정한다.

■ word-spacing

단어 사이의 간격을 설정한다.

■ text-indent

단락 첫 줄의 들여쓰기 여부(기본 값 : 들여쓰기 안함)를 설정한다.

■ text-transform

영문자에 대한 대소문자 변환(uppercase/lowercase)을 설정한다.
또한, 단어의 첫 문자만을 대문자로 변경(capitalize)할 수 있다.

■ line-height

텍스트의 줄 간격을 설정한다.

■ text-shadow

텍스트에 그림자 효과를 설정한다.
속성 box-shadow를 사용하는 방법과 유사하다.

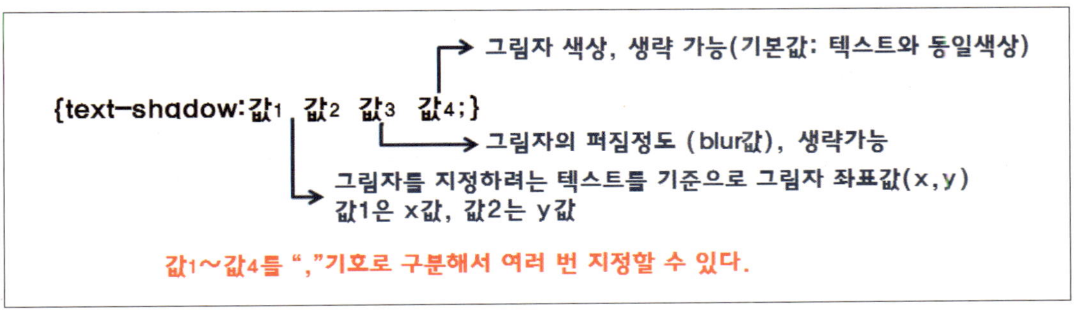

예제 5-5 텍스트 관련 다양한 속성 사용하기

```
<!DOCTYPE html>
<html>
<head>
    <meta charset="UTF-8">
    <title>텍스트 속성을 배웁니다.</title>
    <style>
        .l-spacing {letter-spacing:10px;}
        .l-minus   {letter-spacing:-3px;}
        .w-spacing {word-spacing:30px; }
        .indent {text-indent:20px;}
        .upper  {text-transform:uppercase;}
        .capital{text-transform:capitalize;}
```

```
        .rtoL   {direction: rtl;}
    </style>
</head>
<body>
    <p class="l-spacing">letter-spacing : 10px ;</p>
    <p class="l-minus">letter-spacing : -10px ;</p>
    <p class="w-spacing indent">word-spacing : 30px; text-indent:20px; </p>
    <p class="upper">text-transform:uppercase;</p>
    <p class="capital">text-transform:capitalize;</p>
    <form>
      왼쪽부터<input type="text"> 오른쪽부터 <input type="text" class="rtoL">
    </form>
</body>
</html>
```

텍스트 방향(direction)을 rtl로 설정하면 커서가 글자 맨 앞쪽에 위치한 상태에서도 글자를 입력하면 맨 뒤쪽으로 입력된다.

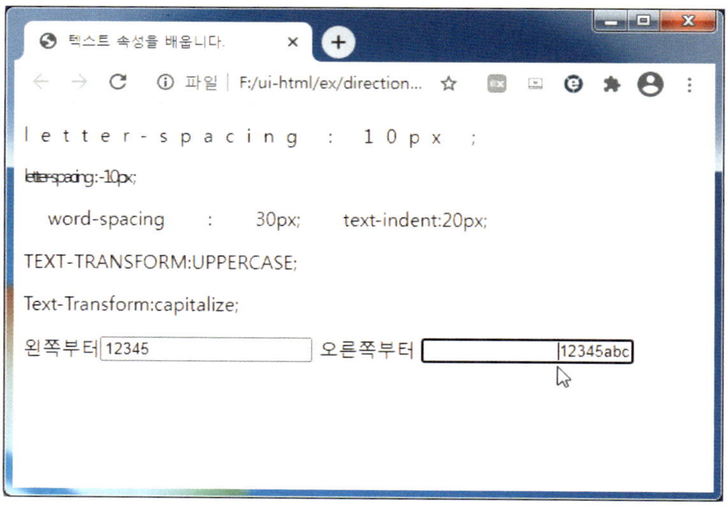

예제 5-6 text-shadow 속성 사용해서 텍스트 그림자 효과 설정하기

```
<!DOCTYPE html>
<html>
<head>
    <meta charset="UTF-8">
    <title>text shadow를 배웁니다.</title>
    <style>
       #xy       { color:red;text-shadow: 3px 3px; }
       #xycolor { text-shadow: 3px -5px magenta; }
       #xyblurcolor { text-shadow: 5px 5px 10px blue; }
       #neon { text-shadow: 0 0 5px red ; }
       #nth  { color:green;
              text-shadow: 0 0 2px red, 2px 2px 5px yellow, 7px 7px 20px darkgreen;}
    </style>
</head>
<body>
    <h3 id="xy">text-shadow:3px 3px;</h3>
    <h3 id="xycolor">text-shadow: -5px -5px yellow;</h3>
    <h3 id="xyblurcolor">text-shadow: 5px 5px 10px blue;</h3>
    <h3 id="neon">text-shadow: 0 0 5px red ;</h3>
    <h3 id="nth">text-shadow: 0 0 2px red,2px 2px 5px yellow,7px 7px 20px darkgreen;</h3>
</body>
</html>
```

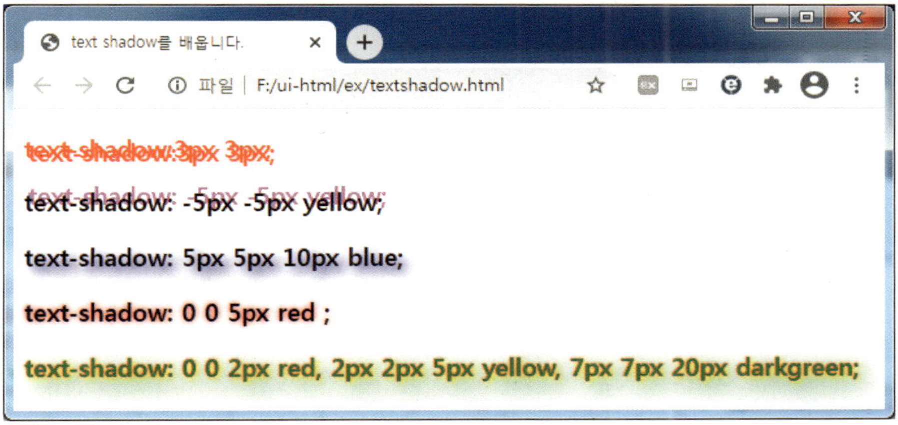

■ white-space

공백 문자를 처리하는 속성이며 다음 값으로 지정한다.

- normal

  연속된 공백을 하나로 합친다. 개행 문자(Enter↵ 키 값)도 공백 문자와 동일하게 처리하며 한 줄이 너무 길어서 넘칠 경우 자동으로 줄을 바꾼다.

- nowrap

  연속된 공백을 하나로 합친다. 줄 바꿈은
 태그를 사용한 경우에서만 발생한다.

- pre

  연속된 공백을 그대로 유지한다. 줄 바꿈은 개행 문자(Enter↵ 키 값)와
 태그를 사용한 경우에 발생한다.

- pre-wrap

  연속된 공백을 그대로 유지한다. 줄 바꿈은 개행 문자(Enter↵ 키 값)와
 태그를 사용한 경우에 일어나며, 또한 한 줄이 너무 길어서 넘칠 경우 자동으로 줄을 바꾼다.

- pre-line

  연속된 공백을 하나로 합친다. 줄 바꿈은 개행 문자(Enter↵ 키 값)와
 태그를 사용한 경우에 일어나며, 또한 한 줄이 너무 길어서 넘칠 경우 자동으로 줄을 바꾼다.

- break-spaces

  연속된 공백이 줄의 끝에 위치하더라도 공간을 차지하며 연속 공백의 중간과 끝에서도 자동으로 줄을 바꿀 수 있다.

  유지한 연속된 공백은 pre-wrap과 달리 요소 바깥으로 넘치지 않으며, 공간도 차지한다.

예제 5-7 white-space 속성 사용해서 공백문자 처리방법 이해하기

```html
<!DOCTYPE html>
<html>
<head>
    <meta charset="UTF-8">
    <title>white-space 속성을 배웁니다.</title>
    <style>
      p { border: 2px solid brown;width: 250px; display:inline-block;}
      #nowrap    { white-space: nowrap; }
      #pre-wrap { white-space: pre-wrap; }
      #pre      { white-space: pre; }
      #pre-line { white-space: pre-line; }
      #break-spaces { white-space: break-spaces; }
    </style>
</head>
<body>
    <p> white-space                  <br>공백 문자를 처리하는 방법을 다음 값으로 지정한다.
    white-space: normal(기본값);</p>

    <p id="nowrap"> white-space      <br>공백 문자를 처리하는 방법을 다음 값으로 지정한다.
    white-space: nowrap; </p>

    <p id="pre-wrap"> white-space     <br>공백 문자를 처리하는 방법을 다음 값으로 지정한다.
    white-space: pre-wrap;</p>

    <p id="pre"> white-space          <br>공백 문자를 처리하는 방법을 다음 값으로 지정한다.
    white-space: pre; </p>

    <p id="pre-line"> white-space     <br>공백 문자를 처리하는 방법을 다음 값으로 지정한다.
    white-space: pre-line;</p>

    <p id="break-spaces"> white-space   <br>공백 문자를 처리하는 방법을 다음 값으로 지정한다.
    white-space: break-spaces; </p>
</body>
</html>
```

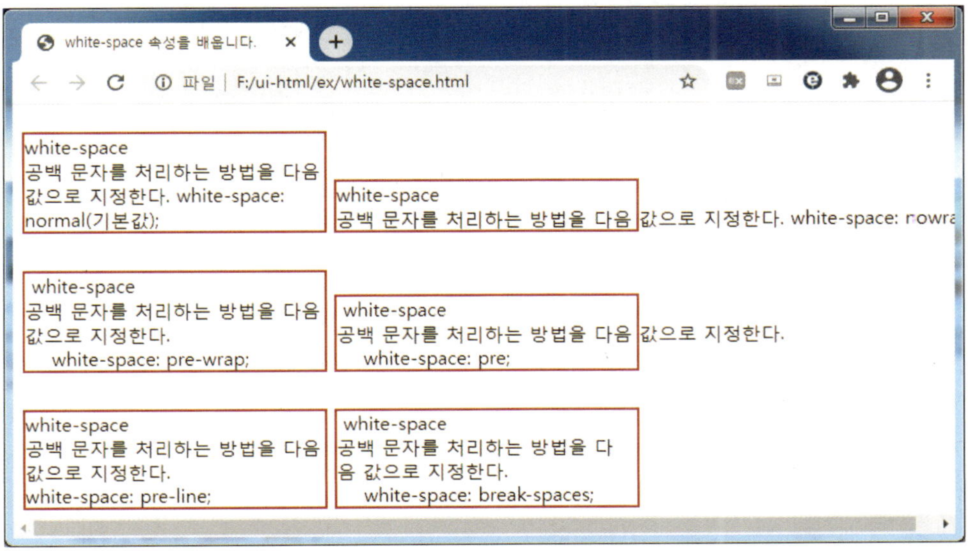

실습문제 5-2

오른쪽 그림과 같은 결과가 나오도록 주어진 HTML 문서를 완성한다.

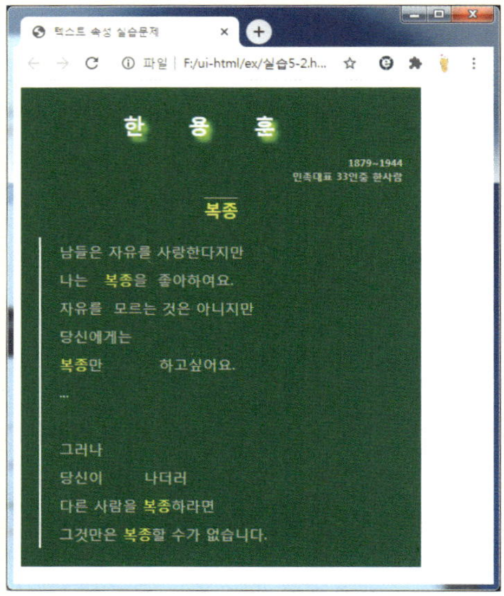


```
<!DOCTYPE html>
<html>
<head>
    <meta charset="utf-8">
    <title>텍스트 속성 실습문제</title>
    <style>
        div { width:400px; background-color:darkgreen; color:lightgray;
             padding:5px 20px; text-align:center; }
        span { color:yellow; font-weight:bold; }
        #left-border{border-left:solid white 2px; padding-left:20px;}

        .author  {                                                    }
        .title   {                                                    }
        .history {                                                    }
        .content {                                                    }
    </style>
</head>
<body>
<div>
<h2 class="author">한용훈</h2>
<p class="history"> 1879~1944 <br>민족대표 33인중 한사람</p>
<p class="title"> <span>복종</span></p>
<p id="left-border" class="content">남들은 자유를 사랑한다지만
나는   <span>복종</span>을  좋아하여요.
자유를  모르는 것은 아니지만
당신에게는
<span>복종</span>만          하고싶어요.
...

그러나
당신이         나더러
다른 사람을 <span>복종</span>하라면
그것만은 <span>복종</span>할 수가 없습니다.</p>
</div>
</body>
</html>
```

(3) 크기를 제어하는 속성

HTML 태그 영역의 크기를 설정하는 CSS 속성들이다.

■ height

HTML 태그 영역의 높이를 설정한다.
기본 값은 auto이며, 웹 브라우저가 각 HTML 태그 내용에 맞게 자동으로 높이를 설정한다.

■ width

HTML 태그 영역의 너비를 설정한다.

기본 값은 auto이며, 웹 브라우저가 각 HTML 태그 내용에 맞게 자동으로 너비를 설정한다.

■ max-width

HTML 태그 영역으로 차지할 수 있는 최대 너비를 설정한다.

기본 값은 none이며, 해당 HTML 태그 영역의 최대 너비 값에 제한이 없다는 것을 의미한다.

하지만 max-width 속성에 값을 설정하면 브라우저 너비가 max-width 값보다 클 땐, 태그 영역의 너비는 max-width에서 지정한 값으로 고정되고, 브라우저 너비가 max-width 값보다 작을 땐, 자동으로 HTML 태그 영역의 너비도 줄어든다.

■ min-width

HTML 태그 영역으로 차지할 수 있는 최소 너비를 설정한다.

기본 값은 none이며, 해당 HTML 태그 영역의 최소 너비 값에 제한이 없다는 것을 의미한다.

하지만 min-width 속성에 값을 설정하면 브라우저 너비가 min-width 값보다 클 땐, 자동으로 HTML 태그 영역의 너비도 늘어나고. 브라우저 너비가 min-width 값보다 작을 땐, HTML 태그 영역의 너비는 min-width에서 지정한 값으로 고정된다.

■ max-height

HTML 태그 영역으로 차지할 수 있는 최대 높이를 설정한다.

기본 값은 none이며, 해당 HTML 태그 영역의 최대 높이 값에 제한이 없다는 것을 의미한다.

하지만 max-heighth 속성에 값을 설정하면 브라우저 높이가 max-height 값보다 클 땐, 태그 영역의 높이는 max-height에서 지정한 값으로 고정되고, 브라우저 높이가 max-height 값보다 작을 땐, 자동으로 HTML 태그 영역의 높이도 줄어든다.

■ min-height

HTML 태그 영역으로 차지할 수 있는 최소 높이를 설정한다.

기본 값은 none이며, 해당 HTML 태그 영역의 최소 높이 값에 제한이 없다는 것을 의미한다.

하지만 min-height 속성에 값을 설정하면 브라우저 높이가 min-height 값보다 클 땐, 자동으로 HTML 태그 영역의 높이도 늘어나고. 브라우저 높이가 min-height 값보다 작을 땐, HTML 태그 영역의 높이는 min-height에서 지정한 값으로 고정된다.

예제 5-8 크기를 제어하는 속성들 이해하기

```
<!DOCTYPE html>
<html>
<head>
    <meta charset="UTF-8">
    <title>min/max-width를 배웁니다.</title>
    <style>
        div {margin:10px;}
       .auto {border: 3px solid brown;}
       .width {width: 700px;border: 3px solid darkorange;}
       .max   {max-width: 700px; border: 3px solid deeppink;}
       .min   {min-width: 700px; border: 3px solid darkgreen}
    </style>
</head>
<body>
<div class="auto">auto : 브라우저 너비에 따라서 줄어들거나 늘어난다.</div>
<div class="width">width:700px;브라우저 너비와 관계없이 700으로 고정되므로,if 브라우저너비&lt;700 then 잘린다.
</div>
<div class="max">max-width:700px;if 브라우저너비&gt;700 then 700으로 고정,if 브라우저너비&lt;700 then 줄어든다.
</div>
<div class="min">min-width:700px;if 브라우저너비&gt;700 then 늘어나고,if 브라우저너비&lt;700 then 700으로 고정.
</div>
</body>
</html>
```

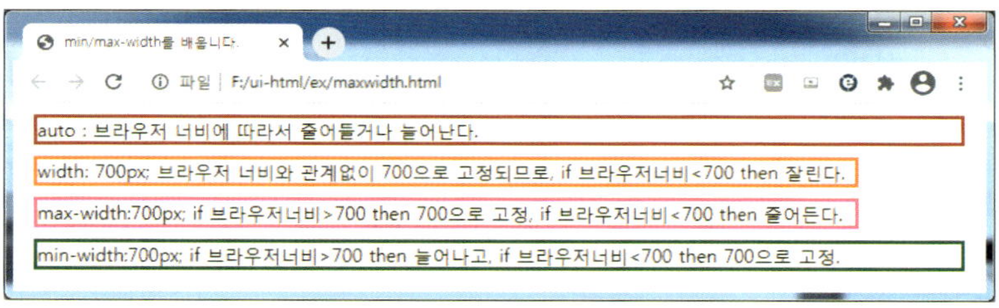

〈브라우저 너비가 700px보다 클 때〉

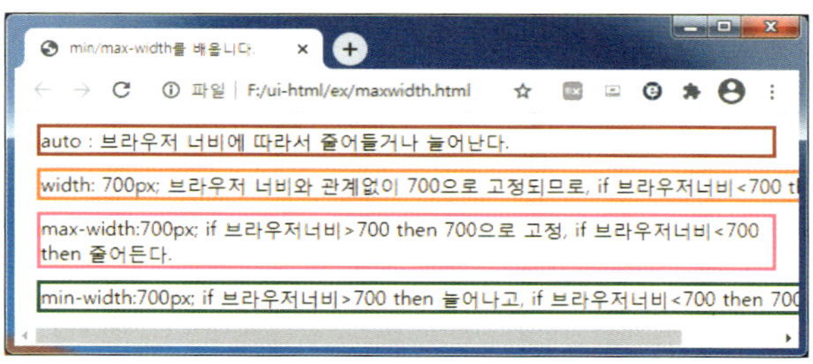

〈브라우저 너비가 700px보다 적을 때〉

outline

outline 속성은 박스모델의 외곽선(border는 박스모델 자체의 테두리)을 지정한다.

즉, border가 지정된 테두리 외부에 위치하며 border 속성과는 달리 박스 모델의 전체크기(width와 height)에 포함되지 않는다.

이 속성은 border 속성과 마찬가지로 style, width, color 속성을 지정할 수 있으나 top, right, bottom. left 각각 개별적으로 값을 지정할 수는 없으며 박스 4개면에 대해서 다른 값을 지정할 수 없다.

```
{outline-style:형태값 ; outline-color: 색상값 ; outline-width:굵기값; }
{outline: 값1 값2 값3;}
```

→ 값 사이에 공백을 둔다.
3개 값으로 style, color, width 값을 지정하며
3개 값의 순서는 무관하다.
3개 값 중 생략 가능한 값은 color와 width이다.

예제 5-9 outline 속성 사용해서 박스모델의 외곽선 설정하기

```html
<!DOCTYPE html>
<html>
<head>
    <meta charset="UTF-8">
    <title>outline 속성을 배웁니다.</title>
    <style>
        p { border:3px solid darkblue; margin:30px; }
        .once { outline:solid 5px violet;}
        .each { outline-style:inset; outline-color:yellowgreen; outline-width:10px; }
    </style>
</head>
<body>
    <p> {border: 3px solid darkblue;} outline속성 지정 안함. </p>
    <p class="once">{outline:  solid 5px violet;}</p>
    <p class="each">
        {outline-style:inset ; outline-color: yellowgreen; outline-width: 10px;}
    </p>
</body>
</html>
```

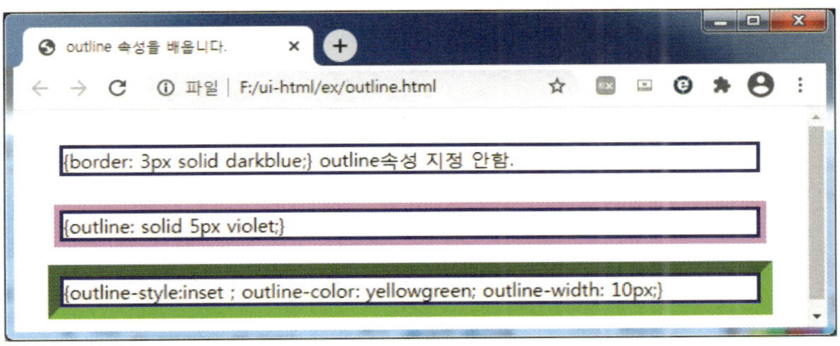

실습문제 5-3

다음 그림과 같은 결과가 나오도록 주어진 HTML 문서를 완성한다.
메뉴 전체 박스 위로 마우스를 올려놓으면 전체 박스의 outline이 나타나도록 하고, 각 메뉴위로 마우스를 올려놓으면 메뉴 박스의 outline이 나타나도록 스타일을 지정한다.

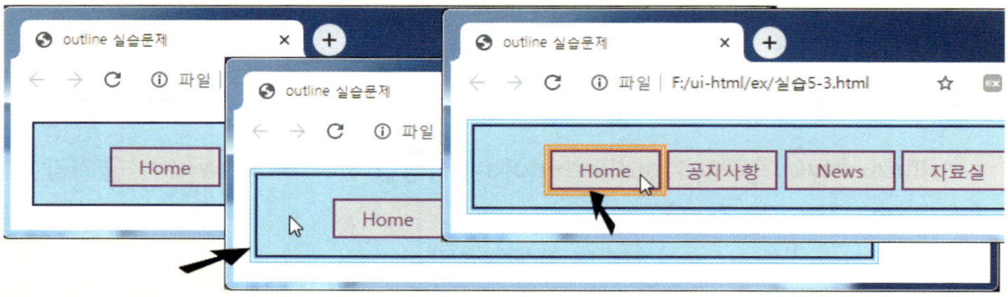


```
<!DOCTYPE html>
<html>
<head>
    <meta charset="UTF-8">
    <title>outline 실습문제</title>
    <style>
        ul { display :inline-block;
            background-color:lightblue; margin:10px;width:500px; height:50px;
            text-align:center; padding: 10px; border: solid navy 2px; }
        li { display :inline-block;  width:80px;
            margin-top:10px; padding: 5px ;
            background-color:lightgray; color:purple; border: solid purple 2px;}

                    { outline: double skyblue 5px; }
                    { outline: double orange 5px; }
    </style>
</head>
<body>
    <ul id="menu">
        <li id="item">Home</li>
        <li id="item">공지사항</li>
        <li id="item">News</li>
        <li id="item">자료실</li>
    </ul>
</body>
</html>
```

(4) 테이블을 제어하는 속성

테이블을 만드는 태그인 <TABLE>, <TR>, <TH>, <TD>에 CSS 속성을 지정해서 다양한 스타일을 적용할 수 있다.

■ border

테두리(border)를 설정한다.

이 속성을 설정하지 않으면 테두리가 없는 테이블로 표현된다.

또한, <TABLE>과 <TD>또는 <TH>에 border속성을 지정하면 각각의 테두리가 만들어져서 2줄로 보인다.

■ border-collapse

<TABLE> 태그에 이 속성을 collapse로 지정하면 <TABLE>과 <TD>또는 <TH>에 border속성을 지정해서 테두리가 두 줄로 표현되는 경우에 한 줄로 만들 수 있다.

기본 값은 separate이다

■ border-spacing

<TH> 또는 <TD>사이의 여백을 설정한다.
즉, 테이블에서 셀과 셀 사이의 여백을 조절한다.

■ caption-side

테이블의 제목(caption)을 설정한다.

■ empty-cells

테이블에서 빈 셀들의 테두리 및 배경색 표현여부를 설정한다.
기본 값은 show이고 hide를 지정해서 감출 수 있다.

■ table-layout

일반적으로 테이블의 크기를 고정(fixed)시킬 때 사용한다.

■ text-align

<TH> 또는 <TD> 안의 내용에서 텍스트의 수평 방향(left, center, right) 정렬을 설정한다.
<TH>는 가운데 정렬이, <TD>는 왼쪽 정렬이 기본 설정 값이다.

■ vertical-align

<TH> 또는 <TD> 안의 내용에서 텍스트의 수직 방향 정렬(top, bottom, middle)을 설정한다. <TH>, <TD> 모두 가운데(middle) 정렬이 기본 설정 값이다.

예제 5-10 테이블을 위한 다양한 속성 사용하기

```
<!DOCTYPE html>
<html>
<head>
    <meta charset="UTF-8">
    <title>테이블 속성을 배웁니다.</title>
    <style>
        table { margin:5px; }
        table, th, td { border: 2px solid darkgreen; }
        td { height:40px;text-align:right;vertical-align:bottom;}
        .hide {empty-cells:hide;}
        td:nth-child(odd) { background-color: lightgray; }
        .collapse { border-collapse: collapse; }
        .seperate { border-spacing: 5px 15px; }
        .bottom {border-bottom:2px dashed red;}
        th:hover {background-color: lawngreen;color:brown;}
    </style>
</head>
<body>
    <table>
       <tr> <th>border</th> <th>border-collapse</th> <th>border-spacing</th><th></th> </tr>
       <tr> <td>2px solid darkgreen</td> <td>seperate:기본값</td><td>no</td> <td></td></tr>
    </table>
    <table class="collapse hide">
       <tr> <th>border</th> <th>border-collapse</th> <th>border-spacing</th> <th></th> </tr>
       <tr> <td>2px solid darkgreen</td> <td>collapse</td>  <td>no</td> <td></td> </tr>
    </table>
    <table class="seperate">
       <tr> <th>border</th> <th>border-collapse</th> <th>border-spacing</th>
            <th>border-bottom</th> </tr>
       <tr>
           <td>2px solid darkgreen</td> <td>seperate:기본값</td>
           <td>5px 10px</td> <td class="bottom">2px dashed red</td>
        </tr>
    </table>
</body>
</html>
```

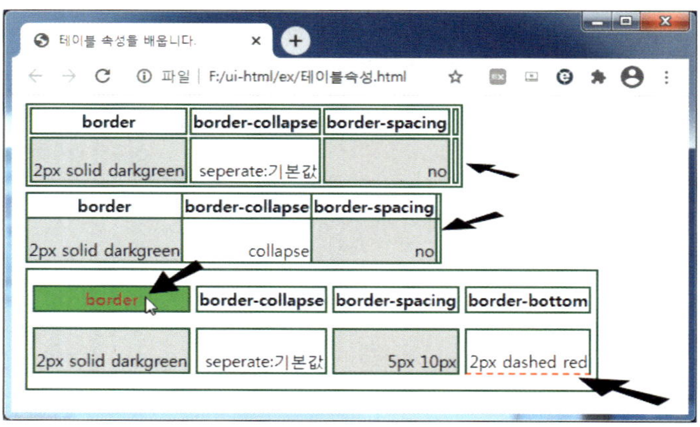

실습문제 5-4

다음 그림과 같은 결과가 나오도록 주어진 HTML 문서를 완성한다.

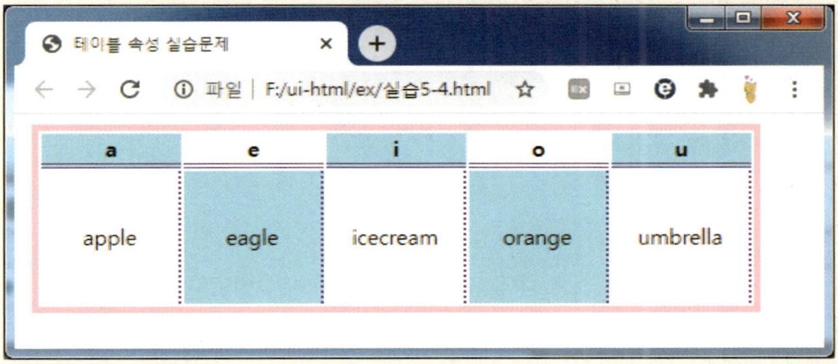


```
<!DOCTYPE html>
<html>
<head>
    <meta charset="UTF-8">
    <title> 테이블 속성 실습문제 </title>
    <style>
        table { margin:5px; border: 5px solid pink; }
        th { border-bottom: 4px double purple; }
        td { width:100px; height:100px; text-align:center;
             border-right: 2px dotted purple; }

                           { background-color: lightblue; }
                           { background-color: lightblue; }
    </style>
</head>
<body>
    <table>
      <tr> <th>a</th> <th>e</th> <th>i</th><th>o</th><th>u</th> </tr>
      <tr> <td >apple</td> <td>eagle</td> <td>icecream</td>
           <td>orange</td> <td>umbrella</td> </tr>
    </table>
</body>
</html>
```

(5) 리스트에서 사용하는 속성

웹페이지에서 리스트를 만드는 <UL>, <OL>, <DL>, <LI>등의 태그에 CSS 속성 값을 지정해서 다양한 형태의 목록을 표현할 수 있다.

■ list-style-type

리스트에서 각 항목 앞에 위치하는 숫자나 기호를 설정한다.

■ list-style-image

리스트에서 각 항목 앞에 숫자나 기호 대신에 이미지(일반적으로 아이콘)를 지정한다.
list-style-type을 같이 지정하면 list-style-image 값이 우선한다.

■ list-style-position

리스트에서 각 항목의 위치(inside, outside)를 설정한다. 기본 값은 outside이다.
inside로 지정하면 항목 앞의 표시자도 항목의 내용 안으로 인식되고 outside로 지정하면 항목 내용 밖으로 인식하기 때문에 hover와 같은 이벤트에 대한 처리에서 반응 영역이 달라진다.

■ list-style

list-style-type, list-style-image, list-style-position 속성 값을 한 번에 지정한다.

예제 5-11 리스트의 다양한 속성 사용하기

```
<!DOCTYPE html>
<html>
<head>
    <meta charset="UTF-8">
    <title>리스트 속성을 배웁니다.</title>
    <style>
        ul { background-color:burlywood;}
        ol { background-color:darkorange; list-style-type:upper-roman;
            padding:10px;width:250px;}
        ol li { background-color:lightgray; margin:3px; }
        li:hover { background-color:yellow;]}
       .insideimg { list-style: inside circle url("../img/꽃.png");  }
        .squareout { list-style-type: square; list-style-position: outside ; }
    </style>
</head>
<body>
    <ul class="insideimg">list-style
        <li>inside</li> <li>circle url("../img/꽃.png"): 이미지 지정이 우선함!</li>
    </ul>
    <ul class="squareout">list-style-type 과 list-style-position
```

```
            <li>square</li>
            <li>outside</li>
        </ul>
        <ol>list-style-type
            <li>upper-roman</li>
            <li>padding:30px;width:200px</li>
        </ol>
        <ol class="insideimg">list-style-type(inside)
            <li>upper-roman</li>
            <li>padding:30px;width:200px</li>
        </ol>
    </body>
    </html>
```

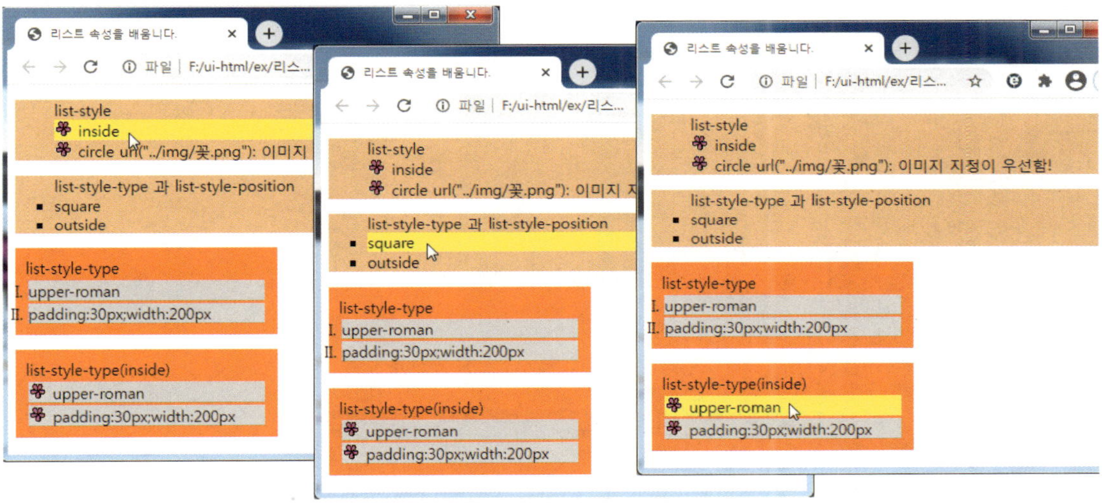

실습문제 5-5

다음 그림과 같은 결과가 나오도록 주어진 HTML 문서를 완성한다.
리스트 항목의 마크가 없도록 지정하고 테두리 속성을 이용해서 오른쪽 테두리만 보이도록 id에 스타일을 지정한다.

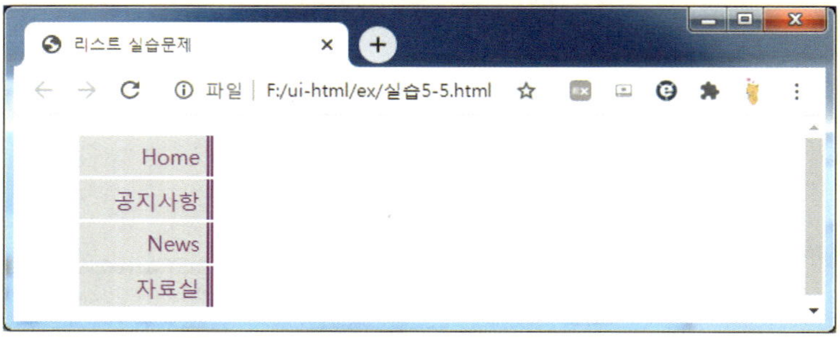


```
<!DOCTYPE html>
<html>
<head>
    <meta charset="UTF-8">
    <title>리스트 실습문제</title>
    <style>
       ul { width:100px;}
       li { margin-top:2px;padding:5px ; color:purple ;
            background-color:lightgray; border-right: double purple 5px ;}
        #item {                                        }
    </style>
</head>
<body>
    <ul>
        <li id="item">Home</li>
        <li id="item">공지사항</li>
        <li id="item">News</li>
        <li id="item">자료실</li>
    </ul>
</body>
</html>
```

(6) 배경을 제어하는 속성

웹 페이지 전체는 물론이고 HTML 태그 영역에서도 배경을 제어할 수 있다.

지금까지 예제에서 많이 사용했던 기본적인 속성인 background-color 이외에도 다양한 CSS 속성들을 사용할 수 있다.

■ background-image

배경으로 이미지(image)를 설정한다.

기본적으로 배경 영역보다 지정된 이미지 크기가 작으면 수평과 수직으로 이미지는 반복된다.

■ background-repeat

영역보다 크기가 작은 배경 이미지를 지정하면 기본적으로 수평과 수직 방향으로 모두 이미지가 반복된다.

background-repeat 속성을 이용해서 반복하지 않도록(no-repeat) 할 수 있고 수평(repeat-x)이나 수직(repeat-y) 한 방향으로만 반복되도록 설정할 수 있다.

■ background-position

배경 이미지를 지정하고, 반복하지 않도록 설정한 경우, 해당 태그 영역 내에서의 이미지 상대 위치(x y)를 설정한다.

정확한 좌표 값(px단위, %비율)을 지정할 수도 있고 배경이 지정된 해당 태그 영역을 기준으로 다음과 같이 지정할 수도 있다.

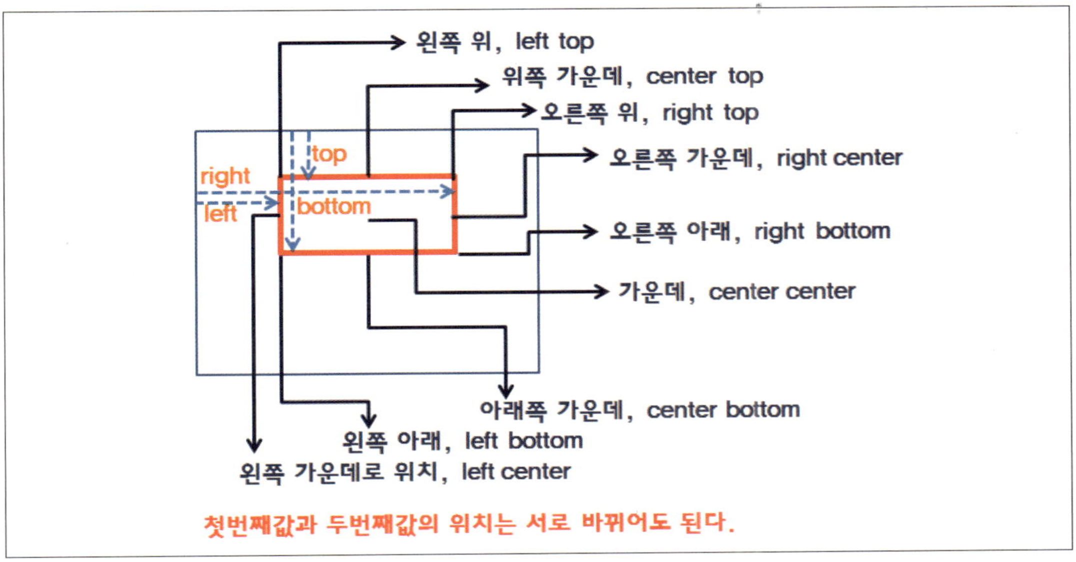

주의 background-position 속성 값으로 한 값만 지정할 경우에는 그 값은 수평 위치 값으로 지정되고 수직 위치 값은 50%나 center로 결정된다.

■ background-attachment

위치가 지정된 배경 이미지를 브라우저 화면이 스크롤 될 때에도 고정되도록 지정할 수 있다.

배경과 관련된 속성들은 각각 개별적으로 설정할 수 도 있지만, background 속성으로 여러 가지 배경 속성을 한 번에 지정할 수 있다.

{background:값1 값2 값3 값4 값5;}

→ **값 사이에 공백을 둔다.**
image, color, position, attachment, repeat 값을 지정하며 순서는 무관하다.

예제 5-12 배경을 제어하는 다양한 속성 이해하기

```
<!DOCTYPE html>
<html>
<head>
    <meta charset="UTF-8">
    <title>배경 속성을 배웁니다.</title>
    <style>
        body { background: url("../img/화분.png") no-repeat top left fixed burlywood}
        div { width:400px; height:500px; margin-left:200px; padding-top:20px;
              background-color:skyblue;
              background-image: url("../img/꽃.png");background-repeat:repeat-x;}
    </style>
</head>
<body>
    <h3>background: url("../img/화분.png") no-repeat top left fixed burlywood;</h3>
    <div>
        <p>
            width:400px; height:500px; margin-left:200px; <br>
            background-color:skyblue; <br>
            background-image: url("../img/꽃.png");<br>
            background-repeat:repeat-x;
        </p>
    </div>
</body>
</html>
```

<BODY> 태그의 background-attachment 속성을 fixed로 설정했기 때문에 스크롤을 해서 이동해도 배경 이미지 위치는 움직이지 않고 고정된다.

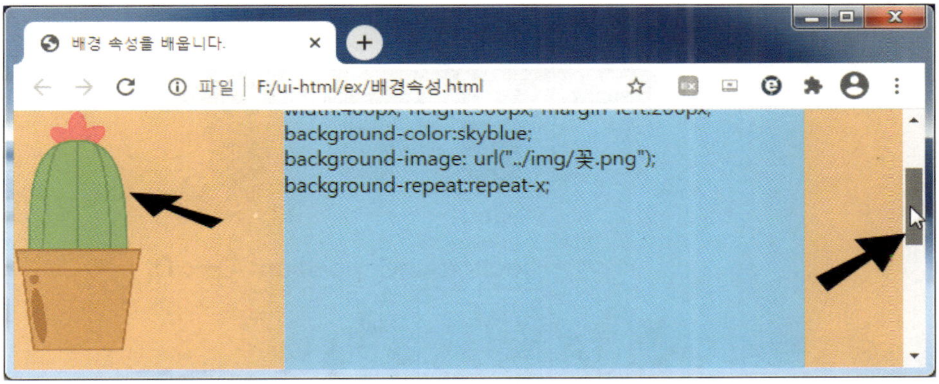

(7) 이미지 스프라이트

배경 속성, background-position 값을 이용해서 이미지의 일부분만 표현되도록 할 수 있다.

단순히 이미지의 일부분을 잘라내는 의미로 사용하지는 않고, 동일한(또는 비슷한) 규격을 가진 여러 개의 이미지가 한 웹 페이지에 포함될 경우, 여러 개 파일을 불러들이는 대신 여러 개의 이미지를 하나의 이미지 파일로 만든 다음, 한번만 불러들임으로써 속도 면에서 효율적이고 로딩 시간을 줄이기 위한 기능이다.

즉, 한번만 불러들인(load) 다음, 각각 필요한 이미지영역을 표시해서 보여주는 것이다.

이미지 스프라이트(image sprite)를 사용하면 이미지를 다운받기 위한 서버 요청 횟수를 줄일 수 있다.

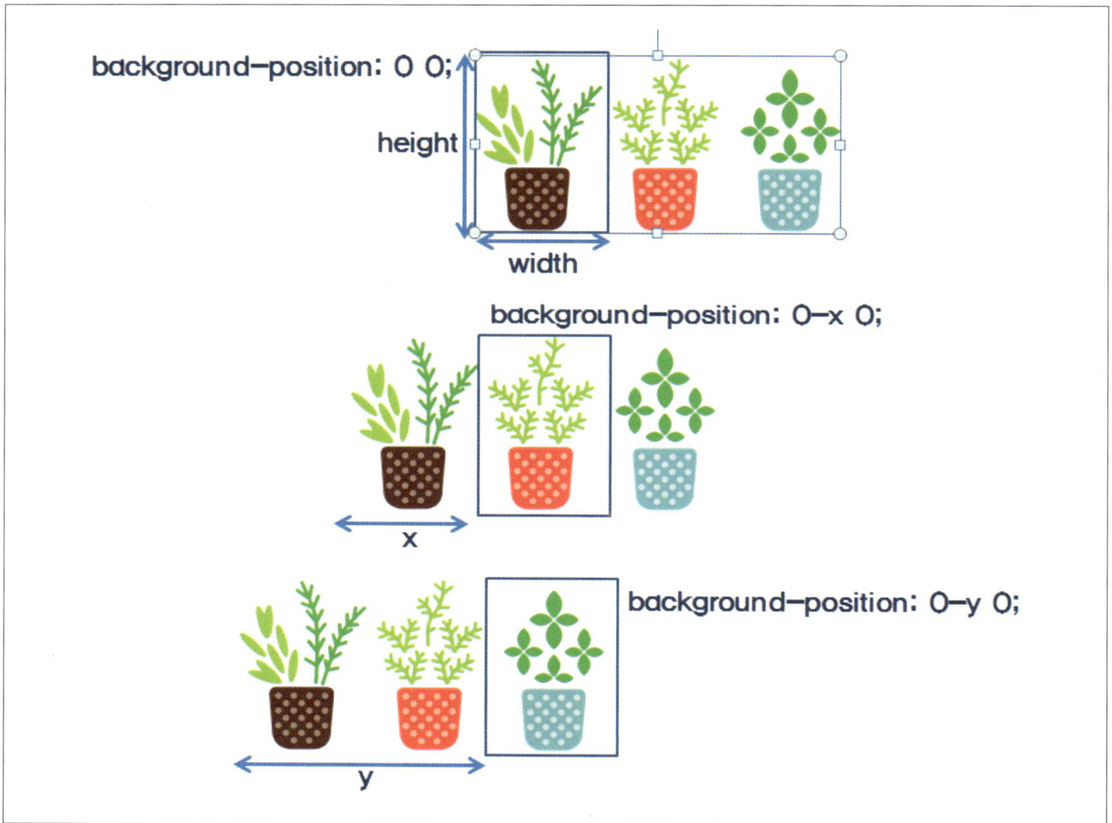

예제 5-13 background-position 속성을 사용해서 이미지 스프라이트 이해하기

```
<!DOCTYPE html>
<html>
<head>
    <meta charset="UTF-8">
    <title>image Sprites를 배웁니다.</title>
    <style>
        table, th, td {background-color:lightgray; border:solid brown 3px;}
        th,td {width:112px;}
        .first, .second, .third, .fourth { background: url("../img/snsicon.png") no-repeat;}
        .first  { width: 110px; height: 120px; background-position: 0 0; }
        .second { width: 110px; height: 120px; background-position: -132px 0; }
        .third  { width: 110px; height: 120px; background-position: -264px 0; }
        .fourth { width: 110px; height: 120px; background-position: -396px 0; }
    </style>
</head>
<body>
    <h3>원본 이미지</h3>
    <img src="../img/snsicon.png"><br><br>
    <table>
        <tr> <th>1 </th><th>2</th><th>3 </th><th>4 </th></tr>
        <tr>
            <td class="first"> </td><td class="second"> </td>
            <td class="third"> </td><td class="fourth"> </td>
        </tr>
        <tr>
            <th> width: 110px; height: 120px; background-position: 0 0;</th>
            <th> width: 110px; height: 120px; background-position: -132px 0;</th>
            <th> width: 110px; height: 120px; background-position: -264px 0; </th>
            <th> width: 110px; height: 120px; background-position: -396px 0; </th>
        </tr>
    </table>
</body>
</html>
```

06

CSS3 고급

(1) 벤더 프리픽스(Vendor Prefix)

현재 세계적으로 가장 많이 사용되는 웹 브라우저는 크롬, 사파리, 파이어폭스, 엣지등이 있고 그 외 오페라, 익스플로러 등이 있다.

벤더 프리픽스(Vendor Prefix)란 웹 브라우저 공급자(vender)가 최신 버전의 브라우저에서 동작하는 새로운 기능을 제공할 때 이전 버전의 브라우저에게 그 사실을 알려주기 위해 사용하는 접두사(prefix)를 의미한다.

아직 CSS 권고안에 포함되지 못한 기능이나, CSS 권고안에는 포함되어 있지만 아직 완벽하게 정립된 상태가 아닌 기능을 사용하고자 할 때 벤더 프리픽스를 사용하는 것이다.

벤더 프리픽스를 사용하면 해당 기능을 지원하지 않는 이전 버전의 브라우저에서도 그 기능을 사용할 수 있게 된다.

각 브라우저의 벤더 프리픽스는 다음과 같다.

익스플로러	크롬, 사파리	파이어폭스	오페라
-ms-	-webkit-	-moz-	-o-

```
{벤더프리픽스1-속성명:값}
      └──> 지정한 속성을 지원하지 않는 해당 브라우저의 이전 버전을 위한 코드
.
.
.
{벤더프리픽스n-속성명:값}
{속성명:값}
   └──> 벤더프리픽스를 모두 지정한 다음, 속성값을 지정하는 기본 코딩이 나와야 한다.
```

(2) HSL과 알파채널로 색상 지정하기

색상을 지정하는 기본적인 방법 3가지(색상명, RGB(x,y,z), #16진수색상값) 이외에 다음과 같은 색상 표현을 지정할 수 있다.

■ RGBA

RGB에 투명도(Alpha channel) 값을 더한 색상 값이다.

투명도(알파 채널) 값은 0.0(완전투명)부터 1.0(완전불투명) 사이의 값을 지정할 수 있다.

■ HSL

HSL 색상 값에서 HSL은 각각 색상(Hue), 채도(Saturation), 명도(Lightness)를 의미하며 색상, 채도, 명도 값으로 색을 표현한다.

H는 적색(0 또는 360)을 기준으로 한 색상 각도(녹색 : 120, 파란색 : 240)인 Hue를 의미하고 0부터 360 사이의 값을 가지며, 색상환(color wheel)의 각도를 표시한다.

S는 0%(회색)부터 100%(순수한 색) 사이의 값을 가지며, 색상의 연하고 짙은 정도를 표시한다.

L은 0%(검정색)부터 100%(흰색) 사이의 값을 가지며, 색상의 밝고 어두운 정도를 나타낸다.
50%면 원래 색상이 된다.

따라서 HSL 색상에서는 밝기(Lightness) 50%의 위치에 순수 색을 배치한 모형이다.

■ HSLA

HSL에 투명도(Alpha channel)값을 더한 색상 값이다.

투명도(알파 채널) 값은 0.0(완전투명)부터 1.0(완전불투명) 사이의 값을 지정할 수 있다.

주의 알파채널과 opacity 속성 모두 투명도를 설정하지만 알파 채널은 설정한 태그 영역에만 투명도를 설정하고 opacity 속성은 해당 태그의 내용과 모든 자식(child) 태그까지 전부 같은 투명도로 설정한다.

RGBA, HSL, HSLA, 그리고 opacity 등의 CSS3 속성을 지원하는 브라우저의 버전은 다음과 같다.

속성	익스플로러	크롬	파이어폭스	사파리	오페라
RGBA HSL, HSLA	9.0	4.0	3.0	3.1	10.1
opacity	9.0	4.0	2.0	3.1	10.1

예제 6-1 RGB(), RGBA(), HSL(), HSLA() 함수와 opacity 속성을 사용해서 색상 및 투명도 지정하기

```
<!DOCTYPE html>
<html>
<head>
    <meta charset="UTF-8">
    <title>hsl과 알파채널을 배웁니다.</title>
    <style>
        body {color:hsl(0, 100%,100%);font-weight:bold;}
        .red {color:hsl(0, 100%, 50%)}
        #hsl {background-color: hsl(0, 100%, 50%);}
        #hsla {background-color: hsla(0, 100%, 50%, 0.5);}
        #rgb {background-color: rgb(0,255,0);}
        #rgba {background-color: rgba(0, 255,0,0.5);}
        #opacity {background-color:rgb(0, 255,0);opacity:0.5;}
    </style>
</head>
<body>
    <p id="hsl">hsl(0, 100%, 50%)</p>
    <p id="hsla">hsla(0, 100%, 50%, 0.5)</p>
    <p id="rgb" class="red">rgb(0,255,0)</p>
    <p id="rgba" class="red"> rgba(0, 255,0,0.5)</p>
    <p id="opacity" class="red">rgb(0, 255,0);opacity:0.5;</p>
</body>
</html>
```

실습문제 6-1

다음 그림과 같은 결과가 나오도록 주어진 HTML 문서를 완성한다.
마우스를 테이블의 셀 위에 올려놓으면 글자 색이 선명하게 보이도록 한다.

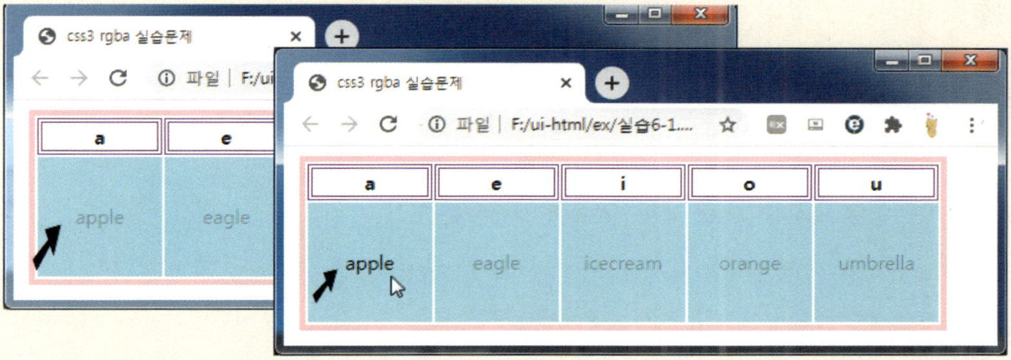


```
<!DOCTYPE html>
<html>
<head>
    <meta charset="UTF-8">
    <title> css3 rgba 실습문제 </title>
    <style>
        table { margin:5px; border: 5px solid pink; }
        th { border: 4px double purple; }
        td { width:100px; height:100px; text-align:center;
            background-color: lightblue; }
        td { color: rgba(0,0,0, 0.3);}

    </style>
</head>
<body>
    <table>
       <tr> <th>a</th> <th>e</th> <th>i</th><th>o</th><th>u</th> </tr>
       <tr> <td >apple</td> <td>eagle</td> <td>icecream</td>
            <td>orange</td> <td>umbrella</td> </tr>
    </table>
</body>
</html>
```

(3) 색상 그래디언트 표현하기

색상에서 그래디언트(gradient)란 두개 이상의 색상을 지정한 다음 한 색상에서 두 번째 색상으로 변하는 중간 단계의 색상을 표현해 줌으로써 자연스럽게 색상 전환 효과를 주는 것을 의미한다.

색상 그래디언트 효과를 주기 위해 CSS3에서 제공하는 함수(method)들은 다음과 같다.

■ linear-gradient()

background속성에 배경색을 지정할 때 사용할 수 있다.

색상에 선형으로 그래디언트(gradient) 효과를 적용한다.

최소한 두 개 이상의 색상을 지정하고 먼저 정의된 위치의 색상을 시작으로 마지막 위치에 지정된 색상까지 차례대로 그래디언트 효과가 적용된다.

또한, 그래디언트 효과가 진행될 방향을 설정할 수 있다.

그래디언트의 진행 방향(top, right, bottom, left)을 지정(기본 값은 위에서 아래) 하는데 대각선(top right, bottom left)방향으로도 설정할 수 있다.

벤더픽스를 설정할 경우에는 그래디언트 방향 설정 값이 달라진다.

-webkit-과 -moz-, 그리고 -o-는 방향을 지정할 때 방향에서의 시작 위치를 지정한다.
벤더픽스 없이 지정할 때는 to를 앞에 붙이고 끝 위치를 지정한다.

linear-gradient()는 CSS3에서 지원하는 기능이므로 이 기능을 전혀 지원하지 않는 브라우저를 위한 코딩과 각 벤더프리픽스에 대한 설정을 같이 해주면 linear-gradient()를 지원하지 않는 브라우저의 버전까지 고려한 좋은 코딩이 될 것이다.

```
{background:색상값;}
        └──→ linear-gradient()를 지원하지 않는 브라우저를 위한 코딩

{background:-webkit-linear-gradient(시작위치,값1,…,값n;)}
{background:-moz-linear-gradient(시작위치,값1,…,값n;)}
{background:-o-linear-gradient(시작위치,값1,…,값n;)}

{background:linear-gradient(to 끝위치,값1,…,값n;)}
                               │       └──→ 최소 2개 이상 색상 값을 지정한다.
                               └──→ 효과 방향을 지정하며 생략 가능하다.
```

그래디언트 방향 값으로 각도(deg단위) 값을 지정할 수 있다.

기준 각도인 0도는 아래쪽에서 위쪽으로의 진행을 의미하고 양수일 때는 기준 각도를 중심으로 시계방향으로 회전하며, 음수일 때는 반시계방향으로 회전한다.

또한, 동일색상으로 지정하고 알파값 만을 차이를 두고 지정함으로써 투명도에 대한 그래디언트를 설정할 수 있다.

예제 6-2 linear-gradient() 함수를 사용할 때 벤더프리픽스를 지정하고 선형 그래디언트 효

```
<!DOCTYPE html>
<html>
<head>
    <meta charset="UTF-8">
    <title>linear-gradient를 배웁니다.</title>
    <style>
        div {height:60px;margin:10px;}
        #toleft { background: purple;
                  background: -webkit-linear-gradient(right, purple, yellow);
                  background: -moz-linear-gradient(right, purple, yellow);
                  background: -o-linear-gradient(right, purple, yellow);
                  background: linear-gradient(to left, purple, yellow);}

        #topright {background: linear-gradient(to top right,purple, yellow);}
        #alpha {background: linear-gradient(rgba(0,0,255,1.0), rgba(0,0,255,0.0));}
        #deg{background: linear-gradient(75deg, purple, yellow);}
        #rainbow {background:linear-gradient(to right,red,orange,yellow,green,blue,navy,purple);}

    </style>
</head>
<body>
    <div id="toleft"></div>
    <div id="topright"></div>
    <div id="alpha"></div>
    <div id="deg"></div>
    <div id="rainbow"></div>
</body>
</html>
```

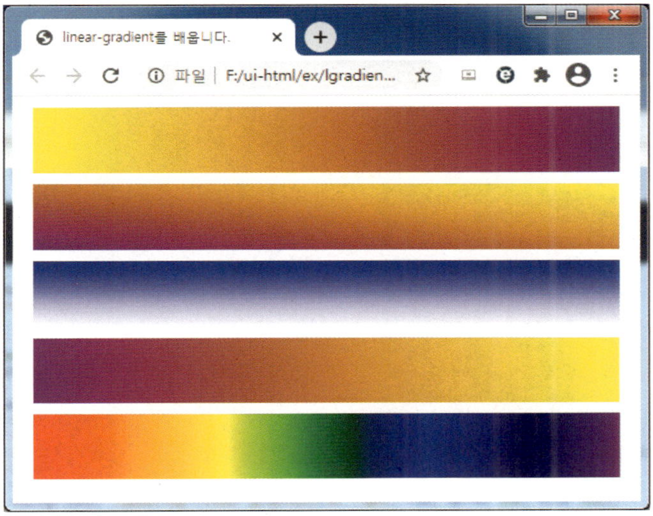

■ repeating-linear-gradient()

선형 그래디언트 효과와 그래디언트의 반복 기능을 같이 제공한다.

> 최소 2개 이상 색상 값을 지정한다.
>
> {background: repeating-linear-gradient (to 끝위치, 값$_1$,값$_2$ 위치$_2$,…값$_n$ 위치$_n$;)}
>
> 효과 방향을 지정하며 생략 가능하다.

linear-gradient()와 마찬가지로 이 기능을 전혀 지원하지 않는 브라우저를 위한 코딩과 각 벤더프리픽스에 대한 설정을 같이 해주면 repeating-linear-gradient()를 지원하지 않는 브라우저의 이전버전까지 고려한 좋은 코딩이 될 것이다.

예제 6-3 **repeating-linear-gradient() 함수를 사용할 때 벤더프리픽스를 지정하고 선형 그래디언트의 반복 효과주기**

```html
<!DOCTYPE html>
<html>
<head>
    <meta charset="UTF-8">
    <title>repeating-linear-gradient를 배웁니다.</title>
    <style>
    div {height: 60px;margin:5px;}
    #r-linear {
      background: skyblue;
      background: -webkit-repeating-linear-gradient(left, skyblue, yellow 10%, skyblue 20%);
      background: -moz-repeating-linear-gradient(left, skyblue, yellow 10%, skyblue 20%);
      background: -o-repeating-linear-gradient(left, skyblue, yellow 10%, skyblue 20%);
      background: repeating-linear-gradient(to right, skyblue, yellow 10%, skyblue 20%);
      }
    #stripe{background: repeating-linear-gradient(to left bottom, red, white 10%, blue 20%);}
    #stripe2{background: repeating-linear-gradient(black, white 10%, black 20%);}
    </style>
</head>
<body>
    <div id="r-linear"></div>
    <div id="stripe"></div>
    <div id="stripe2"></div>
</body>
</html>
```

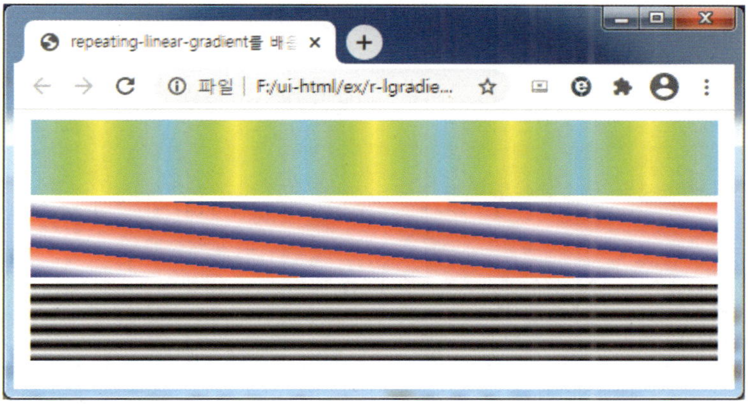

■ radial-gradients()

원형으로 그래디언트 효과를 적용한다.

원형 그래디언트를 만들기 위해서는 최소한 두 개 이상의 색상을 지정해야 한다.
원형 그래디언트의 기본 값은 ellipse(타원) 형태, farthest-corner 크기, 그리고 중심위치는 center 이다.

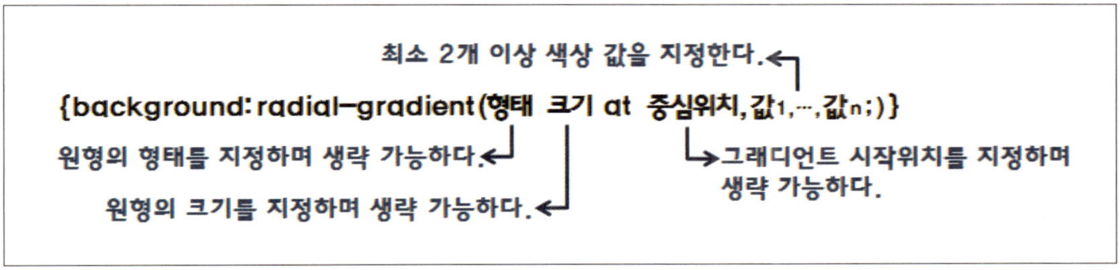

크기는 반지름 값(px단위)을 지정할 수도 있고 다음과 같은 값을 직접 지정할 수도 있다.

- closest-side : 그래디언트의 크기가 가장 가까운 면에 닿을 만큼의 크기로 설정된다.
- farthest-side : 그래디언트의 크기가 가장 먼 쪽 면에 닿을 만큼의 크기로 설정된다.
  따라서 가까운 면에서는 그래디언트의 일부분이 영역을 넘어갈 수 있다.
- closest-corner : 그래디언트의 크기가 가장 가까운 모서리에 닿을 만큼의 크기로 설정된다.
- farthest-corner : 그래디언트의 크기가 가장 먼 모서리에 닿을 만큼의 크기로 설정된다.
  기본 값이며, 가까운 모서리에서는 그래디언트의 일부분이 영역을 넘어갈 수 있다.

linear-gradient() 함수와 마찬가지로 이 함수를 전혀 지원하지 않는 브라우저를 위한 코딩과 각 벤더 프리픽스에 대한 설정을 같이 해주면 radial-gradient() 함수를 인식 못하는 브라우저까지 고려한 좋은 코딩이 될 것이다.

그래디언트(gradient)관련 CSS3 기능을 지원하는 브라우저의 버전은 다음과 같다.

기능(method)	익스플로러	크롬	파이어폭스	사파리	오페라
linear-gradient() (밴더프리픽스 이용한 지원 가능 시작 버전)	10.0	26.0 (10.0)	16.0 (3.6)	6.1 (5.1)	12.1 (11.1)
radial gradient() (밴더프리픽스 이용한 지원 가능 시작 버전)	10.0	26.0 (10.0)	16.0 (3.6)	6.1 (5.1)	12.1 (11.6)

예제 6-4 radial-gradients() 함수를 사용할 때 벤더프리픽스를 지정하고 원형 그래디언트 효과주기

```
<!DOCTYPE html>
<html>
<head>
    <meta charset="UTF-8">
    <title>radial-gradient를 배웁니다.</title>
    <style>
     div {height: 100px; width: 150px; display:inline-block; margin:5px;}
     #circle {
        background: skyblue;
        background: -webkit-radial-gradient(circle, skyblue, lightgray, purple);
        background: -moz-radial-gradient(circle, skyblue, lightgray, purple);
        background: -o-radial-gradient(circle, skyblue, lightgray, purple);
        background: radial-gradient(circle, skyblue, lightgray, purple);
            }
     #ellipse {background: radial-gradient(ellipse, skyblue, lightgray, purple);}
     #righttop{background: radial-gradient(circle at right top, skyblue, lightgray, purple);}
     #position{background: radial-gradient(50px at 30% 30%, skyblue, lightgray, purple);}

     #farthest-c{background: radial-gradient(farthest-corner at 30% 30%, pink, beige, brown);}
     #closest-c {background: radial-gradient(closest-corner at 30% 30%, pink, beige, brown);}
     #farthest-s{background: radial-gradient(farthest-side at 30% 30%,pink, beige, brown);}
     #closest-s {background: radial-gradient(closest-side at 30% 30%,pink, beige, brown);}
    </style>
</head>
<body>
    <div id="circle"></div>
    <div id="ellipse"></div>
    <div id="righttop"></div> <div id="position"></div>
    <div id="farthest-c"></div>
    <div id="closest-c"></div>
   <div id="farthest-s"></div>
    <div id="closest-s"></div>
</body>
</html>
```

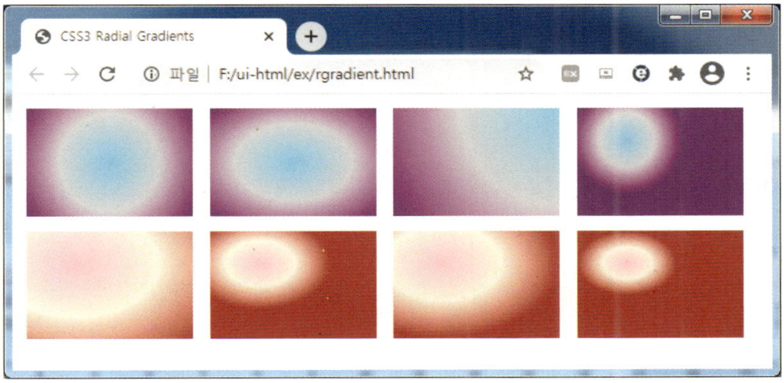

실습문제 6-2

다음 그림과 같은 결과가 나오도록 주어진 HTML 문서를 완성한다.
테이블에서 헤더부분의 배경을 스트라이프 형태로 변경하고 마우스를 테이블의 셀 위에 올려놓으면 원형 그래디언트 효과의 배경이 나타나도록 한다.

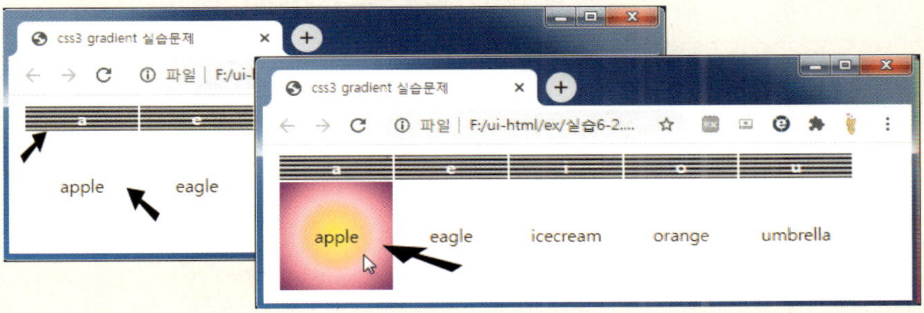


```
<!DOCTYPE html>
<html>
<head>
    <meta charset="UTF-8">
    <title> css3 gradient 실습문제 </title>
    <style>
      table { margin:5px; }
      th { color:white; }
      td { width:100px; height:100px; text-align:center; }
      #stripe
      td:hover
    </style>
</head>
<body>
    <table>
       <tr id="stripe"> <th>a</th><th>e</th><th>i</th><th>o</th><th>u</th> </tr>
       <tr> <td >apple</td> <td>eagle</td> <td>icecream</td>
            <td>orange</td> <td>umbrella</td>
       </tr>
    </table>
</body>
</html>
```

(4) 배경을 위해 추가된 속성들

CSS3에서 추가된 배경을 위한 속성들은 다음과 같다.

■ background-size

배경 이미지의 크기를 설정한다.

기존에는 배경 이미지로 사용되는 이미지의 실제 크기와 같게 지정되었지만 CSS3에서는 배경 이미지의 크기를 설정할 수 있다.

배경 이미지의 너비(width)와 높이(height)를 픽셀 단위(px), 배수 단위(em), 백분율 단위(%)로 설정할 수 있고 contain 또는 cover 값을 지정할 수 있다.

```
{background-size : 값 ;}
                    └→ width height 크기( px, em, %단위)
                       cover 또는 contain
```

- contain

  배경 이미지의 비율은 유지하면서, 크기를 가능한 한 크게 조절하지만 배경 이미지의 크기가 해당 태그 내용(content) 영역을 넘지 않는다.

  따라서 배경 이미지의 크기가 해당 태그 영역의 크기보다 항상 작거나 같게 된다.

- cover

  배경 이미지의 비율은 유지하면서, 해당 태그의 모든 영역을 가리도록 크기를 조절한다.
  따라서 배경 이미지의 크기가 해당 태그 영역의 크기보다 항상 크거나 같게 되며, 배경 이미지의 일부분이 잘릴 수 있다.

잠깐만

이미지의 비율을 유지하지 않고, 해당 태그 영역 전부를 가리도록 설정하려면 다음과 같이 지정하면 된다.
{background : 이미지url no-repeat center fixed; background-size : cover;}

배경관련 CSS3 속성을 지원하는 브라우저의 버전은 다음과 같다.

속성	익스플로러	크롬	파이어폭스	사파리	오페라
background-size (밴더프리픽스 이용한 지원 가능 시작 버전)	9.0	4.0 (1.0)	4.0 (3.6)	4.1 (3.0)	10.5 (10.0)
background-origin	9.0	1.0	4.0	3.0	10.5
background-clip	9.0	4.0	4.0	3.0	10.5
배경 이미지를 여러 개 지정하기	9.0	4.0	3.6	3.1	11.5

예제 6-5 background-size 속성을 사용해서 배경 이미지의 크기 조절하기

```
<!DOCTYPE html>
<html>
<head>
    <meta charset="UTF-8">
    <title>background-size속성을 배웁니다.</title>
    <style>
        body { background: no-repeat url(../img/love.jpg) right bottom fixed; }
        div { border: 2px solid green; margin: 10px; width:280px; height:120px;
              background: url(../img/love.jpg); }
        p { background-color:rgba(255,0,0,0.5); color:yellow; }

        #resize { background-size: 150px 100px; background-repeat: no-repeat; }
        #cover { background-size: cover; }
        #contain { background-size:contain; background-repeat:no-repeat; }
    </style>
</head>
<body>
    <div id="resize">
        <p>background-size: 150px 100px;<br> background-repeat: no-repeat; </p>
    </div>
    <div id="cover">
        <p>background-size: cover;</p>
    </div>
    <div id="contain">
        <p>background-size: contain;<br> background-repeat: no-repeat; </p>
    </div>
</body>
</html>
```

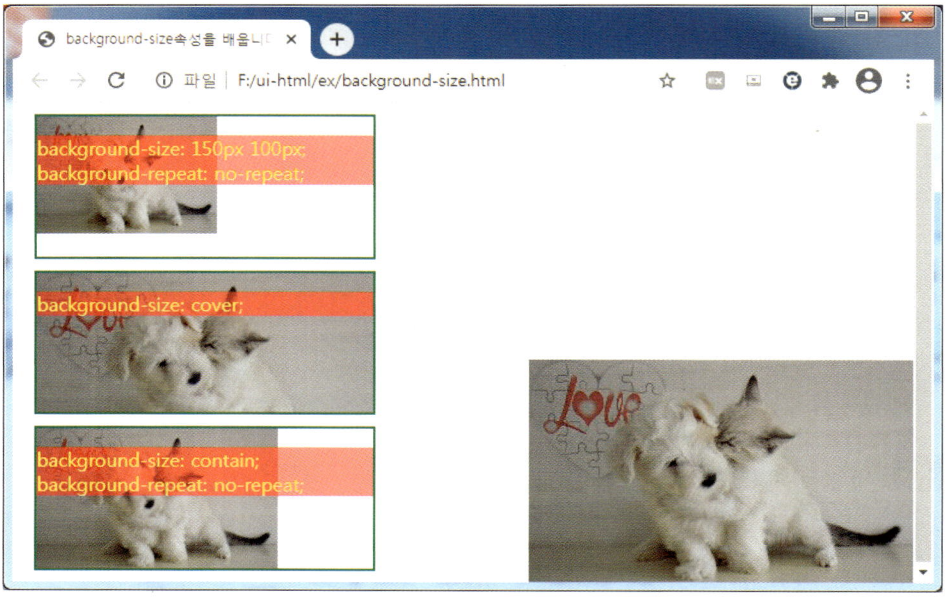

■ background-origin

배경 이미지의 위치를 결정할 기준을 설정한다.

- border-box

  테두리(border) 영역의 왼쪽 위를 기준으로 설정한다.

- padding-box

  패딩(padding) 영역의 왼쪽 위를 기준으로 설정한다. 기본 값이다.

- content-box

  내용(content) 영역의 왼쪽 위를 기준으로 설정한다.

예제 6-6 background-origin 속성을 이용해서 배경 이미지의 기준점 설정하기

```
<!DOCTYPE html>
<html>
<head>
    <meta charset="UTF-8">
    <title>background-origin속성을 배웁니다.</title>
    <style>
        div { border: 10px dashed gray; display:inline-block;
              padding: 10px; margin: 5px; width:270px; height:180px;
              background: url(../img/여행.jpg) no-repeat; }
        p { background-color:rgba(255,0,0,0.5); color:yellow;}

        #border-box { background-origin: border-box; }
        #content-box { background-origin: content-box; }
```

```
    </style>
</head>
<body>
    <div>
        <p>background-origin:padding-box;기본</p>
    </div>
    <div id="border-box">
        <p>background-origin: border-box;</p>
    </div>
    <div id="content-box">
        <p>background-origin: content-box;</p>
    </div>
</body>
</html>
```

■ background-clip

해당 태그 영역에서 영역의 어느 부분까지를 배경 영역으로 판단할 것인지를 설정한다.

다음 세 가지 속성 값을 지정할 수 있다.

- **border-box**

  배경 영역을 해당 태그 영역의 테두리(border) 영역의 끝부분까지로 설정한다. 기본 값이다.

- **padding-box**

  배경 영역을 해당 태그 영역의 패딩(padding) 영역의 끝부분까지로 설정한다.

- **content-box**

  배경 영역을 해당 태그의 내용(content) 영역까지만 으로 설정한다.

예제 6-7 background-clip 속성을 이용해서 배경 영역 설정하기

```
<!DOCTYPE html>
<html>
<head>
    <meta charset="UTF-8">
    <title>background-clip속성을 배웁니다.</title>
    <style>
        div {border: 10px dashed purple;
            height: 40px; padding: 15px; margin: 8px;
            background-color:skyblue;color:purple;}

        #padding-box { background-clip: padding-box; }
        #content-box { background-clip: content-box; }
    </style>
</head>
<body>
    <div>
        <p>background-clip:border-box;기본 값</p>
    </div>
    <div id="padding-box">
        <p>background-clip: padding-box;</p>
    </div>
    <div id="content-box">
        <p>background-clip: content-box;</p>
    </div>
</body>
</html>
```

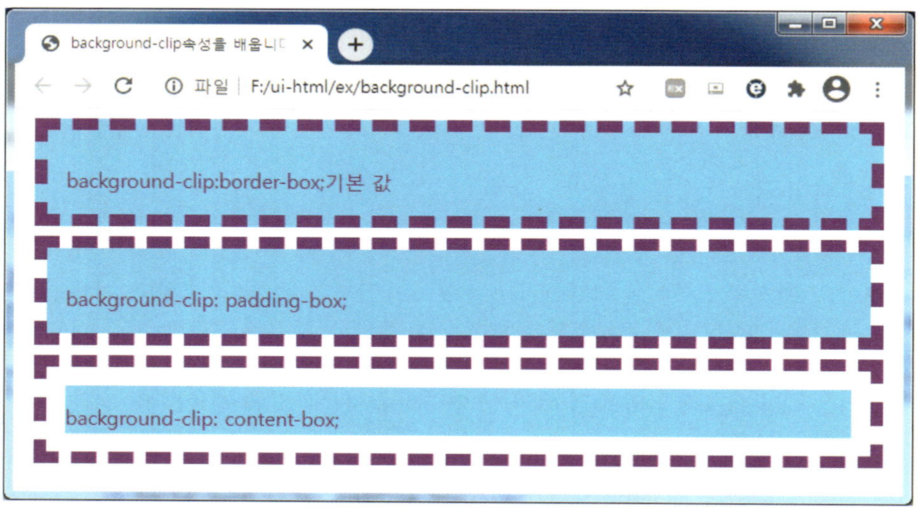

잠깐만

background-image 속성에 값을 지정할 때 여러 개 이미지를 지정할 수 있다.
각각의 이미지는 쉼표(,)로 구분해서 지정하며, 순서는 가장 먼저 지정한 이미지가 가장 위에 그리고 가장 나중에 지정한 이미지가 가장 아래쪽에 위치하게 된다.

(5) 테두리를 위해 추가된 속성들

테두리(border)와 관련된 속성은 내용(content)과 패딩(padding) 영역을 둘러싸는 테두리(border)의 스타일을 설정한다.

CSS3에서는 테두리의 꼭지점 부분을 둥글게 만들거나, 테두리에 이미지를 사용할 수 있는 속성들이 추가되었다.

■ border-radius

4개의 꼭지점 부분을 둥글게 만든다.

4개 값은 border-radius 속성을 이용해서 한 번에 지정할 수도 있고 각각 border-top-left-radius, border-top-right-radius, border-bottom-right-radius border-bottom-left-radius 속성으로 개별적으로 설정할 수도 있다.

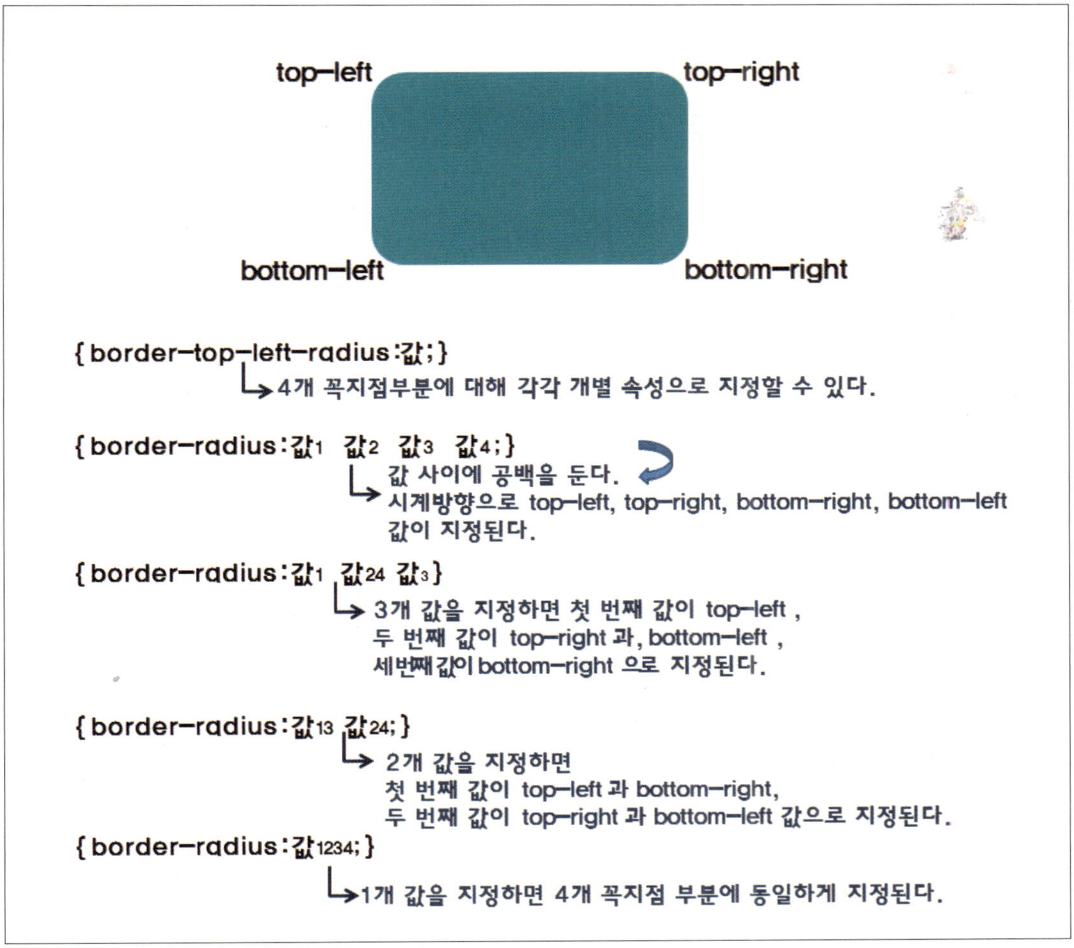

예제 6-8 border-radius 속성 이용해서 사각형의 형태 변경하기

```
<!DOCTYPE html>
<html>
<head>
    <meta charset="UTF-8">
    <title>border-radius속성을 배웁니다.</title>
    <style>
        p { height: 50px; width: 250px;padding:5px;
            background-color:lightpink; display:inline-block;}
        #once3 { border-radius: 20px 40px 60px; }
        #once2 { border-radius: 20px 40px; }
        #once1 { border-radius: 20px; }
        #each  { border-bottom-right-radius: 50px; }}
    </style>
</head>
<body>
    <p id="each">border-bottom-right-radius: 50px;</p>
    <p id="once1">border-radius: 20px; </p>
    <p id="once2">border-radius: 20px 40px;</p>
    <p id="once3">border-radius: 20px 40px 60px;</p>
</body>
</html>
```

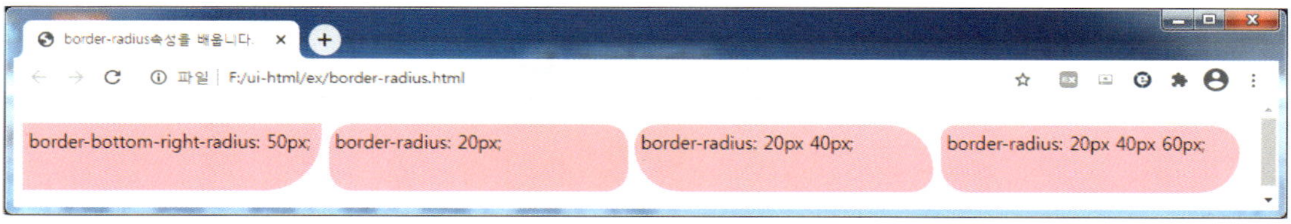

■ border-image

테두리(border)에 이미지를 지정한다.

border-image 속성을 설정하기 위해서는 반드시 border-style 속성이 먼저 설정되어 있어야 한다.

border-image 속성으로 다음 5가지 속성을 한 번에 지정할 수 있다.

■ border-image-source

테두리로 사용할 이미지를 지정한다.

그래디언트를 지정할 수도 있다.

■ border-image-slice

border-image-source로 설정한 이미지를 9개의 영역으로 나누고 이렇게 나눠진 영역이 해당 태그 영역의 테두리 이미지가 된다.

상하좌우 각각의 모서리에서 border-image-slice 값으로 지정한 거리만큼 떨어진 네 개의 분할선이 9개 영역의 크기를 결정한다.

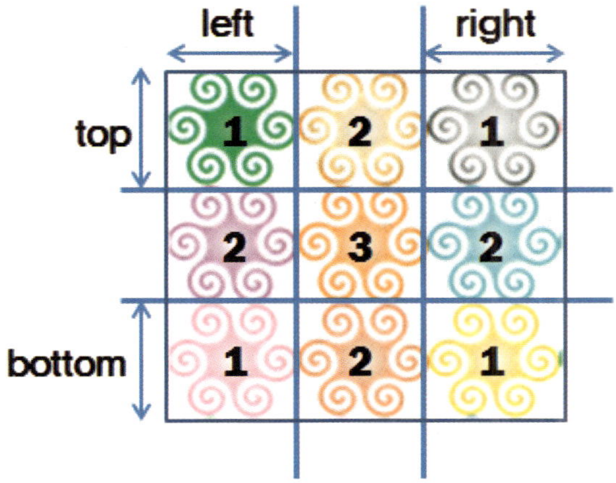

모서리에서 분할 선까지의 거리를 픽셀 거리(래스터이미지의 경우)나 좌표 거리(백터 이미지인 경우)로 지정할 수 있고 또는 백분율 거리를 지정할 수 있다.

일반적으로 비율로 지정하는데, 9개 영역 중 left와 right 분할 선은 이미지 전체 너비를 기준으로 비율이 설정되고, top과 bottom 분할 선은 이미지의 높이를 기준으로 비율이 설정된다.

이렇게 4개의 분할 선이 결정되면 이미지의 4개 꼭지점 부분에 해당하는 이미지 조각(그림에서 1번)이 테두리 이미지의 각 꼭지점 부분의 이미지로 결정된다. 그리고 4면의 모서리로 결정된 이미지 조각들(그림에서 2번)은 border-image-repeat속성에 의해 반복될지 아니면 크기가 늘려질지 결정된다.

마지막으로 중앙 영역(그림에서 3번)은 테두리 이미지로 사용되지는 않지만 fill 키워드를 지정한 경우 배경 이미지처럼 사용가능하다.

fill키워드를 사용하면 background에서 지정한 이미지나 색상보다 위에 표현되며 중앙 영역 이미지(그림에서 3번)는 위와 왼쪽 모서리 영역의 크기에 맞도록 늘어난다.

```
{border-image-slice:값;}
    └→ 슬라이스 위치가 한 가지 값으로 지정된다.

{border-image-slice:값1 값2 값3 값4;}
    └→ 값 사이에 공백을 둔다.
       슬라이스 top, right, bottom, left 값으로 지정된다.

{border-image-slice:값1 값24 값3}
    └→ 3개 값을 지정하면
       첫 번째 값이 top, 두 번째 값이 right 과 left,
       세번째값이 bottom으로 지정된다.

{border-image-slice:값13 값24;}
    └→ 2개 값을 지정하면
       첫 번째 값이 top과 bottom,
       두 번째 값이 right과 left값으로 지정된다.

{border-image-slice:값1···값n;}
    └→ fill 키워드는 어떤 곳에 위치해도 된다.
```

■ border-image-width

이미지 테두리 4개 면의 너비를 설정한다.

값이 border-width보다 크면 테두리 이미지는 안쪽 여백과 내용 영역을 침범해서 나타난다. px단위(또는 em) 그리고 % 비율로 지정할 수 있는데, 비율로 지정하면 왼쪽과 오른쪽 테두리에 대해선 테두리 이미지 영역의 너비를 기준으로, 위쪽과 아래쪽에 대해선 테두리 이미지 영역의 높이를 기준으로 계산된다.

또한, 숫자 값만 지정하면 border-width 속성 값에 곱하기 한 계산 값으로 설정된다.

```
{border-image-width:값;}
    └→ 테두리 4면의 너비가 동일한 값으로 지정된다.

{border-image-width:값1 값2 값3 값4;}
    └→ 값 사이에 공백을 둔다.
       top, right, bottom, left 테두리 너비값으로 지정된다.

{border-image-width:값1 값24 값3}
    └→ 3개 값을 지정하면
       첫 번째 값이 top, 두 번째 값이 right 과 left,
       세번째값이 bottom 테두리 너비로 지정된다.

{border-image-width:값13 값24;}
    └→ 2개 값을 지정하면
       첫 번째 값이 top과 bottom,
       두 번째 값이 right과 left 테두리 너비값으로 지정된다.
```

■ border-image-outset

테두리 상자와 테두리 이미지와의 거리를 설정한다.

숫자 값(border-width속성 값에 곱하기 한 계산 값)과 길이 단위 값으로 지정할 수 있다.

```
{border-image-outset:값;}
                    └→ 테두리 4면 각각의 거리가 동일한 값으로 지정된다.
{border-image-outset:값1 값2 값3 값4;}
                        └→ 값 사이에 공백을 둔다.
                           top, right, bottom, left 거리가 각각 지정된다.
{border-image-outset:값1 값24 값3}
                         └→ 3개 값을 지정하면
                            첫 번째 값이 top, 두 번째 값이 right과 left,
                            세번째값이 bottom 거리로 지정된다.
{border-image-outset :값13 값24;}
                          └→ 2개 값을 지정하면
                             첫 번째 값이 top과 bottom,
                             두 번째 값이 right과 left 거리로 지정된다.
```

■ border-image-repeat

원본 이미지의 모서리 영역을 해당 태그 영역의 테두리 이미지 크기에 맞춰 조절할 때 어떤 방법을 사용할지를 지정한다. 즉, 테두리로 사용할 이미지를 해당 태그 영역에 맞게 두를 때 4개의 꼭지점 부분은 고정하고 4면의 모서리에서 해당하는 테두리 이미지 부분을 반복(round 또는 repeat 또는 space)할지 아니면 크기를 늘리거나 줄일지(stretch : 기본 값)를 설정한다.

round로 설정하면 타일처럼 반복해 간격을 채우고 크기가 맞지 않으면 늘어나거나 줄어들 수 있다.
repeat로 설정하면 타일처럼 반복해 간격을 채우고 크기가 맞지 않으면 마지막 이미지는 잘릴 수 있다.
space로 설정하면 타일처럼 반복해 간격을 채우고 크기가 맞지 않으면 각 타일에 균등하게 공백을 배치한다.

```
{border-image-repeat:값;}
                   └→ 테두리 4면에 대한 테두리 이미지 슬라이스의 반복 여부 및
                      방법을 동일한 값으로 지정한다.
{border-image-repeat:값1 값2;}
                       └→ 2개 값을 지정하면
                          첫 번째 값이 top과 bottom 면,
                          두 번째 값이 right과 left 면에서의
                          테두리 이미지 슬라이스의 반복 여부 및
                          방법을 지정한다.
```

잠깐만

CSS3에서 강화된 내용 중에서 특히 테두리(border)에 대해 다양한 속성들이 보완되었는데, 추가된 기능을 정확히 이해하고 사용하기가 힘든 부분이 있다. 책이나 웹 문서의 예제에서 보여주는 코딩 내용에서 테두리 관련 속성 값만을 변경해가면서 테스트해보고 본인이 원하는 결과가 나오면 그 코딩을 중심으로 차츰 다양한 방법을 시도해 보기를 권한다.

테두리 관련 CSS3 속성을 지원하는 브라우저의 버전은 다음과 같다.

속성	익스플로러	크롬	파이어폭스	사파리	오페라
border-radius (밴더프리픽스 이용한 지원 시작 버전)	9.0	5.0 (4.0)	4.0 (3.0)	5.0 (3.1)	10.5
border-image (밴더프리픽스 이용한 지원 시작 버전)	11.0	5.0 (4.0)	15.0 (3.5)	6.0 (3.1)	15.0 (11.0)

예제 6-9 border-image와 관련된 속성을 이용해서 테두리에 이미지 지정하기

```
<!DOCTYPE html>
<html>
<head>
    <meta charset="UTF-8">
    <title>border-image속성을 배웁니다.</title>
    <style>
        div {width:260px; height:50px;border:20px solid ; margin:10px;
            display:inline-block; background-color:lightblue;
            border-image: url(../img/하트.png); border-image-slice:40%; }

        #space-repeat{ border-image-repeat:space repeat; }
        #repeat-round{ border-image-repeat:repeat round;}

        #outset1{border-image-outset:15px;}
        #outset2{border-image-outset:0.3;}

        #width{border-image-width:30px;}
</style>
</head>
<body>
    <p> 원본<img src="../img/하트.png"></p>
    <div><p>border-image-repeat:strech(기본값)</p></div>
    <div id="space-repeat"><p>border-image-repeat:space repeat;</p></div>
    <div id="repeat-round"><p>border-image-repeat:repeat round;</p></div>
    <div id="outset1"><p>border-image-outset:15px;</p></div>
    <div id="outset2"><p>border-image-outset:0.3;</p></div>
    <div id="width"><p>border-image-width:30px;</p></div>
</body>
</html>
```

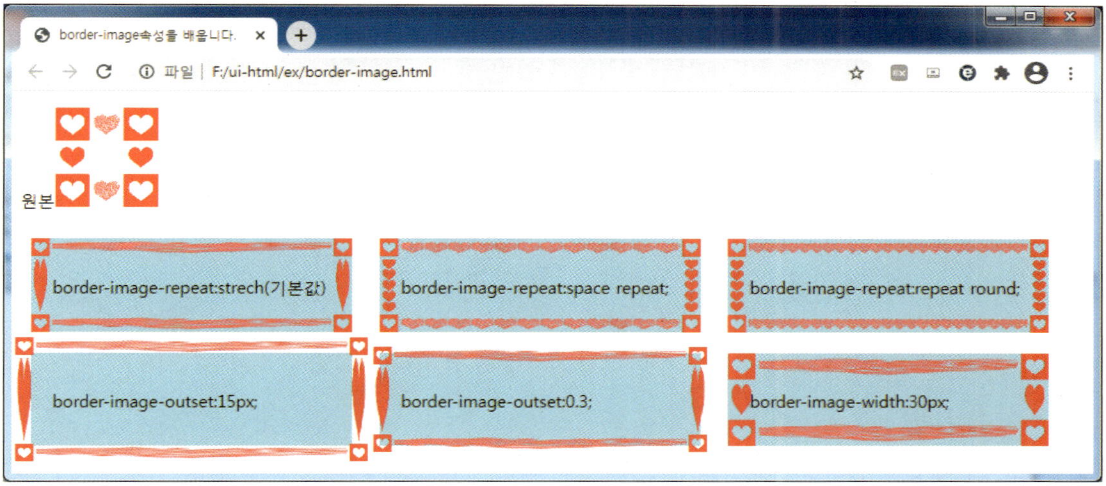

예제 6-10 border-image 관련 속성과 linear-gradient()를 이용해서 테두리에 다양한 그래디언트 효과주기

```
<!DOCTYPE html>
<html>
<head>
    <meta charset="UTF-8">
    <title>border-image속성을 배웁니다.</title>
    <style>
        div {width:260px; height:50px;border:20px solid ; margin:10px;
             display:inline-block; background-color:lightgray;
             border-image:linear-gradient(green,yellow);border-image-slice:30%; }
        #space-repeat{border-image-repeat:space repeat; }
        #round{border-image-repeat: round;}
    </style>
</head>
<body>
    <div><p>border-image-repeat:strech(기본)</p></div>
    <div id="space-repeat"><p>border-image-repeat:space repeat;</p></div>
    <div id="round"><p>border-image-repeat:round;</p></div>
</body>
</html>
```

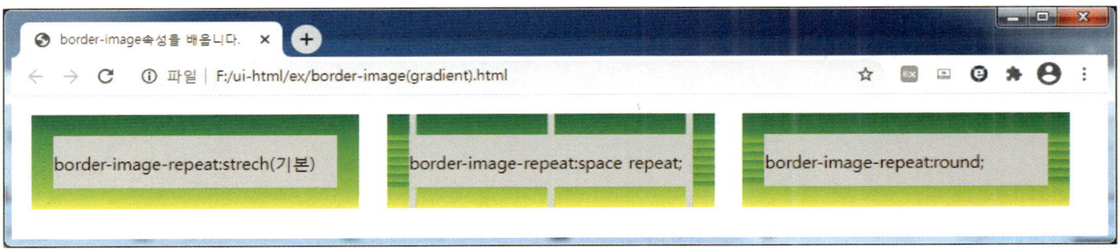

예제 6-11 border-image와 관련된 속성과 repeationg-linear-gradient()를 이용해서 스트라이프 테두리 만들기

```
<!DOCTYPE html>
<html>
<head>
    <meta charset="UTF-8">
    <title>border-image속성을 배웁니다.(repeating-그래디언트)</title>
    <style>
        div { width:260px; height:50px;border:20px solid ; display:inline-block;
              margin:10px; background-color:lightgray;
              border-image: repeating-linear-gradient(to bottom,purple,white 10%);
              border-image-slice:20%; }
        #space-repeat{ border-image-repeat:space repeat; }
        #repeat-round{ border-image-repeat:repeat round; }
    </style>
</head>
<body>
    <div><p>border-image-repeat:strech(기본)</p></div>
    <div id="space-repeat"><p>border-image-repeat:space repeat</p></div>
    <div id="repeat-round"><p>border-image-repeat:repeat round</p></div>
</body>
</html>
```

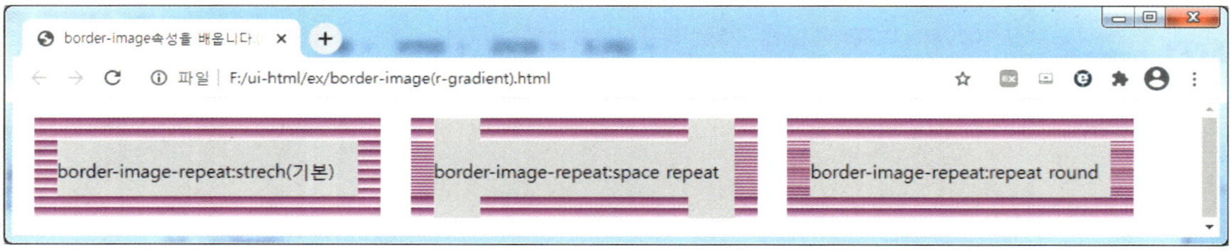

실습문제 6-3

다음 그림과 같은 결과가 나오도록 주어진 HTML 문서를 완성한다.
테이블의 헤더 셀에 해당하는 셀의 테두리를 스트라이프로 표현하고 테이블 내용에 해당하는 셀은 테두리관련 속성을 이용해서 원형 형태로 표시한다.
또한, 테이블의 아래 양쪽을 둥근 사각형 형태로 표현한다.
태그에 지정된 id에 스타일를 작성하는 방법으로 스타일을 지정한다.

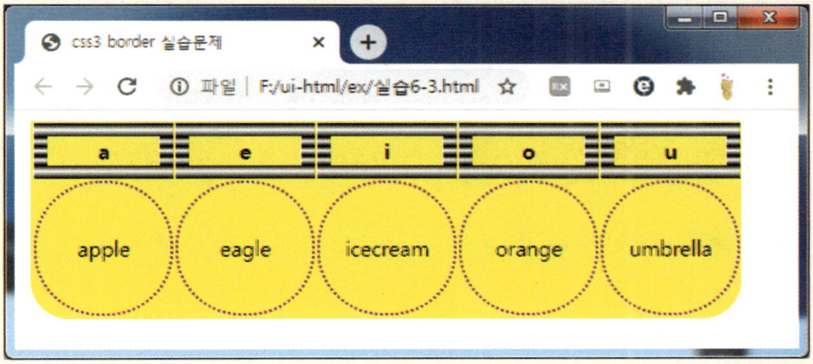


```
<!DOCTYPE html>
<html>
<head>
    <meta charset="UTF-8">
    <title> css3 border 실습문제 </title>
    <style>
        table { margin:5px; background-color:yellow;}
        th { border:10px solid; }
        td { width:100px; height:100px; text-align:center; border:2px dotted purple;}

        #radius-bottom
        #b-stripe

        #b-circle
    </style>
</head>
<body>
    <table id="radius-bottom">
       <tr><th id="b-stripe">a</th> <th id="b-stripe">e</th>
           <th id="b-stripe">i</th><th id="b-stripe">o</th><th id="b-stripe" >u</th>
        </tr>
       <tr> <td id="b-circle">apple</td> <td id="b-circle">eagle</td>
            <td id="b-circle">icecream</td>
            <td id="b-circle">orange</td> <td id="b-circle">umbrella</td>
        </tr>
    </table>
</body>
</html>
```

(6) 텍스트를 위해 추가된 속성들

CSS3에서 새롭게 추가된 텍스트 속성들은 다음과 같다.

■ text-overflow

내용(content) 영역을 벗어난 텍스트를 어떻게 표현할지를 설정한다.

해당 태그의 overflow속성이 hidden(내용이 영역 밖으로 나갈 때 숨김)으로, white-space 속성은 nowrap(내용이 영역 밖으로 넘어갈 때 자동 줄 바꿈 없음)으로 지정되어 있어야 한다.

영역을 벗어난 텍스트 부분을 자를 수(clip)도 있고, 생략 부호(…)를 보여줌(ellipsis)으로써 넘어간 텍스트가 있다는 표시를 할 수도 있다.

예제 6-12 text-overflow 속성 이해하기

```
<!DOCTYPE html>
<html>
<head>
    <meta charset="UTF-8">
    <title>text-overflow 속성을 배웁니다.</title>
    <style>
        p { border: 2px solid brown; width: 250px;
             white-space: nowrap; overflow:hidden;}
        #clip { text-overflow: clip; }
        #ellipsis { text-overflow: ellipsis; }
        p:hover { overflow:visible; }
    </style>
</head>
<body>
    <p id="clip">text-overflow속성의 clip과 ellipsis의 차이 </p>
    <p id="ellipsis">text-overflow속성의 clip과 ellipsis의 차이</p>
</body>
</html>
```

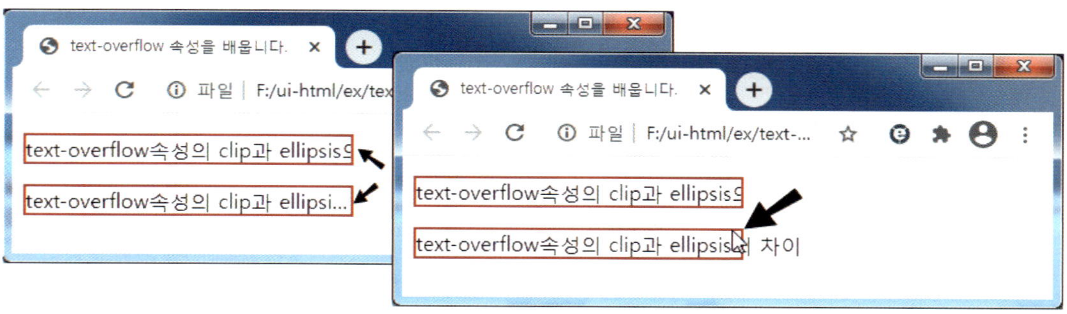

■ word-wrap

내용 영역을 벗어난 길이가 긴 단어를 다음 줄에 나누어 표현할 수 있도록 해준다.
영문자로 구성된 단어에만 적용되며, 한글에는 적용되지 않는다.

두 단어 사이의 공백과 같은 일반적으로 줄 바꿈 지점에서만 줄을 바꾸려면 normal(기본 값), 길이가 긴 한 개 단어일 경우에 단어 중간에서도 줄을 바꾸려면 break-word로 지정한다.

예제 6-13 word-wrap 속성 이해하기

```
<!DOCTYPE html>
<html>
<head>
    <meta charset="UTF-8">
    <title>word-wrap 속성을 배웁니다.</title>
    <style>
        p {border: 3px solid purple; width: 100px; margin:30px;display:inline-block;}
        #break-word { word-wrap: break-word; }
    </style>
</head>
<body>
    <p>단어 중간에 줄을 안바꾸려면 wordwrap:normal;</p>
    <p id="break-word">단어 중간에서도 줄을 바꾸려면 wordwrap:breakword; </p>
</body>
</html>
```

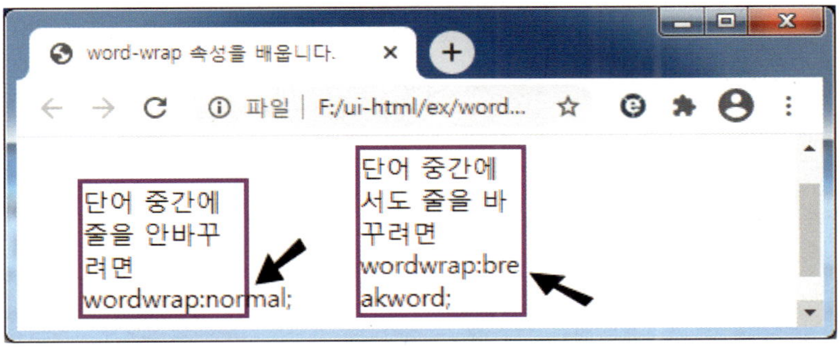

■ word-break

길이가 긴 단어를 나누어 표현해야 할 때 단어가 나뉘는 기준을 설정한다.
한 단어를 문자별로 나눌 수도 있으며, 하이픈(-)을 기준으로 나눌 수도 있다.
한글은 자동으로 속성 값이 break-all로 적용된다.

- normal

  기본 줄 바꿈 규칙이 적용된다.

- **break-all**

  텍스트가 영역 밖으로 넘어가는 것을 방지하며 어떠한 두 문자 사이에서도 줄 바꿈이 발생한다.

- **keep-all**

  줄 바꿈이 필요한 상황일 때 한중일(CJK) 텍스트에서는 단어를 끊어서 줄을 바꾸지 않고, 따라서 영역 밖으로 넘어 갈수 있으며, 한중일(CJK)을 제외한 텍스트에서는 하이픈(-)과 공백을 기준으로 줄 바꿈이 일어난다.

텍스트 관련 CSS3 속성을 지원하는 브라우저의 버전은 다음과 같다.

속성	익스플로러	크롬	파이어폭스	사파리	오페라
text-overflow (밴더프리픽스 이용한 지원 가능 시작 버전)	6.0	4.0	7.0	3.1	11.0 (9.0)
word-wrap	5.5	23.0	3.5	6.1	12.1
word-break	5.5	4.0	15.0	3.1	15.0

예제 6-14 word-break 속성 이해하기

```
<!DOCTYPE html>
<html>
<head>
    <meta charset="UTF-8">
    <title>word-break 속성을 배웁니다.</title>
    <style>
        p { border: 3px solid brown; width:90px; margin:20px; display:inline-block; }
        span { background-color:skyblue; color:brown; }
        #normal  { word-break: normal; }
        #break-all { word-break: break-all; }
        #keep-all{ word-break: keep-all; }
    </style>
</head>
<body>
    <p id="normal">우리한글에서는 어떻게-적용되는지 확인! (abc defghijklmno-pqrs-tuvwxyz)
        <span> word-break: normal;</span></p>
    <p id="break-all">우리한글에서는 어떻게-적용되는지 확인! (abc defghijklmno-pqrs-tuvwxyz)
        <span> word-break:  break-all;</span></p>
    <p id="keep-all">우리한글에서는 어떻게-적용되는지 확인! (abc defghijklmno-pqrs-tuvwxyz)
        <span> word-break:  keep-all;</span></p>
</body>
</html>
```

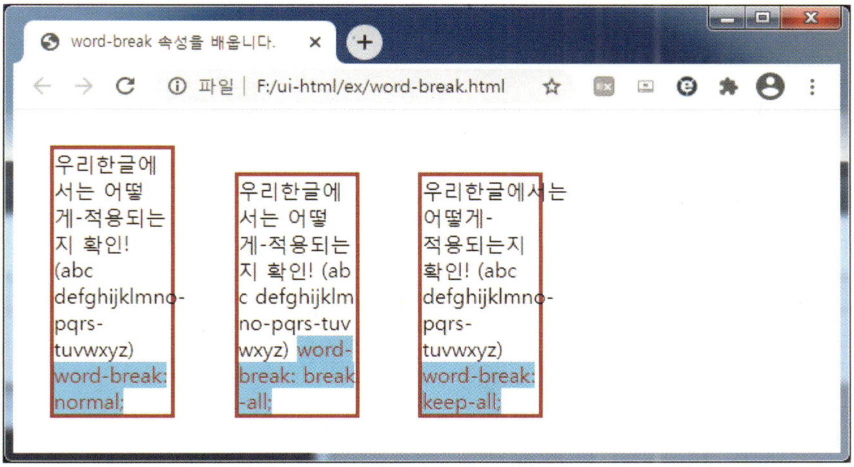

(7) 특정 글꼴로 표현하기 위한 규칙

웹페이지에서 보이는 글자들은 사용자 브라우저에 기본적으로 설정되어 있는 글꼴과 크기로 나타난다.

기본 글꼴 대신 웹페이지 코딩에서 font-family로 설정한 값에 의해서 다른 글꼴로 변경할 수 있는데, 만일 font-family에서 지정한 글꼴이 사용자 브라우저 환경에서 제공되지 않는 글꼴이라면 font-family에서 지정했다고 하더라도 사용자 브라우저의 기본 글꼴로 변경되어 나타난다.

모든 사용자 브라우저에서 지정한 글꼴로 꼭 보이기를 원한다면 지정할 글꼴 파일이 저장된 경로를 다음 규칙을 이용해서 설정해야 한다.

이런 방식으로 지정하는 글꼴을 웹글꼴(web font)이라고도 한다.

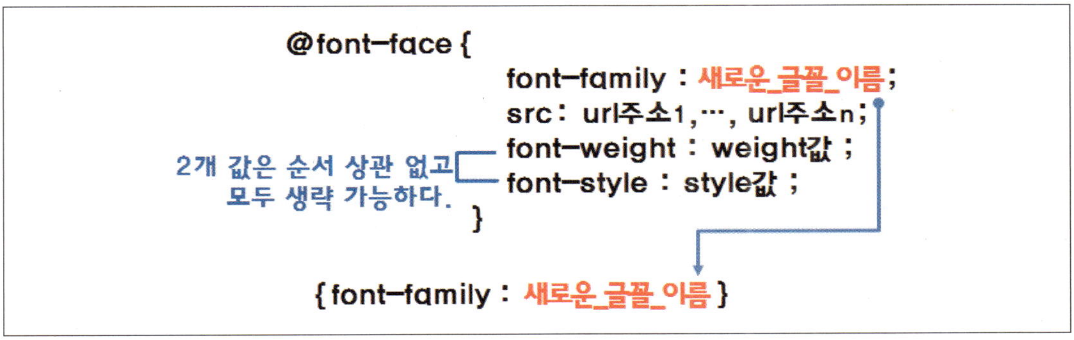

웹 글꼴을 위한 @규칙을 지원하는 브라우저의 버전은 다음과 같다.

규칙	익스플로러	크롬	파이어폭스	사파리	오페라
@font-face	9.0	4.0	3.5	3.2	10.0

웹 글꼴 형식에 따라 지원하는 브라우저의 버전은 다음과 같다.

형식	익스플로러	크롬	파이어폭스	사파리	오페라
TTF	9.0	4.0	3.5	3.1	10.0
OTF	9.0	4.0	3.5	3.1	10.0
WOTF1.0	9.0	5.0	3.6	5.1	11.1
WOTF2.0	지원 안함	36.0	35.0	지원 안함	26.0
SVG	지원 안함	4.0	지원 안함	3.2	9.0
EOT	6.0	지원 안함	지원 안함	지원 안함	지원 안함

예제 6-15 @font-face 규칙 사용해서 웹 폰트 설정하기

```
<!DOCTYPE html>
<html>
<head>
    <meta charset="UTF-8">
    <title>@font-face 규칙을 배웁니다.</title>
    <style>
        @font-face {
            font-family: mynanumfont;
            src: url(../font/나눔손글씨붓.ttf);
          }
        p { font-family: mynanumfont;font-size:2em; }

    </style>
</head>
<body>
    <p>
        @font-face{font-family: mynanumfont; src: url(../font/나눔손글씨붓.ttf);}<br>
        p { font-family: mynanumfont;font-size:2em; }
    </p>
</body>
</html>
```

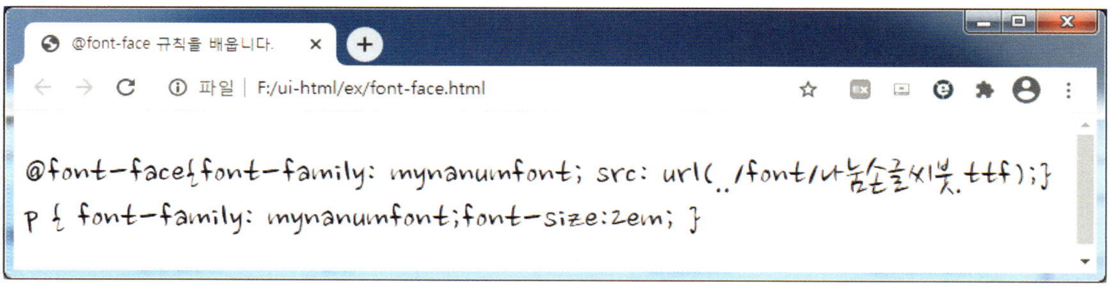

(8) @import 규칙 사용하기

CSS에서는 W3C에서 규정하고 있는 몇 가지 규칙들을 사용할 수 있는데, 많이 사용되는 대표적인 규칙은 @font-face, @import, @media(단원8 참고) 등이 있다.

@import 규칙은 @charset 규칙을 제외하고 모든 다른 규칙보다 먼저 명시되어야 하는데, @import 규칙을 사용해서 다른 스타일 시트로부터 스타일을 가져올 수 있다.

또한 HTML 문서에 @import 규칙을 이용해서 스타일시트를 포함할 수도 있지만 @import 규칙만을 모아 놓은 스타일시트 파일을 만든 다음, <LINK> 태그를 이용해서 연결할 수도 있다.

일반적으로 외부에서 작성된 스타일시트(.css파일)를 사용하려면 다음처럼 <LINK> 태그를 사용했다.

```
〈LINK rel="stylesheet" href="css파일_경로와_이름"〉
```

그리고 사용하려는 외부 스타일 시트 파일이 많다면 다음과 같이 <LINK> 태그를 여러 번 사용했다.

```
〈LINK rel="stylesheet" href="css파일_경로와_이름1"〉
...
〈LINK rel="stylesheet" href="css파일_경로와_이름n"〉
```

하지만, 사용하려는 스타일 시트 파일의 개수가 많아질수록 웹 서버의 부하가 커져서 웹 페이지를 로딩하는 시간이 길어진다.

때문에, 다음과 같은 방법을 권한다.

<LINK> 태그를 이용해서 가져와야하는 외부 스타일시트 파일 몇 개를 @import 규칙을 이용해서 지정하고 이 내용을 스타일시트 파일(.css)로 저장해 놓는다.

그런 다음, HTML문서에서 <LINK> 태그를 이용해서 앞에서 저장해 놓은 스타일시트 파일을 연결하는 것이다.

만일, 처음에 10개의 스타일시트 파일을 <LINK> 태그를 이용해서 가져와야 했다면, 이중에 5개의 스타일시트 파일을 @import 규칙을 이용해서 지정하고 스타일시트 파일로 저장해 놓으면 HTML 문서에서는 이 파일을 포함해서 6개의 <LINK> 태그만 지정하게 되는 것이다.

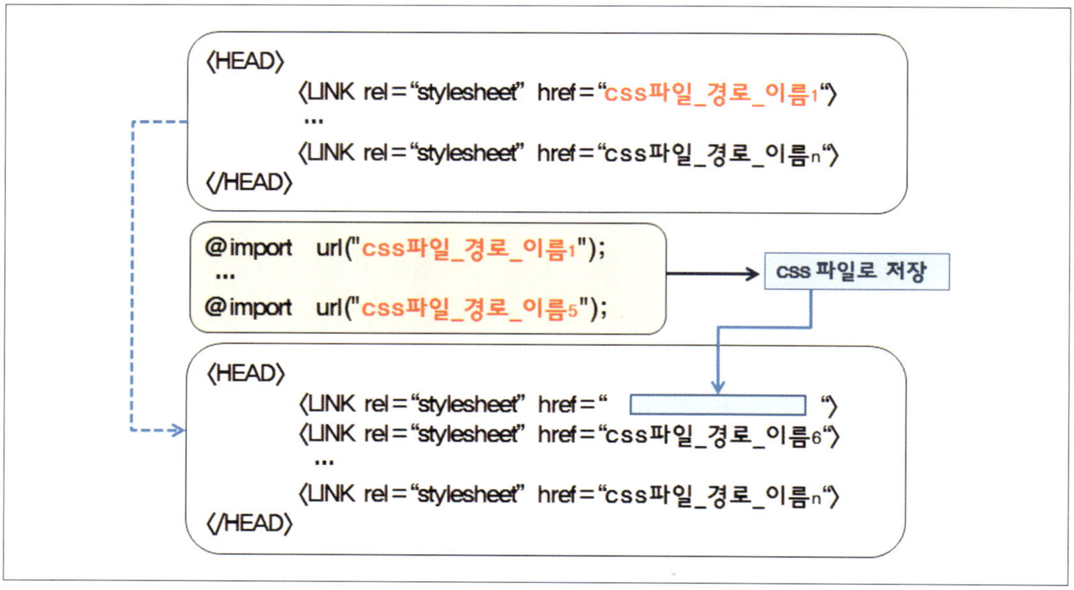

그러나 @import 규칙을 사용해도 스타일시트 파일의 개수가 많으면 웹 서버의 부하를 줄이는 데에는 한계가 있다.

웹 서버의 부하를 줄이는 또 다른 방법 중 하나는, 미디어 조건에 따라 필요한 CSS 파일만을 포함하도록 하는 것이다.

```
〈HEAD〉
        @import  url("프린트를위한css파일") print ;
        @import  url("스크린을위한css파일") screen ;
〈/HEAD〉
```

07

CSS3 추가기능과 속성 활용하기

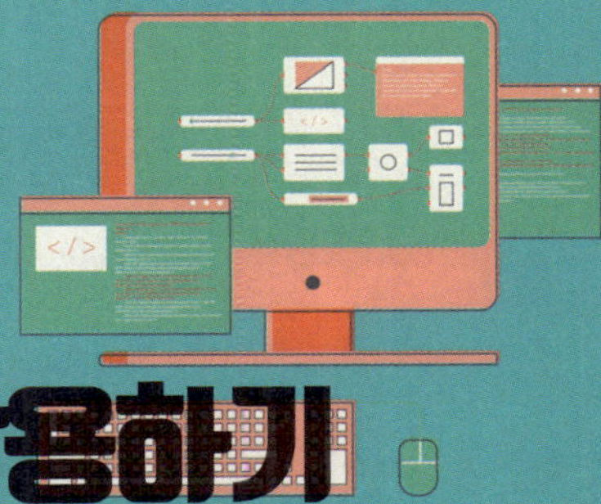

HTML5와 CSS3에서 지원하는 속성들과 가능을 이용해서 HTML 요소의 스타일을 다양하게 꾸미는 방법을 알아본다.

(1) <BUTTON>...</BUTTON>

<FORM>...</FORM>의 요소로 포함할 수도 있고 독립적인 버튼으로 만들 수 있다.

<FORM>...</FORM>의 내부에서 웹페이지에 버튼을 만들 때 다음 태그를 사용했다.

〈INPUT type="button"〉

〈INPUT type="submit"〉

〈INPUT type="reset"〉

그리고 버튼에 표시되는 글자를 지정하기 위해서는 value속성을 사용했다.

〈INPUT type="button" value="로그인"〉

하지만, <INPUT> 태그를 이용해서 버튼에 이미지를 이용할 수 는 없었다.

<BUTTON> 태그를 이용하면 태그 내용(contents)을 사용할 수 있기 때문에 텍스트는 물론 이미지를 표현할 수 있다.

또한 <BUTTON> 태그의 내용으로 지정한 텍스트나 이미지에 다양한 스타일을 적용할 수도 있다.

다음은 <BUTTON> 태그에 지정 가능한 속성들이다. (❺ 표시 : HTML5에서 추가된 속성)

속성명	값	설명
autofocus❺	autofocus	페이지가 로드될 때 자동으로 커서(focus)가 위치할 것을 지정
disabled	disabled	버튼이 비활성화 되도록 지정
form❺	form id	버튼이 포함될 <FORM> 태그를 지정 <FORM> 태그에서 id로 지정된 값
formaction❺	URL	폼 데이터를 받아서 처리할 파일의 URL (type 속성 값이 "submit"인 경우에만 지정 가능)
formenctype❺	application/x-www-form-urlencoded multipart/form-data text/plain	폼 데이터를 서버가 받을 때 데이터의 인코딩(encoding) 방식을 지정 (type 속성 값이 "submit"인 경우에만 지정가능)
formmethod❺	get post	폼 데이터를 서버로 보낼 때 사용할 HTTP 메소드를 지정 (type 속성값이 "submit"인 경우에만 지정 가능)
formnovalidate❺	formnovalidate	폼 데이터(form data)가 서버로 제출될 때 해당 데이터의 유효성 검사를 하지 않음을 명시함 (type 속성값이 "submit"인 경우에만 지정 가능)
formtarget❺	_blank _self _parent _top 프레임 이름	폼 데이터를 서버가 받은 다음 응답(response) 데이터를 어디에 표시할 지를 지정 (type 속성 값이 "submit"인 경우에만 지정 가능)
name	텍스트 값	이름
type	button reset submit	버튼의 유형. 브라우저별로 기본 타입이 다르므로 type 속성값을 명시하는 것이 좋다.
value	텍스트 값	초기 값

예제 7-1 〈BUTTON〉 태그 이용해서 버튼 내용(텍스트/이미지)에 다양한 효과주기

```
<!DOCTYPE html>
<html>
<head>
    <meta charset="UTF-8">
    <title>button 태그를 배웁니다.</title>
    <style>
        .text { background-color: forestgreen; color: yellow; border: none;
            width:100px; height: 50px; padding: 15px; margin: 2px;
            text-align: center; font-size: 16px; cursor:pointer;  }
       .img {background-color:transparent; border:none;
              margin-left:30px; cursor:pointer; }

        .text:hover { background-color:gray; border:3px solid yellow; }
       .img:hover { background-color:yellow; }

        img {width:20px; height:20px}
    </style>
</head>
<body>
    <button class="text"> Home </button>
    <button class="text"> News </button>
    <button class="text"> Q&amp;A </button>
    <button class="img"> <img src="../img/icon1.png"> </button>
    <button class="img"> <img src="../img/icon2.png"> </button>
    <button class="img"> <img src="../img/icon3.png"> </button>
</body>
</html>
```

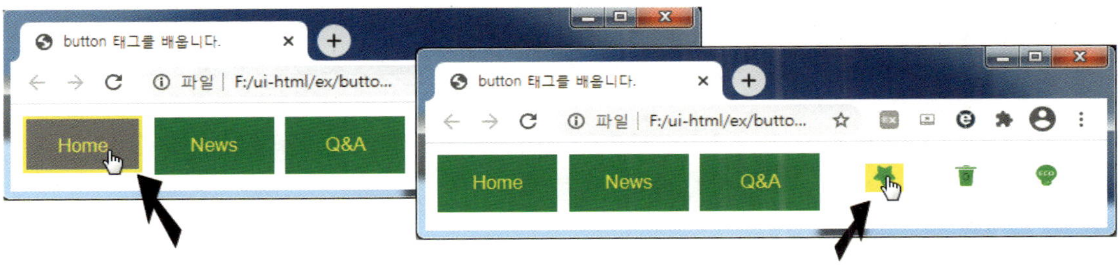

예제 7-2 〈BUTTON〉 태그에 float 속성 이용해서 왼쪽에 정렬된 버튼 메뉴 만들기

```
<!DOCTYPE html>
<html>
<head>
    <meta charset="UTF-8">
    <title>button 태그에 float적용하기</title>
    <style>
       button { background-color: lightgray; border: solid 2px; color: purple;
                padding: 10px 30px; text-align: center; font-size: 14px;
                display: inline-block; cursor: pointer; float: left; }

       button:hover { background-color:  purple; color: lightgray;
                      box-shadow: 0 8px 16px purple; }
      .disabled { opacity: 0.4; cursor: not-allowed; disabled; }
    </style>
</head>
<body>
    <button>Home</button>
    <button>Board</button>
    <button>News</button>
    <button class="disabled">Service</button>
</body>
</html>
```

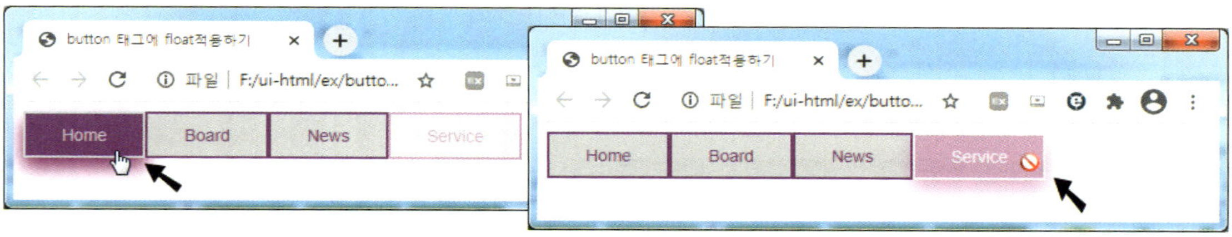

실습문제 7-1

다음 그림과 같은 결과가 나오도록 주어진 HTML 문서를 완성한다.
버튼의 id에 스타일을 지정하는 방법으로 버튼을 세로로 나열되도록 하고 버튼의 내용인 텍스트에 그림자 효과를 적용한다.

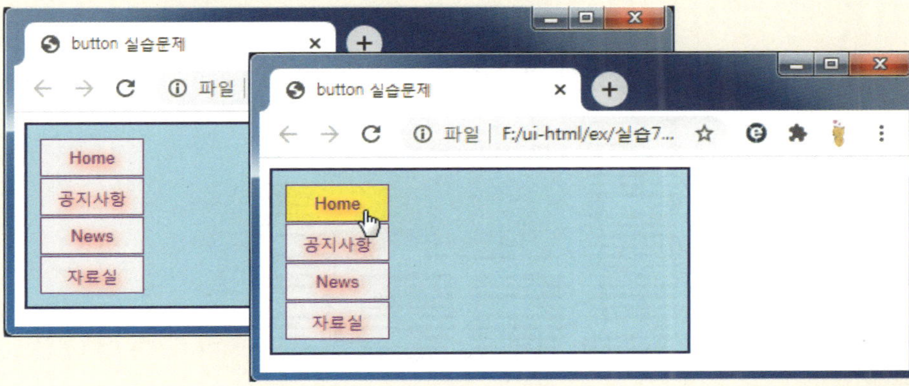


```
<!DOCTYPE html>
<html>
<head>
    <meta charset="UTF-8">
    <title>button 실습문제</title>
    <style>
       div { width:300px; padding: 10px;
            background-color:lightblue; border: solid navy 2px;  }
       button { height:30px; width:80px; margin-top:1px; padding: 5px ;
                color:purple; border: solid purple 1px; }
       button:hover
       #block-shadow
   </style>
</head>
<body>
    <div>
        <button type="button" id="block-shadow">Home</button>
        <button type="button" id="block-shadow">공지사항</button>
        <button type="button" id="block-shadow">News</button>
        <button type="button" id="block-shadow">자료실</button>
    </div>
</body>
</html>
```

(2) 단 나누기를 지원하는 속성

잡지나 신문 레이아웃에서 흔히 사용되는 여러 개의 단(multi-column)으로 구성된 레이아웃을 웹페이지에서 구현 할 수 있다.

이런 레이아웃을 지원하는 속성들은 다음과 같다.

■ columns

다음 나열한 모든 columns 관련 속성들을 한 번에 설정할 수 있다.

■ column-count

몇 개의 칼럼(column)으로 나눌지(갯수/auto)를 지정하며 auto로 설정하면 column-width에서 지정한 너비 값을 기준으로 분할된다.

주의 column-count 속성은 파이어폭스, 익스플로러 9와 그 이전 버전에서 지원하지 않는다.

■ column-gap

칼럼(column) 사이의 간격(숫자/normal)을 설정한다.

■ column-width

칼럼의 너비(크기 값/auto)를 설정한다.

설정한 너비의 칼럼으로 column-count에서 지정한 칼럼의 갯수만큼 브라우저 영역을 나눈 다음, 자동으로 칼럼사이의 간격을 할당한다.

column-span

나누어진 칼럼들을 합친다(1/all).

column-fill

칼럼을 어떻게 채울지 설정한다.

column-rule

다음에 기술한 관련된 모든 columns-rule 속성을 한 번에 설정한다.

column-rule-style

칼럼 사이에 들어갈 라인의 스타일을 설정한다.

column-rule-width

칼럼 사이에 들어갈 라인의 두께를 설정한다.

column-rule-color

칼럼 사이에 들어갈 라인의 색상을 설정한다.

단 나누기 관련 CSS3 속성을 지원하는 브라우저의 버전은 다음과 같다.

속성	익스플로러	크롬	파이어폭스	사파리	오페라
column-count column-cap column-rule column-rule-color column-rule-style column-rule-width column-width (밴더프리픽스 이용한 지원 가능 시작 버전)	10.0	50.0 (4.0)	(2.0)	9.0 (3.1)	37.0 (15.0)
column-span (밴더프리픽스 이용한 지원 가능 시작 버전)	10.0	50.0 (4.0)	지원 안함	9.0 (3.1)	37.0 (15.0)

예제 7-3 단나누기 관련 속성 이용하기

```
<!DOCTYPE html>
<html>
<head>
    <meta charset="UTF-8">
    <title>multi-column레이아웃을 배웁니다.</title>
    <style>
        div {background-color:lightgray;}
        span {background-color:saddlebrown;color:ivory;}

        .multi { background-color:powderblue; margin: 20px 0; column-count: 3; }

        #gap     { column-gap:80px;}
        #line    { column-rule: 5px solid brown; }
        #width   { column-width : 200px; }
        #spanall { column-span: all;}
    </style>
</head>
<body>
<div>
    <p>잡지나 신문 레이아웃에서 흔히 사용되는 여러 개의 단(multi-column)으로 구성된 레이아웃을 웹페이지에서 구현 할 수 있다.</p>
</div>
<div class="multi">
    <p> <span>column-count: 3; </span>
    잡지나 신문 레이아웃에서 흔히 사용되는 여러 개의 단(multi-column)으로 구성된 레이아웃을 웹페이지에서 구현 할 수 있다.</p>
</div>
<div class="multi" id="gap">
    <p> <span>column-count: 3;column-gap:80px; </span>
    잡지나 신문 레이아웃에서 흔히 사용되는 여러 개의 단(multi-column)으로 구성된 레이아웃을 웹페이지에서 구현 할 수 있다.</p>
</div>
<div class="multi" id="width" >
    <p> <span>column-count: 3; column-width : 200px; </span>
    잡지나 신문 레이아웃에서 흔히 사용되는 여러 개의 단(multi-column)으로 구성된 레이아웃을 웹페이지에서 구현 할 수 있다.</p>
</div>

<div class="multi" id="line">
    <p> <span>column-count: 3; column-rule: 5px solid brown; </span>
        잡지나 신문 레이아웃에서 흔히 사용되는 여러 개의 단(multi-column)으로 구성된 레이아웃을 웹페이지에서 구현 할 수 있다. </p>
</div>

<div class="multi" id="line">
     <p  id="spanall" >
        <span> column-count: 3; column-rule: 5px solid brown; column-span: all; </span> </p>
    <p>잡지나 신문 레이아웃에서 흔히 사용되는 여러 개의 단(multi-column)으로 구성된 레이아웃을 웹페이지에서 구현 할 수 있다.</p>
</div>
</body>
</html>
```

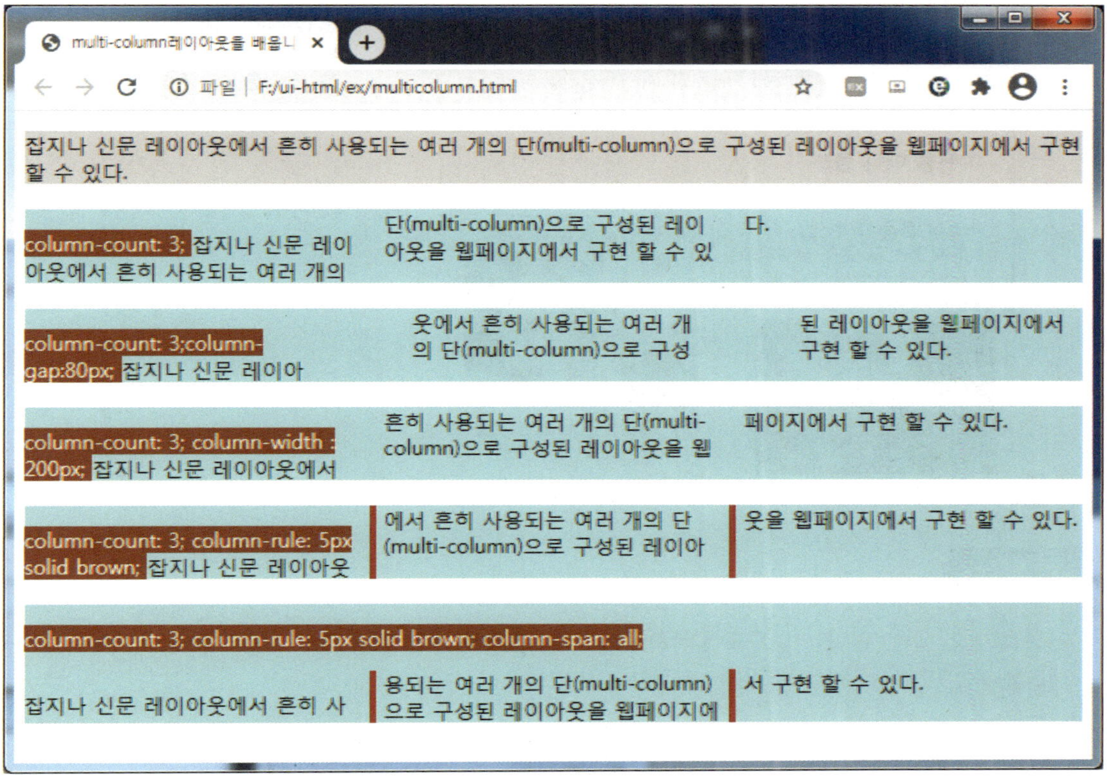

예제 7-4 **단나누기 관련 속성 이용해서 레이아웃 디자인하기**

```
<!DOCTYPE html>
<html>
<head>
    <meta charset="UTF-8">
    <title>multi-column레이아웃을 응용해봅니다. </title>
    <style>
        div { text-indent:10px; height:400px;}
        img { width:200px; display:block; margin:5px 0;}
        .multi { margin: 20px 0; column-width:200px; column-rule:1px dotted purple; }
        #spanall {column-span:all; }
    </style>
</head>
<body>
<div class="multi">
    <h3 id="spanall"> 여행을 떠나 볼까</h3>
    <p>
    어느날 문득 내가 있는 자리, 내가 서있는 그 곳이 낯설다고 느껴진다면 차라리 아주 낯선 곳으로 여행을 떠나보자.
    <img src="../img/여행.jpg" >
    기대할 사람도 없고 그래서 서운함도 없을 그런 곳으로! <img src="../img/map.jpg" >
    아주 오랫동안 입었던 옷을 걸치고 발이 편한 운동화를 신고 그렇게 낯선 곳을 걸어보자.
    </p>
</div>
</body>
</html>
```

실습문제 7-2

다음 그림과 같은 결과가 나오도록 주어진 HTML 문서를 완성한다. 태그에 지정한 3개 id에 스타일을 지정하는 방법으로 작성한다.

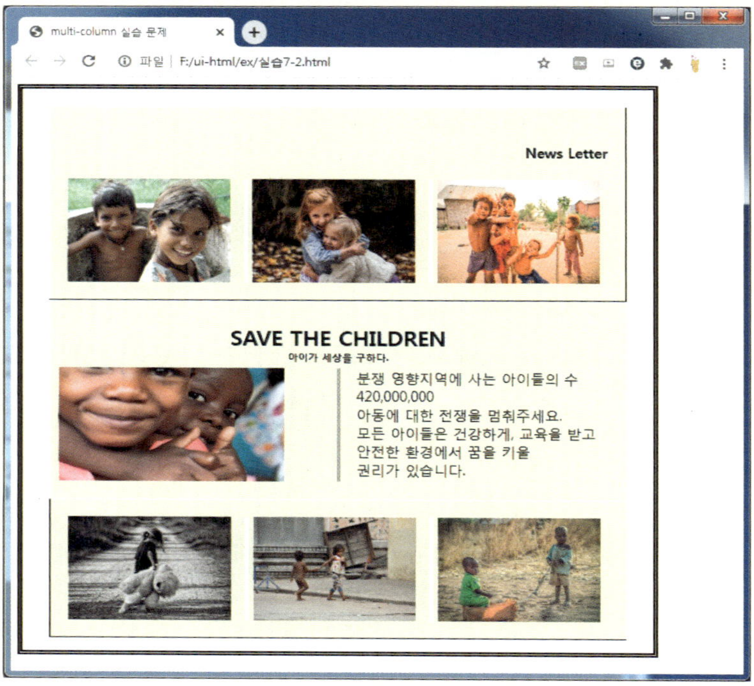

```
<!DOCTYPE html>
<html>
<head>
    <meta charset="UTF-8">
    <title>multi-column 실습 문제</title>
    <style>
        .container { width:700px;height:650px;border:double 5px;}
        .top { margin:20px 30px 1px 30px; padding:20px; background-color:beige;
               border-bottom:solid 1px; border-right:solid 1px; }
        .middle { margin: 1px 30px; padding:20px 10px;
                 background-color:beige; column-gap: 40px; }
        .bottom { margin: 1px 30px;  padding:20px;  background-color:beige;
                  border-bottom:solid 1px;   border-left:solid 1px; }
         .rect  { width:250px; height:130px; }

        img { display:block; width:180px; height:120px; }
        h4 { text-align:right; }
        p  { text-align:center;font-weight:bold;font-size:0.7em;line-height:0.2em;}
        h2 { text-align:center;line-height:0.2em;}

        #multi3
        #multi2
        #col-span-all
    </style>
</head>
<body>
    <div class="container">
        <div class="top" id="multi3">
            <h4 id="col-span-all">News Letter</h4>
            <img src="../img/children1.jpg">
            <img src="../img/children2.jpg">
            <img src="../img/children3.jpg">
        </div>
        <div class="middle" id="multi2">
            <h2 id="col-span-all"> SAVE THE CHILDREN </h2>
            <p id="col-span-all">아이가 세상을 구하다.</p>
            <img class="rect" src="../img/children7.jpg">
            분쟁 영향지역에 사는 아이들의 수 420,000,000<br>
            아동에 대한 전쟁을 멈춰주세요.<br>
            모든 아이들은 건강하게, 교육을 받고 <br>
            안전한 환경에서 꿈을 키울<br> 권리가 있습니다.
        </div>

        <div class="bottom" id="multi3">
            <img src="../img/children4.jpg">
            <img src="../img/children5.jpg">
            <img src="../img/children6.jpg">
        </div>
    </div>
</body>
</html>
```

(3) 사용자와의 인터페이스를 위한 속성

사용자가 직접 웹페이지의 각 요소들을 변경할 수 있도록 지원하는 속성들에 대해서 알아본다.

■ resize

사용자가 해당 요소의 높이나 너비(horizontal/ vertical/ both)를 변경할 수 있도록 해준다.

지정한 값에 따라서 사용자가 크기를 조절할 수 있는 핸들이 생긴다.

또한, overflow 속성을 auto로 설정해야 resize 속성으로 설정된 기능이 동작한다.

주의 resize 속성은 익스플로러에서 지원하지 않는다.

예제 7-5 **resize 속성과 overflow 속성 이해하기**

```
<!DOCTYPE html>
<html>
<head>
    <meta charset="UTF-8">
    <title>resize 속성을 배웁니다.</title>
    <style>
        div { width: 150px; height:50px; display: inline-block;
            background-color : pink; text-align:center;
            margin: 5px; padding: 10x; overflow:auto; }

        #horizontal { resize: horizontal; }
        #vertical { resize: vertical; }
        #both { resize: both; }
    </style>
</head>
<body>
    <div id="horizontal">resize: horizontal;</div>
    <div id="vertical">resize: vertical; </div>
    <div id="both">resize: both;</div>
</body>
</html>
```

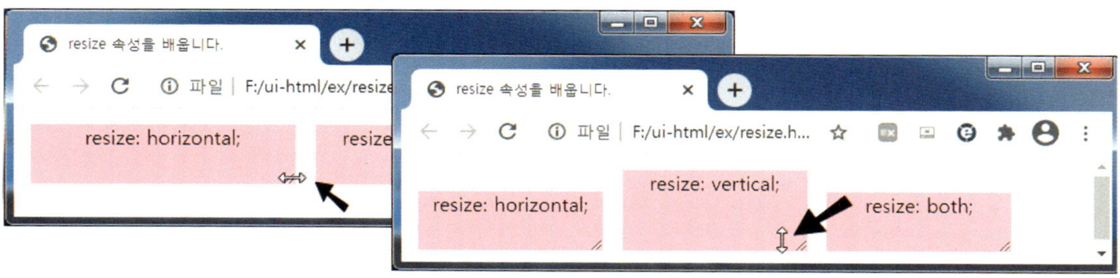

■ outline-offset

테두리(border)와 아웃라인(outline) 사이의 거리(offset)를 설정한다.

아웃라인(outline)은 테두리(border) 밖에서 둘러싸고 있는 선이다.

예제 7-6 outline 속성과 outline-offset 속성 이해하기

```
<!DOCTYPE html>
<html>
<head>
    <meta charset="UTF-8">
    <title>outline-offset속성을 배웁니다.</title>
    <style>
        div { display:inline-block; background-color: skyblue;
             height: 50px; width: 150px; padding: 10px; margin: 30px;
             border: 2px solid navy;
             outline: 2px solid brown; }

        .offset10 { outline-offset: 10px;}
        .offset20 { outline-offset: 20px;}
        .offset30 { outline-offset: 30px;}
    </style>
</head>
<body>
    <div class="offset10">outline-offset: 10px;</div>
    <div class="offset20">outline-offset: 20px;</div>
    <div class="offset30">outline-offset: 30px;</div>
</body>
</html>
```

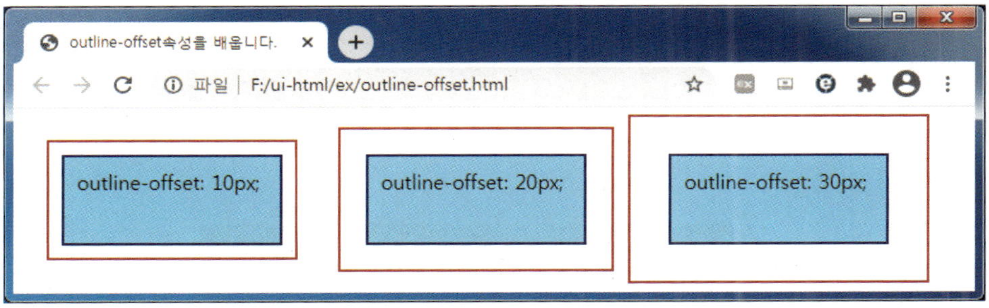

주의 outline-offset 속성은 익스플로러에서 지원하지 않는다.

■ box-sizing

태그 영역을 다음과 같이 설정했다면,

div {width : 300px; height : 200px; margin : 10px; padding : 15px; border : 5px solid; }

<DIV> 태그 영역의 실제 너비와 높이는 다음과 같이 계산 된다.

너비(width) = 300px(width값) + 10px(margin값)*2 + 15px(padding값)*2 + 5px(border값)*2

높이(height) = 200px(height값) + 10px(margin값)*2 + 15px(padding값)*2 + 5px(border값)*2

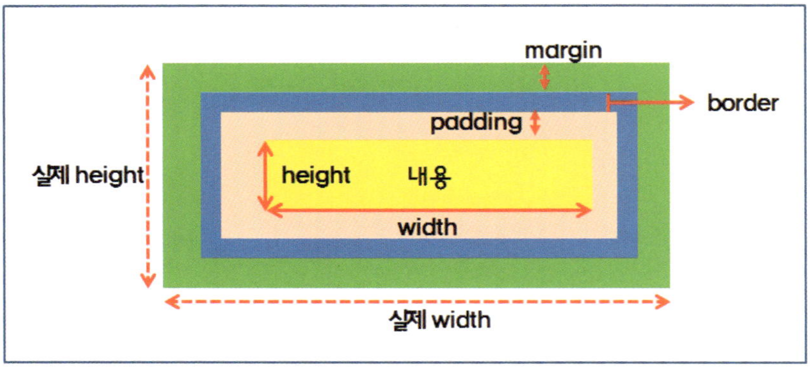

따라서 태그(요소)의 속성 width와 height 값을 동일하게 지정했더라도 margin이나 padding, 그리고 border-width 속성 값을 다르게 지정했다면 HTML 요소의 영역 크기는 달라진다.

만일, margin이나 padding, 그리고 border-width 속성 값을 다르게 지정하더라도 width와 height 값을 동일하게 지정한 해당 태그(요소)들의 영역을 동일한 크기로 만들려면 box-sizing 속성 값을 border-box로 지정하면 된다.

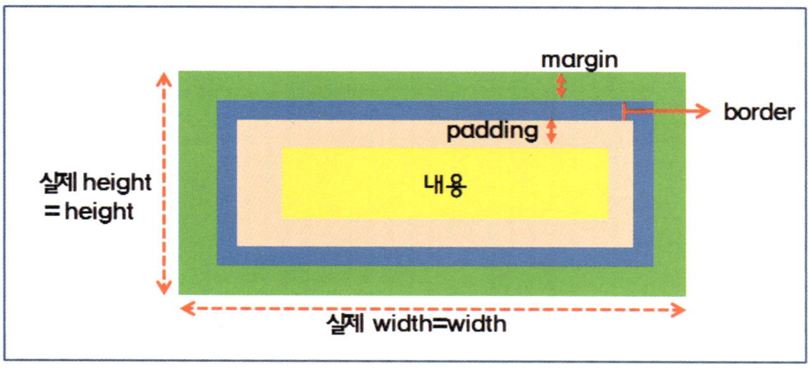

사용자 인터페이스 관련 CSS3 속성을 지원하는 브라우저의 버전은 다음과 같다.

속성	익스플로러	크롬	파이어폭스	사파리	오페라
resize (밴더프리픽스 이용한 지원 가능 시작 버전)	지원 안함.	4.0	5.0 (4.0)	4.0	15.0
outline-offset (밴더프리픽스 이용한 지원 가능 시작 버전)	지원 안함.	4.0	5.0 (4.0)	4.0	9.5
box-sizing (밴더프리픽스 이용한 지원 가능 시작 버전)	8.0	10.0 (4.0)	29.0 (2.0)	5.1 (3.2)	9.5

예제 7-7 **box-sizing 속성을 사용해서 HTML 요소의 크기**(height과 width로 지정된)**가 동일하도록 만들기**

```
<!DOCTYPE html>
<html>
<head>
    <meta charset="UTF-8">
    <title>box-sizing 속성을 배웁니다.</title>
    <style>
        div { margin:5px; width: 200px; height: 100px;
             background-color:indianred;color:ivory;display:inline-block;}
        .padding { padding:25px;}
        .border { border:20px solid pink;}
        #border-box {box-sizing: border-box;background-color: navy;}
    </style>
</head>
<body>
    <div> width: 200px; height: 80px; </div>
    <div class="padding"> padding:25px;<br>크기 달라짐 </div>
    <div class="border"> border:10px solid pink;<br>크기 달라짐</div>
    <div class="padding" id="border-box">box-sizing: border-box;  크기 동일</div>
    <div class="border" id="border-box"> box-sizing: border-box;  크기 동일</div>
</body>
</html>
```

(4) 플렉스 박스(flex box) 레이아웃

정확한 표현은 플렉서블 박스(flexible box)이며 플렉스 박스(flex box)라고도 한다.
CSS3에서 처음 소개된 레이아웃 모델이다.

태그 요소들을 보다 간단하게 가로방향 또는 세로방향으로 정렬할 수 있으며 서로 다른 크기의 화면과 기기에서도 HTML 요소들이 자동으로 재 정렬되어, 웹 페이지의 레이아웃을 언제나 똑같이 유지할 수 있게 해준다.

주의 익스플로러 10이하에서는 사용할 수 없다.

플렉스 박스(flex box)는 플렉스 컨테이너(flex container)와 플렉스 요소(flex item)로 구성되는데, 플렉스 컨테이너(flex container)는 부모 태그 요소에 해당된다.

플렉스 컨테이너(flex container) 역할을 하는 HTML 요소에서 display 속성 값을 flex(블록유형으로 정의) 나 inline-flex(인라인 유형으로 정의)로 설정하면 된다.

또한, 플렉스 컨테이너는 언제나 하나 이상의 플렉스 요소(자식 태그에 해당)를 포함해야 하는데, 플렉스 요소들은 플렉스 컨테이너 안에서 플렉스 라인(flex line)이라는 가상의 선을 따라 위치한다.

먼저 부모 태그(플렉스 컨테이너)에 해당하는 요소에 display속성을 flex 또는 inline-flex라고 정의한다음 부모 태그(플렉스 컨테이너)와 자식 태그 요소(플렉스 요소)에서 다음의 flex 관련 속성들을 사용하면 플렉스 박스(flex box) 레이아웃을 다양한 스타일로 설정할 수 있다.

주의 예제 코딩에서는 되도록 코딩 내용을 줄이려고 밴드프리픽스를 지정하지 않았지만 flex관련 속성을 사용할 때 일반적으로 벤더프리픽스(예 : display : -webkit-flex;)를 지정한다.

■ flex-direction

부모요소에서 설정해야 하며 기본 값은 가로방향(row)이다.

가로 오른쪽에서부터(row-reverse) 정렬하도록 지정할 수도 있고, 세로(column) 방향이나 세로 밑에서부터(column-reverse)로 정렬 방향을 지정할 수 있다.

예제 7-8 **플렉스 컨테이너의 display 속성을 inline-flex로 지정하고, 플렉스 컨테이너에 flex-direction 속성을 설정해서 플렉스 요소들을 수직과 수평으로 정렬하기**

```
<!DOCTYPE html>
<html>
<head>
    <meta charset="UTF-8">
    <title>flex Box를 배웁니다.</title>
    <style>
        #flex { background-color: royalblue; width:230px;
                height:180px; display: inline-flex;}
        div { background-color: powderblue; width: 30px; height: 30px; margin: 5px;
              color: white; font-size: 26px; text-align: center;}
        p {font-size: 15px;}

        .row-reverse { flex-direction:row-reverse;}
        .column      { flex-direction:column;}
        .col-reverse { flex-direction:column-reverse;}
    </style>
</head>
<body>
    <div id="flex">
        <div >1</div> <div>2</div> <div>3</div> <p>flex-direction:row(기본)</p>
    </div>
    <div id="flex" class="row-reverse">
        <div>1</div> <div>2</div> <div>3</div> <p>flex-direction:row-reverse; </p>
    </div>
    <div id="flex" class="column">
        <div>1</div> <div>2</div> <div>3</div> <p>flex-direction:column;</p>
    </div>
</body>
</html>
```

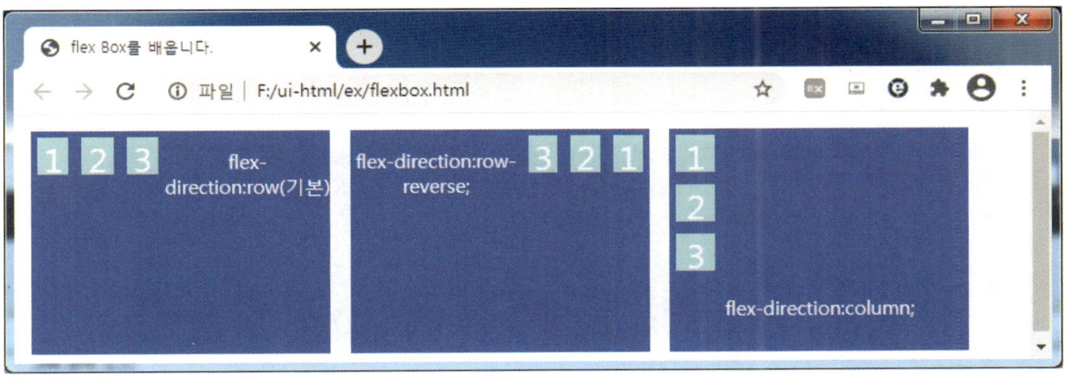

■ justify-content

플렉스 요소의 수평 방향 정렬 방식을 설정한다.

플렉스 요소간의 간격을 균등하게 조절할 수도 있고(space-between/space-around) 간격 없이 컨테이너 안에서 앞쪽(flex-start : 기본값)으로 아니면 오른쪽(flex-end)이나 가운데(center)로 정렬할 수 있다.

예제 7-9 **플렉스 컨테이너의 display 속성을 inline-flex로 지정한 다음 플렉스 컨테이너에 justify-content 속성을 설정해서 플렉스 요소들을 다양하게 정렬하기**

```
<!DOCTYPE html>
<html>
<head>
    <meta charset="UTF-8">
    <title>justify-content속성을 배웁니다.</title>
    <style>
        #flex { background-color: royalblue; width:130px;
                height:80px; display: inline-flex;margin:5px;}
        div { background-color: powderblue; width: 30px; height: 30px;
            color: white; font-size: 26px; text-align: center;}
        p {font-size: 15px;}

        .flex-end {justify-content: flex-end;}
        .center {justify-content: center;}
        .space-around {justify-content:space-around ;}
        .space-between {justify-content:space-between ;}
    </style>
</head>
<body>
    <div id="flex">
        <div>1</div> <div>2</div> <div>3</div>
    </div>
    <div id="flex" class="flex-end">
        <div>1</div> <div>2</div> <div>3</div>
    </div>
    <div id="flex" class="center">
        <div>1</div> <div>2</div> <div>3</div>
    </div>
        <div id="flex" class="space-around">
        <div>1</div> <div>2</div> <div>3</div>
    </div>
            <div id="flex" class="space-between">
        <div>1</div> <div>2</div> <div>3</div>
    </div>
</body>
</html>
```

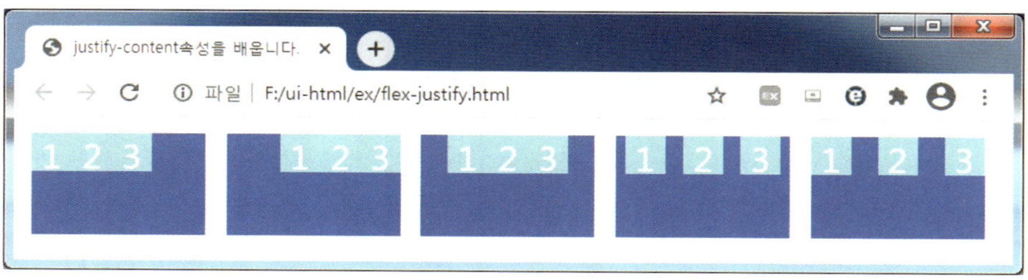

■ align-items

플렉스 요소의 수직 방향 정렬 방식을 설정한다.

플렉스 요소가 플렉스 컨테이너 높이에 맞게 재조정(stretch : 기본 값)되거나 플렉스 컨테이너의 기준선(baseline)에 배치할 수 있고, 플렉스 컨테이너의 위쪽(flex-start), 중간(center), 아래쪽(flex-end)에 배치할 수 있다.

플렉스 요소에서 height 속성 값이 설정되어 있으면 align-items 속성의 stretch값은 동작하지 않는다.

또한, 플렉스 컨테이너의 기준선(baseline) 위치는 기본적으로 line-height 속성으로 변경할 수 있다.

예제 7-10 플렉스 컨테이너의 display 속성을 inline-flex로 지정한 다음 플렉스 컨테이너에 align-items 속성을 설정해서 플렉스 요소들을 배치하고 영역을 할당하기

```
<!DOCTYPE html>
<html>
<head>
    <meta charset="UTF-8">
    <title>align-items 속성을 배웁니다.</title>
    <style>
        #flex { background-color: royalblue; width:130px;
                height:80px; display: inline-flex;margin:5px;}
        div { background-color: powderblue; width: 30px;
             color: white; font-size: 26px; text-align: center;}

        .flex-start { align-items: flex-start;}
        .flex-end { align-items: flex-end;}
        .center { align-items: center;}
        .stretch { align-items: stretch;}
        .baseline{ align-items: baseline;line-height: 50px;}
    </style>
</head>
<body>
    <div id="flex">
        <div>1</div> <div>2</div> <div>3</div>
    </div>
        <div id="flex" class="flex-start">
        <div>1</div> <div>2</div> <div>3</div>
    </div>
    <div id="flex" class="flex-end">
        <div>1</div> <div>2</div> <div>3</div>
    </div>
    <div id="flex" class="center">
        <div>1</div> <div>2</div> <div>3</div>
    </div>
        <div id="flex" class="stretch">
        <div style="height:30px;">1</div> <div>2</div> <div>3</div>
    </div>
        <div id="flex" class="baseline">
        <div>1</div> <div>2</div> <div>3</div>
    </div>
</body>
</html>
```

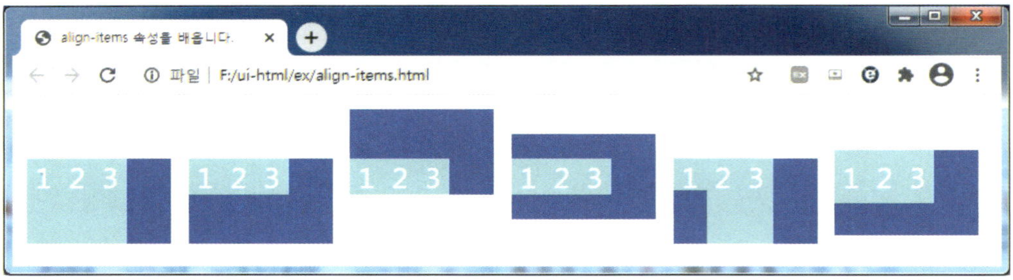

■ flex-wrap

플렉스 컨테이너 태그 요소에서 설정하며, 속성 값을 wrap으로 지정하면 플렉스 컨테이너의 너비가 내부 요소들이 다 들어갈 수 없는 크기인 경우, 다음 줄로 내려가서 내부 요소를 배치한다. 다음 줄이 아니라 위쪽으로 배치하려면 wrap-reverse로 지정한다.

기본 값은 nowrap이므로 속성을 지정하지 않으면 플렉스 컨테이너의 크기에 맞게 내부 요소들의 너비가 자동으로 조절된다.

예제 7-11 플렉스 컨테이너의 display 속성을 inline-flex로 지정한 다음, 플렉스 컨테이너에 flex-wrap 속성을 설정해서 플렉스 요소들의 위치 및 너비를 조절하기

```
<!DOCTYPE html>
<html>
<head>
    <meta charset="UTF-8">
    <title>flex-wrap 속성을 배웁니다.</title>
    <style>
        #flex { background-color: royalblue; width:80px;
                height:80px; display: inline-flex; margin:5px;}
        div { background-color: powderblue; width: 30px; height:30px; color: white;
              border:1px solid white; font-size: 26px; text-align: center;}

        .wrap {flex-wrap:wrap;}
        .wrap-reverse {flex-wrap:wrap-reverse;}
    </style>
</head>
<body>
    <div id="flex">
        <div>1</div> <div>2</div> <div>3</div>
    </div>
        <div id="flex" class="wrap">
        <div>1</div> <div>2</div> <div>3</div>
    </div>
    <div id="flex" class="wrap-reverse">
        <div>1</div> <div>2</div> <div>3</div>
    </div>
</body>
</html>
```

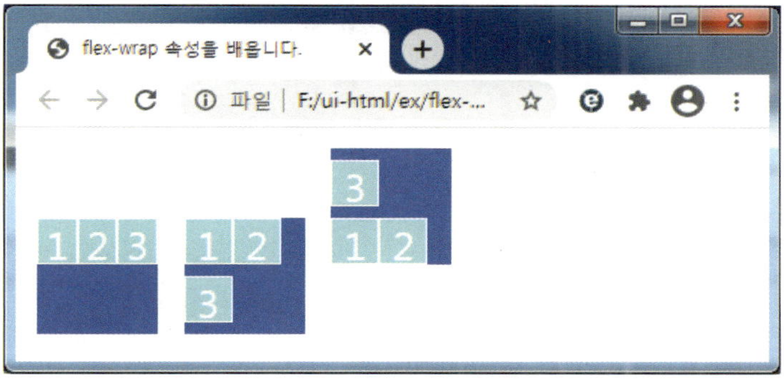

■ flex-flow

이 속성을 이용해서 flex-direction 속성과 flex-wrap 속성을 한 번에 설정할 수 있다.

■ align-content

플렉스 컨테이너 태그 요소에서 설정하며, align-items 속성과 비슷한 동작을 하지만, 플렉스 라인을 정렬한다.

flex-wrap 속성이 wrap으로 지정했을 때 다양한 효과를 낼 수 있다.

- stretch

  기본 값이며, 플렉스 라인의 높이는 플렉스 컨테이너 남는 공간 전부를 차지한다.

- flex-start

  플렉스 라인이 플렉스 컨테이너의 앞쪽으로 모인다.

- flex-end

  플렉스 라인이 플렉스 컨테이너의 뒤쪽으로 모인다.

- center

  플렉스 라인이 플렉스 컨테이너 가운데에 모인다.

- space-between

  플렉스 라인이 플렉스 컨테이너에 고르게 분포된다.

- space-around

  플렉스 라인이 플렉스 컨테이너 양쪽 끝에 약간의 공간을 남겨둔 상태로 균등하게 분포된다.

예제 7-12 플렉스 컨테이너의 display 속성을 inline-flex로 지정하고 flex-wrap 속성을 wrap으로 설정한 다음, 플렉스 컨테이너에 align-content 속성을 사용해서 플렉스 요소들을 다양하게 배치하기

```
<!DOCTYPE html>
<html>
<head>
    <meta charset="UTF-8">
    <title>align-content 속성을 배웁니다.</title>
    <style>
        #flex { background-color: royalblue; width:80px;
                height:150px; display: inline-flex; margin:5px;flex-wrap:wrap;}
        div { background-color: powderblue; width: 30px; height:30px; color: white;
              border:1px solid white; font-size: 26px; text-align: center;}

        .flex-start {align-content:flex-start;}
        .flex-end {align-content:flex-end;}
        .center {align-content:center;}
        .space-between {align-content:space-between;}
        .space-around {align-content:space-around;}
    </style>
</head>
<body>
    <div id="flex">
        <div>1</div> <div>2</div> <div>3</div> <div>4</div> <div>5</div>
    </div>
    <div id="flex" class="flex-start">
        <div>1</div> <div>2</div> <div>3</div> <div>4</div> <div>5</div>
    </div>
        <div id="flex" class="flex-end">
        <div>1</div> <div>2</div> <div>3</div> <div>4</div> <div>5</div>
    </div>
    <div id="flex" class="center">
        <div>1</div> <div>2</div> <div>3</div> <div>4</div> <div>5</div>
    </div>
    <div id="flex" class="space-between">
        <div>1</div> <div>2</div> <div>3</div> <div>4</div> <div>5</div>
    </div>
    <div id="flex" class="space-around">
        <div>1</div> <div>2</div> <div>3</div> <div>4</div> <div>5</div>
    </div>
</body>
</html>
```

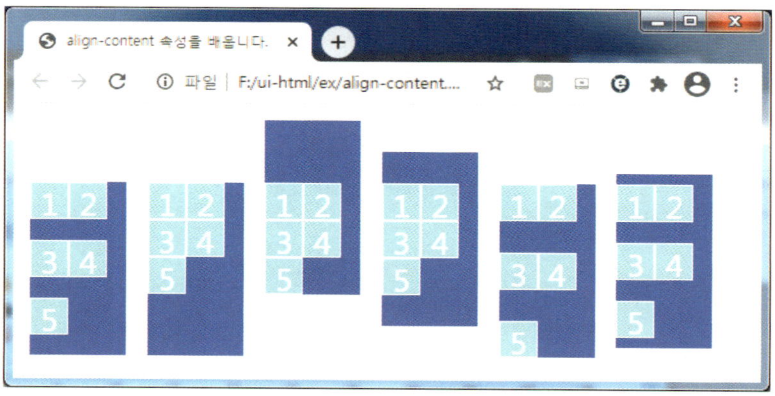

■ order

플렉스 요소에서 설정하며 플렉스 요소들의 순서(음수 0 양수 순서)를 지정한다.

예제 7-13 **플렉스 컨테이너의 display 속성을 inline-flex로 지정한 다음, 플렉스 요소에 order 속성을 설정해서 플렉스 요소들의 배치 순서를 설정하기**

```
<!DOCTYPE html>
<html>
<head>
    <meta charset="UTF-8">
    <title>order 속성을 배웁니다.</title>
    <style>
        #flex {background-color: royalblue; width:600px; height:80px;display:inline-flex;}
        div {background-color: powderblue;  width: 100px; height:30px;
             border:1px solid white; color: navy; }

        #first {order:2;}
        #second {order:-4;}
        #minus {order:-1;}
    </style>
</head>
<body>
    <div id="flex">
        <div>1</div>
        <div id="second">2(order:-4;)</div>
        <div id="minus">3(order:-1;)</div>
        <div id="first">4(order:2;)</div>
        <div>5</div>
    </div>
</body>
</html>
```

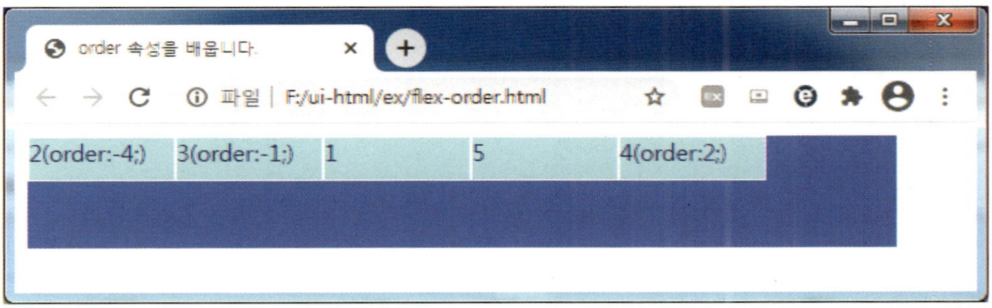

■ margin

플렉스 요소에서 속성값을 auto로 설정하면, 수평 방향의 여백을 제어할 수 있다.

예제 7-14 **플렉스 컨테이너의 display 속성을 inline-flex로 지정한 다음 플렉스 요소에 margin 속성을 설정해서 플렉스 요소의 여백**(수평 방향) **지정하기**

```
<!DOCTYPE html>
<html>
<head>
    <meta charset="UTF-8">
    <title>margin:auto 속성을 배웁니다.</title>
    <style>
        #flex { background-color: royalblue; width:120px;
                height:80px; display: inline-flex; margin:5px;}
        div { background-color: powderblue; width: 30px; height:30px;
              border:1px solid ; color: white; font-size: 26px; text-align: center;}

        .right { margin-right:auto; }
        .left { margin-left:auto; }
        .both { margin:0 auto; }
        .center { margin: auto; }
    </style>
</head>
<body>
    <div id="flex">
        <div>1</div> <div>2</div> <div>3</div>
    </div>
    <div id="flex">
        <div class="right">1</div> <div>2</div> <div>3</div>
    </div>
    <div id="flex">
        <div>1</div> <div>2</div> <div class="left">3</div>
    </div>
    <div id="flex">
        <div>1</div> <div class="both">2</div> <div>3</div>
    </div>
    <div id="flex">
        <div class="center">1</div>
    </div>
</body>
</html>
```

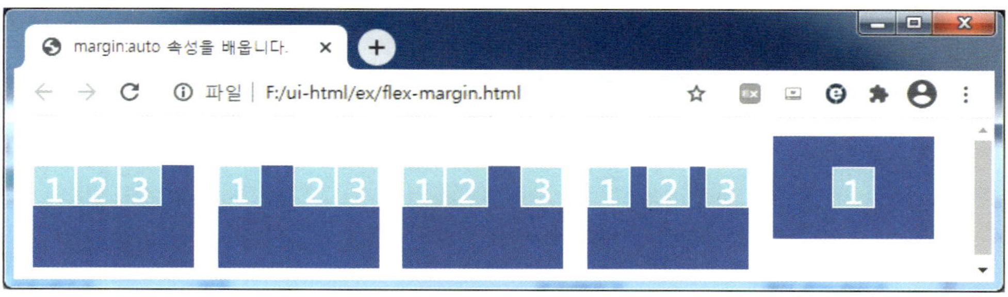

■ align-self

플렉스 요소에 설정하며, 플렉스 컨테이너의 align-items 속성보다 우선 적용된다.

플렉스 컨테이너의 align-items 속성으로 플렉스 요소들의 일반적인 정렬 방법을 지정한 다음 특정 플렉스 요소에 대한 정렬 방법을 다른 값으로 지정하고자 할 때, 또는 플렉스 컨테이너의 align-items 속성이 별도로 지정되지 않은 상태에서 특정 플렉스 요소에 대해서만 정렬 방법을 지정할 때 사용한다.

플렉스 요소마다 서로 다른 align 속성 값을 설정할 수 있다.
지정할 수 있는 속성 값은 align-items 속성과 동일하다.

예제 7-15 플렉스 컨테이너의 display 속성을 inline-flex로 지정한 다음, 플렉스 요소에 align-self 속성을 설정해서 플렉스 요소의 위치와 할당 영역을 조절하기

```
<!DOCTYPE html>
<html>
<head>
    <meta charset="UTF-8">
    <title>align-self 속성을 배웁니다.</title>
    <style>
        #flex { background-color: royalblue; width:250px;
                height:150px; display: inline-flex; margin:5px;}
        div { background-color: powderblue; width: 30px; margin:5px;
            color: white; font-size: 26px; text-align: center;}

        .flex-start {align-self:flex-start;}
        .flex-end   {align-self:flex-end;}
        .self-center{align-self:center;}
        .baseline   {align-self:baseline;line-height: 100px;}

        .items-center {align-items:center;}
    </style>
</head>
<body>
    <div id="flex">
        <div class="flex-start">1</div><div  class="flex-end">2</div><div>3</div>
        <div class="self-center">4</div><div class="baseline">5</div>
    </div>
    <div id="flex"  class="items-center">
        <div class="flex-start">1</div> <div>2</div> <div>3</div>
        <div>4</div> <div class="flex-end">5</div>
    </div>
</body>
</html>
```

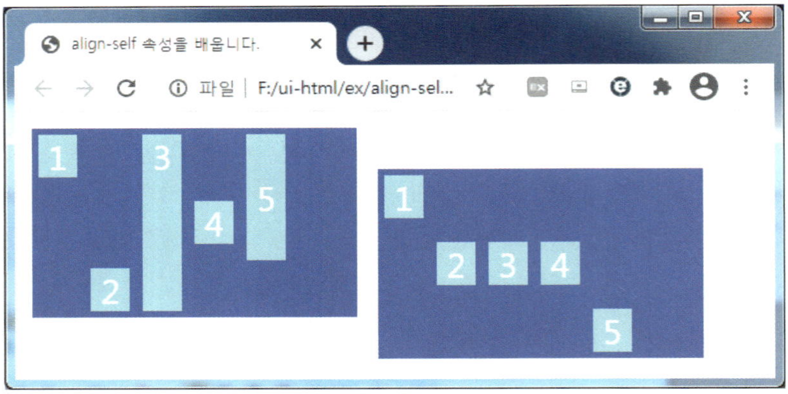

■ flex

플렉스 요소에서 설정하며 플렉스 컨테이너 안에 있는 플렉스 요소의 너비를 상대적으로 지정할 수 있다. 플렉스 요소에 지정된 width 값을 가진 플렉스 요소들이 배치되고 남은 영역에서 flex속성으로 지정한 값에 따라 배분한다.

플렉스 컨테이너에서 해당 줄에 남은 영역이 없다면 flex 속성으로 지정한 값은 의미가 없다.

또한 flex-wrap속성을 wrap으로 정의해서 요소들이 다음 줄에 걸쳐 배치되면 해당 줄에서의 여유 공간 여부에 따라서 flex 속성 값이 적용된다.

예제 7-16 플렉스 컨테이너의 display 속성을 inline-flex로 지정한 다음, 플렉스 요소에 flex 속성을 설정해서 플렉스 요소의 위치와 할당 영역을 조절하기

```
<!DOCTYPE html>
<html>
<head>
    <meta charset="UTF-8">
    <title>flex 속성을 배웁니다.</title>
    <style>
        #flex { background-color: royalblue;
                height:80px; display: inline-flex; margin:5px;}
        div { background-color: powderblue; width: 30px; height:30px;
            margin:5px; color: white; font-size: 26px; text-align: center;}

        .f2 {flex:2;}
        .f3 {flex:3;}
        .w250 { width:200px; }
        .w400 { width:300px; }
        .w120-wrap { width:120px; flex-wrap:wrap;}
        .w120 { width:120px;}
      </style>
</head>
<body>
```

```
    <div id="flex" class="w250">
        <div class="f2">1</div> <div>2</div> <div>3</div> <div class="f3">4</div>
    </div>
    <div id="flex" class="w400">
       <div class="f2">1</div> <div>2</div> <div>3</div> <div class="f3">4</div>
    </div>
    <div id="flex" class="w120-wrap">`
       <div class="f2">1</div> <div>2</div> <div>3</div> <div class="f3">4</div>
    </div>
    <div id="flex" class="w120">
       <div class="f2">1</div> <div>2</div> <div>3</div> <div class="f3">4</div>
    </div>
    </body>
</html>
```

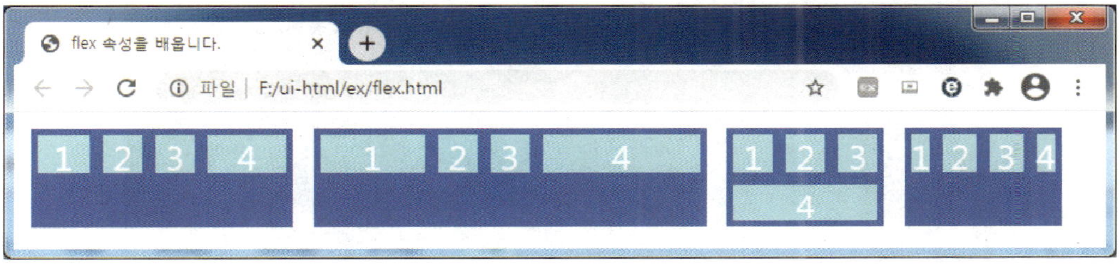

플렉스 박스 관련 CSS3 속성을 지원하는 브라우저의 버전은 다음과 같다.

속성	익스플로러	크롬	파이어폭스	사파리	오페라
한 줄-플렉스 박스 (밴더프리픽스 이용한 지원 가능 시작 버전)	11.0	29.0 (21.0)	22.0 (18.0)	(6.1)	(12.1)
여러 줄-플렉스 박스 (밴더프리픽스 이용한 지원 가능 시작 버전)	11.0	29.0 (21.0)	28.0	(6.1)	17.0 (15.0)

실습문제 7-3

다음 그림을 참고해서 레이아웃을 디자인 한다. 제공하는 코딩 소스는 그림과 같은 레이아웃을 만들기 위한 하나의 예이므로 참고해서 자신만의 다른 방법으로 동일한 레이아웃이 나올 수 있도록 코딩해본다.

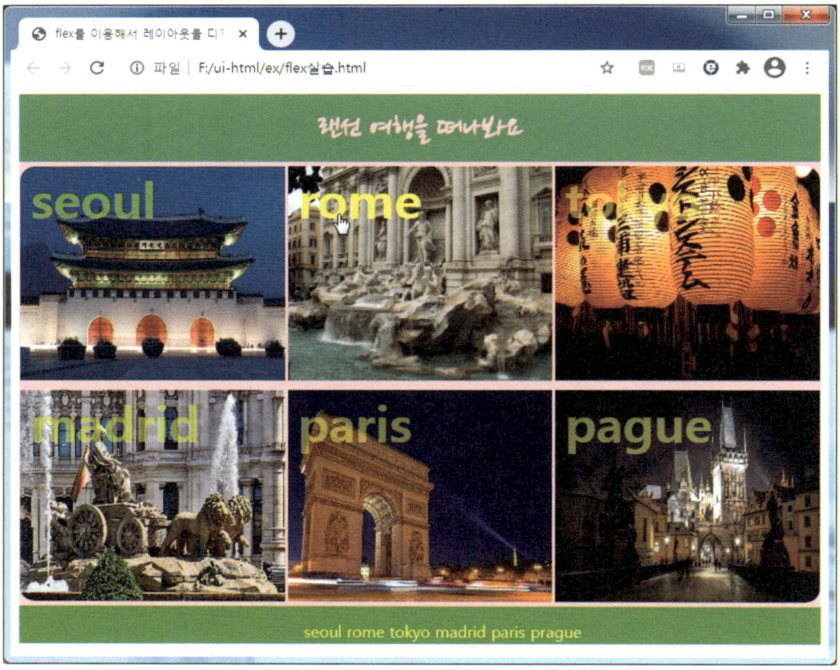


```
<!DOCTYPE html>
<html>
<head>
    <meta charset="UTF-8">
    <title>flex를 이용해서 레이아웃을 디자인합니다.</title>
    <style>
       @font-face {font-family: mynanumfont;src: url(../font/나눔손글씨붓.ttf); }

        html, body {margin:o; padding:0;}
        #container{width:100%;}

        header{ display:flex; justify-content:center; align-items:center;
                height:70px; background-color:#669966; }

        h1{ padding:5px; color:pink; font-family: mynanumfont; }

        #flex{ display:flex; flex-wrap:wrap; width:100%; background-color:pink; }

        #flex > div{ width:33%; height:220px; margin:5px auto; padding-left :10px;
                     box-sizing:border-box;
                     font-size:50px; font-weight:900; color:rgba(255,255,0,0.5); }

        #flex > div:hover{cursor:pointer; color:yellow;}

        #bg{ background-size:100% 100%; }
```

```
        .img1 {background-image:url("../img/seoul.jpg"); border-top-left-radius: 15px;}
        .img2 {background-image:url("../img/rome.jpg");}
        .img3 {background-image:url("../img/tokyo.jpg"); border-top-right-radius: 15px;}
        .img4 {background-image:url("../img/madrid.jpg"); border-bottom-left-radius: 15px;}
        .img5 {background-image:url("../img/paris.jpg");}
        .img6 {background-image:url("../img/prague.jpg"); border-bottom-right-radius: 15px;}

        footer { display:flex; justify-content:center;
                height:40px; background-color:#669900; color:yellow; }

        footer > ul > li {display:inline;margin-left:5px;}
        footer > ul > li:hover {cursor:pointer; color:pink;}
    </style>
</head>
<body>
    <header><h1>랜선 여행을 떠나봐요 </h1></header>
    <div id="container">
        <section id="flex">
            <div id="bg" class="img1">seoul</div>
            <div id="bg" class="img2">rome</div>
            <div id="bg" class="img3">tokyo</div>
            <div id="bg" class="img4">madrid</div>
            <div id="bg" class="img5">paris</div>
            <div id="bg" class="img6">pague</div>
        </section>
        <footer>
            <ul>
            <li>seoul</li><li>rome</li><li>tokyo</li><li>madrid</li><li>paris</li><li>prague</li>
            </ul>
        </footer>
    </div>
</body>
</html>
```

08

다양한 비주얼 효과와 응용

8.1 | 변형

변형과 관련된 속성인 transform과 transform-origin 속성을 사용하여 2D 및 3D 변형을 할 수 있다.

■ transform

변환을 지정하는 속성이다.

2D와 3D 관련 변형을 지정할 수 있으며 여러 개의 변형을 공백으로 구분해서 한 번에 지정할 수 있다.

■ transform-origin

변형(transform)을 적용하는 변환 중심점(X축값 Y축값)을 설정하는 속성이다.

기본 값은 (50% 50%)이다.

즉, 변형 대상이 되는 요소의 정 가운데가 중심점으로 설정되어 있다.

만일 왼쪽 위를 중심으로 설정하려면, (0% 0%)로 설정하거나 (left top)으로 설정하면 된다.

(1) 2D 변형

CSS3에서는 transform 속성에 다양한 함수를 사용하여 HTML 요소의 위치와 크기를 변경하거나, 회전 및 기울이기를 할 수 있다.

2D 변형을 위해 transform 속성을 이용할 때 사용되는 함수(method)는 다음과 같다.

주의 변형을 위해 사용되는 transform 속성은 브라우저마다, 그리고 브라우저 버전에 따라서 지원하지 않는 경우가 많기 때문에 벤더픽스를 지정하는 것이 일반적이다.

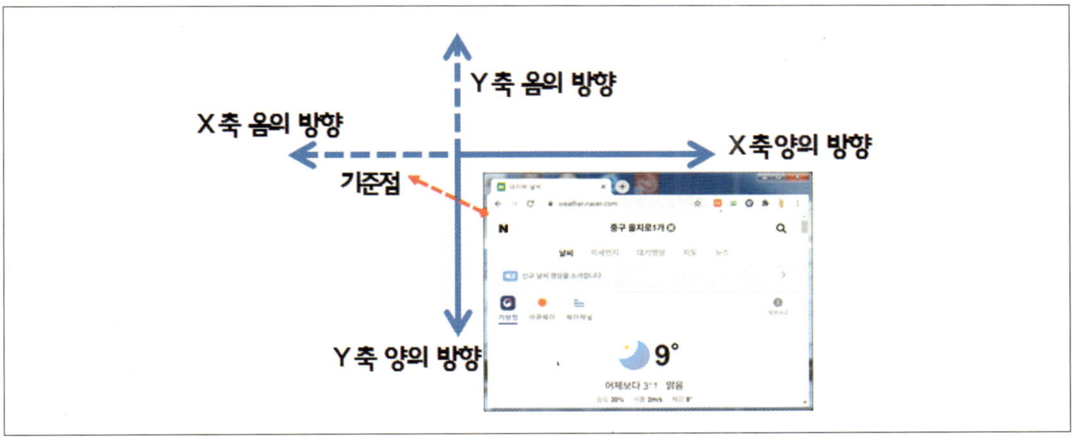

■ translate()

현재 위치에서 지정한 x축과 y축의 거리만큼 이동시킨다.

각 축마다 각각 지정하려면, translateX() 나 translateY()를 사용한다.

양수 값을 지정하면 해당 축의 양의 방향으로, 음수 값이면 해당 축의 음의 방향으로 이동한다.

예제 8-1 transform 속성에 translate(), translateX(), translateY()를 사용해서 지정하기

```
<!DOCTYPE html>
<html>
<head>
    <meta charset="UTF-8">
    <title>translate속성을 배웁니다.</title>
    <style>
        div { height: 50px; width: 250px; position: absolute; border: 2px solid;}

        #transxy { background-color: #ffff99; border: 3px solid red;
                   transform: translate(100px, 30px); }
        #transx { background-color: #ffffcc; border: 3px solid red;
                   transform: translatex(400px); }
        #transy { background-color: #ccff33; border: 3px solid red;
                   transform: translatey(100px); }
    </style>
</head>
<body>
    <div>처음 위치</div>
    <div id="transxy">transform: translate(100px, 30px);</div>
    <div id="transx">transform: translateX(400px);</div>
    <div id="transy">transform: translateY(100px);</div>
</body>
</html>
```

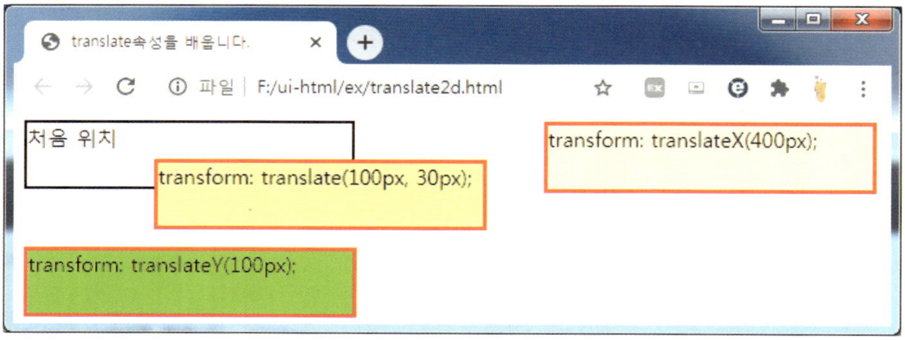

■ rotate()

지정한 각도(deg단위)만큼 시계 방향이나 반시계 방향으로 회전시킨다.

지정한 값이 양수이면 시계 방향으로, 음수이면 반시계 방향으로 회전한다.

예제 8-2 transform 속성에 rotate()를 사용해서 지정하기

```
<!DOCTYPE html>
<html>
<head>
    <meta charset="UTF-8">
    <title>rotate 속성을 배웁니다.</title>
    <style>
        div { height: 50px; width: 200px; display:inline-block; margin:40px; border: 2px solid;}

        #rotate_plus { background-color: #ffccff; border: 3px solid red;
                       transform: rotate(30deg); }
        #rotate_minus { background-color: #ffcc33; border: 3px solid red;
                        transform: rotate(-30deg); }
        #rotate180 { background-color: #ccff00; border: 3px solid red;
                     transform: rotate(180deg); }
    </style>
</head>
<body>
    <div>처음 위치</div>
    <div id="rotate_plus">transform: rotate(30deg);</div>
    <div id="rotate_minus">transform: rotate(-30deg);</div>
    <div id="rotate180">transform: rotate(180deg);</div>
</body>
</html>
```

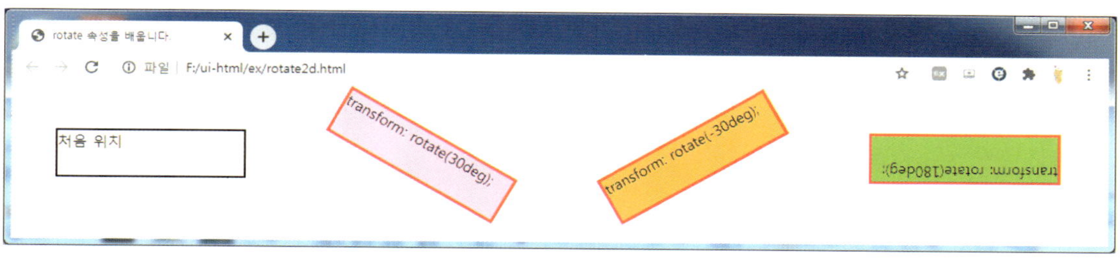

■ scale()

지정한 값(양수)의 배율만큼 크기를 늘리거나 줄인다.

각 축마다 각각 지정하려면, scaleX()나 scaleY()를 사용한다.

지정한 값이 1보다 크면 커지고, 1보다 작으면 작아진다.

예제 8-3 transform 속성에 scale(), scaleX()를 사용해서 지정하기

```
<!DOCTYPE html>
<html>
<head>
    <meta charset="UTF-8">
    <title>scale 속성을 배웁니다.</title>
    <style>
      div { height:100px;width:100px; display:inline-block;margin:50px 20px;border:2px solid;}

      #scale_plus {background-color: #ffccff; border: 3px solid red; transform: scale(1.5, 2);}
      #scale_minus {background-color: #ffcc33; border: 3px solid red; transform: scale(0.7, 0.7);}
      #scalex {background-color: #ccff00; border: 3px solid red; transform: scaleX(2); }
    </style>
</head>
<body>
    <div>처음 크기</div>
    <div id="scale_plus">transform: scale(1.5, 2); </div>
    <div id="scale_minus">scale(0.7, 0.7);</div>
    <div id="scalex">transform:scaleX(2);</div>
</body>
</html>
```

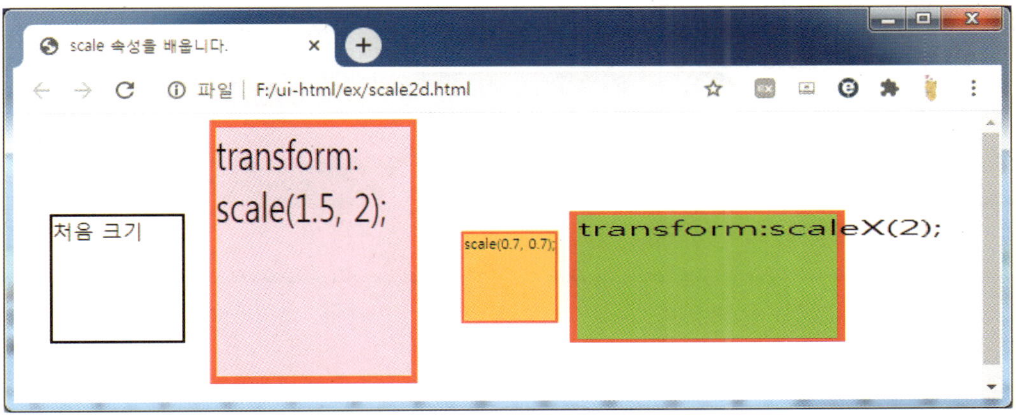

■ skew()

지정한 값(deg단위)의 각도만큼 각각 X축과 Y축 방향으로 기울인다.
각 축마다 각각 지정하려면, skewX()나 skewY()를 사용한다.

지정한 값이 양수이면 각축의 양의 방향으로, 음수이면 각축의 음의 방향으로 기울여진다.

예제 8-4 transform 속성에 skew(), skewX()나 skewY()를 사용해서 지정하기

```
<!DOCTYPE html>
<html>
<head>
    <meta charset="UTF-8">
    <title>skew 속성을 배웁니다.</title>
    <style>
      div { height: 50px; width: 170px; display:inline-block;margin:50px 20px; border: 2px solid;}

      #skew_plus {background-color:#ffccff;border:3px solid red;transform: skew(15deg, 30deg);}
      #skew_minus {background-color:#ffcc33; border:3px solid red;transform: skew(-15deg, -30deg);}
      #skewx {background-color:#ccff00;border:3px solid red;transform: skewx(30deg); }
      #skewy {background-color:#33ffff;border:3px solid red;transform: skewy(30deg); }
    </style>
</head>
<body>
    <div>처음 형태</div>
    <div id="skew_plus"> skew(15deg, 30deg)  </div>
    <div id="skew_minus">skew(-15deg, -30deg) </div>
    <div id="skewx">skewX(30deg)</div>
    <div id="skewy">skewY(30deg)</div>
</body>
</html>
```

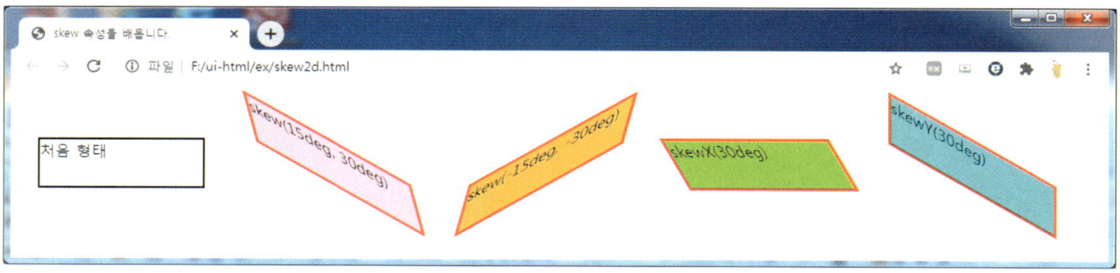

■ matrix()

앞에 설명한 2D 변형 함수들을 한 번에 설정할 수 있다.
각 매개변수 값은 단위를 붙이지 않고 지정한다.

matrix(scaleX, skewY, skewX, scaleY, translateX, translateY)

3×3 행렬 값에 의해 값이 결정되므로 matrix() 함수로 표현하기 위해서는 계산이 필요하다.

$$\begin{pmatrix} \text{scaleX()} & \text{skewX()} & \text{translateX()} \\ \text{skewY()} & \text{scaleY()} & \text{translateY()} \\ 0 & 0 & 1 \end{pmatrix}$$

scale(x, y) $\begin{pmatrix} x & 0 & 0 \\ 0 & y & 0 \\ 0 & 0 & 1 \end{pmatrix}$ translate(x, y) $\begin{pmatrix} 1 & 0 & x \\ 0 & 1 & y \\ 0 & 0 & 1 \end{pmatrix}$ skew(xθ, yθ) $\begin{pmatrix} 1 & \tan x\theta & x \\ \tan y\theta & 1 & y \\ 0 & 0 & 1 \end{pmatrix}$ rotate(θ) $\begin{pmatrix} \cos\theta & -\sin\theta & 0 \\ \sin\theta & \cos\theta & 0 \\ 0 & 0 & 1 \end{pmatrix}$

scale(2,3)을 matrix()로 표현하면 다음(그림에서 왼쪽)과 같다.
그러나 여기에 translate(5px, 10px)변형까지 추가하면, matrix()로 표현했을 때 다음(그림에서 오른쪽)과 같다.

scale(2, 3) + translate(5px, 10px)

matrix (2, 0, 0, 3, 0, 0) $\begin{pmatrix} 2 & 0 & 0 \\ 0 & 3 & 0 \\ 0 & 0 & 1 \end{pmatrix}$ matrix (2, 0, 0, 3, 10, 30) $\begin{pmatrix} 2 & 0 & 10 \\ 0 & 3 & 30 \\ 0 & 0 & 1 \end{pmatrix}$

skew()변형이나 rotate() 변형까지 추가해서 matrix()로 설정하려면 계산이 복잡해지니, 이런 계산이 쉽지 않다면 다양한 변형을 지정해야 할 경우에는 matrix()를 사용하지 말고 scale(), translate(), skew(), rmflrh rotate() 함수를 각각 지정해서 사용하기를 권한다.

예제 8-5 transform 속성에 scale(2,3), translate(5px, 10px)를 적용한 결과와 matrix()로 한 번에 적용한 결과 비교하기

```
<!DOCTYPE html>
<html>
<head>
    <meta charset="UTF-8">
    <title>matrix 속성을 배웁니다.</title>
    <style>
      div {height:50px;width:50px; margin-top:50px;border:2px solid;display:inline-block;}
      p { font-size:0.3em; }

      #each { background-color: #ffccff; border: 3px solid red;
              transform: scale(2,3) translate(5px, 10px); }
      #matrix { background-color: #ffff99; border: 3px solid red;
              transform: matrix(2, 0, 0, 3, 10, 30); }
     </style>
</head>
<body>
    <div>원본</div>
    <div id="matrix"><p>scale(2,3) translate(5px, 10px);</p></div>
               
    <div>원본</div>
    <div id="each"><p>matrix(2, 0, 0, 3, 10, 30)</p></div>
</body>
</html>
```

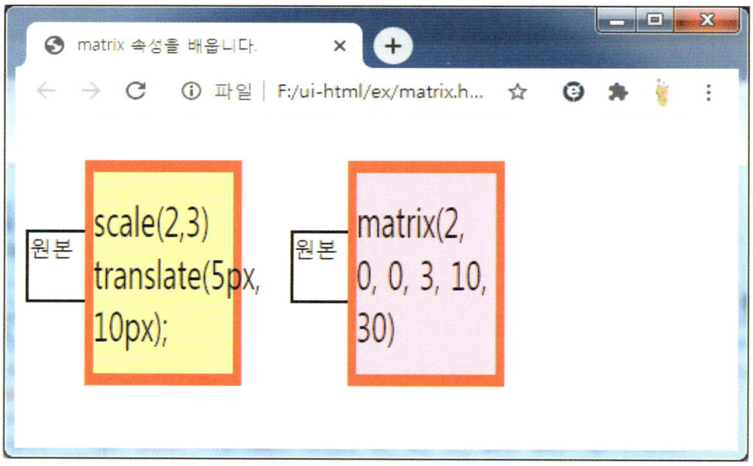

(2) 3D 변형

2D 좌표에서 Z축이 추가된다.

Z축은 모니터를 바라보고 있는 사용자 쪽 방향이 Z축의 양의 방향이다.

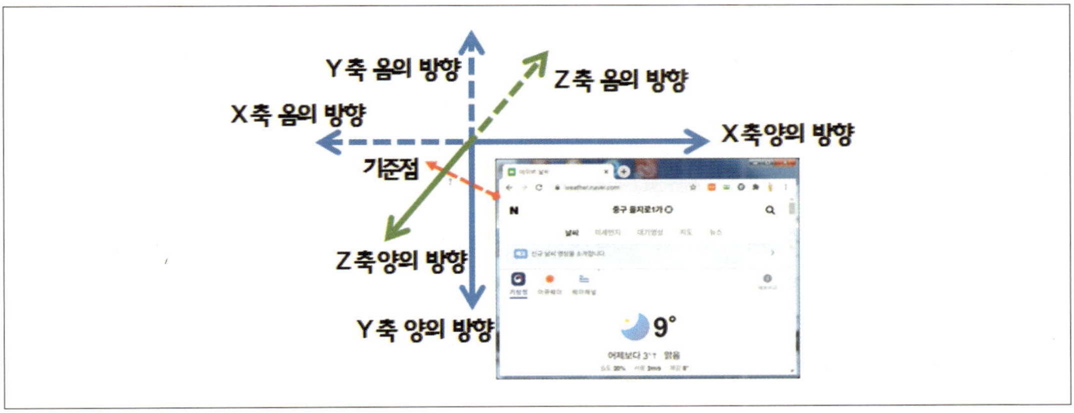

3D 변형(transform)을 위해 지원되는 속성은 2D를 지원하는 속성 transform과 transform-origin외에 다음과 같은 속성들이 있다.

■ transform-style

지정한 변형이, 자식(child) 태그 요소들에게도 적용될지 여부를 설정한다.

자식 요소에 3D 변형을 적용하지 않는 것이 기본 값(flat)이며, 적용하려면 preserve-3d를 지정한다.

■ perspective

원근거리(px, em, cm단위)를 설정한다.

변형을 지정하려는 요소의 부모태그에 설정한다.

부모 요소 입장에서 해당 요소를 바라보는 원근거리이며 기준점은 perspective-origin속성에서 지정된 값이다.

값이 크면 원근감이 커지고 낮으면 가깝게 느낀다.

■ perspective-origin

원근거리의 기준 점을 설정한다.

기본 값은 (50% 50%)이다.

즉, 변형 대상이 되는 요소의 부모 요소 영역 가운데가 중심점으로 설정되어 있다.
만일 왼쪽 위를 중심으로 설정하려면, (0% 0%)로 설정하거나 (left top)으로 설정하면 된다.

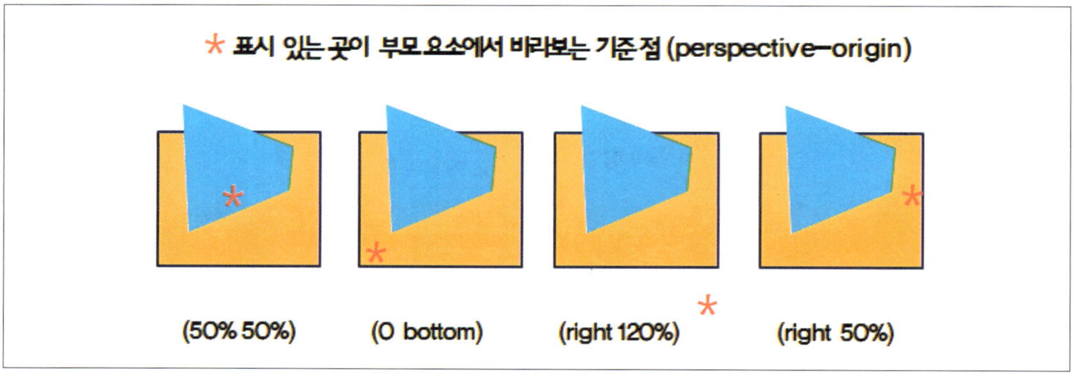

■ backface-visibility

요소의 뒷면을 표현할지 여부를 설정한다.

기본 값은 visible이며 뒷면을 감추려면 hidden을 지정한다.

다음은 3D변형을 위해 transform 속성으로 지정할 수 있는 함수들이다.

■ rotateX()

지정한 각도(deg단위)만큼 X축을 기준으로 회전시킨다.
값이 양수이면 X축 양의 방향으로, 음수이면 X축 음의 방향으로 회전한다.

■ rotateY()

지정한 각도(deg단위)만큼 Y축을 기준으로 회전시킨다.
값이 양수이면 Y축 양의 방향으로, 음수이면 Y축 음의 방향으로 회전한다.

■ rotateZ()

지정한 각도(deg단위)만큼 Z축을 기준으로 회전시킨다.
값이 양수이면 Z축 양의 방향으로, 음수이면 Z축 음의 방향으로 회전한다.

예제 8-6 **transform 속성에 rotateX(), rotateY(), rotateZ()를 사용해서 지정하기**

```
<!DOCTYPE html>
<html>
<head>
  <meta charset="UTF-8">
  <title>rotatex~속성을 배웁니다.</title>
  <style>
    div {height: 50px; width: 200px; display:inline-block;margin:40px 0; border:2px solid;}

    #rotate_x {background-color: #ffccff; border:3px solid red; transform:rotatex(60deg);}
    #rotate_y {background-color: #ffcc33; border:3px solid red; transform:rotatey(60deg);}
    #rotate_z {background-color: #ccff00; border:3px solid red; transform:rotatez(30deg);}
  </style>
</head>
<body>
    <div>처음 위치</div>
    <div id="rotate_x">transform: rotatex(60deg)</div>
    <div id="rotate_y">transform: rotatey(60deg)</div>
    <div id="rotate_z">transform: rotatez(30deg)</div>
</body>
</html>
```

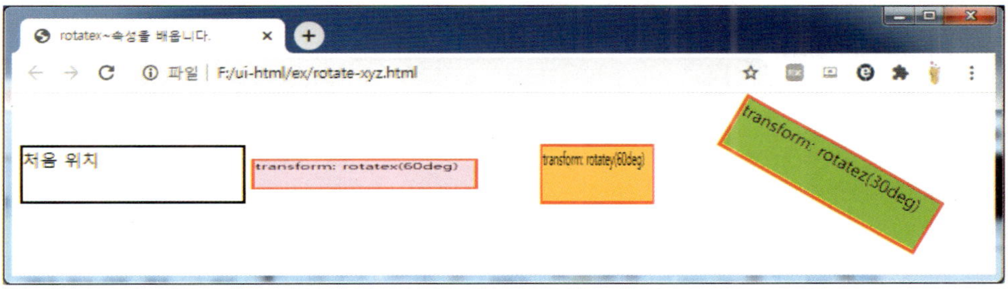

■ translate3D()

X축과 Y축, 그리고 Z축으로 지정한 값만큼 이동시킨다.

주어진 거리가 양수이면 해당 축의 양의 방향으로, 음수이면 해당 축의 음의 방향으로 이동한다.

각 축에 대해서 각각 지정하려면 translateX(), translateY(), 그리고 translateZ() 함수를 사용한다.

■ scale3D()

X축, Y축과 Z축 방향으로 지정한 값만큼 늘리거나(1보다 큰 값) 줄인다(1보다 작은 값).

■ matrix3D()

12개의 매개변수 값을 지정해서 3D 변형 함수를 한 번에 설정한다,

4×4 행렬이 되기 때문에 matrix3D() 함수를 이용해서 몇 가지 변형을 같이 지정하려면 계산이 필요하다.

■ perspective()

원근거리(px, em, cm단위)를 설정한다.

변형을 지정하려는 요소에 설정하며 3D변형을 지정한 해당 요소를 바라보는 원근거리이다.

부모 요소 입장에서 해당 요소를 바라보는 원근거리인 perspective 속성과는 차이가 있으며 또한 기준점은 transform-origin속성에서 지정된 값으로 설정된다.

변형 대상이 다수이면 부모요소에서 perspective 속성을 사용하고 변형 대상이 한 개이면 변형 대상이 되는 요소에서 perspective() 함수를 사용한다.

예제 8-7 transform 속성에 지정된 perspective()값에 따라서 translate3D()으로 설정한 값의 결과 차이를 확인하기

```
<!DOCTYPE html>
<html>
<head>
  <meta charset="UTF-8">
  <title>transrate3d 속성을 배웁니다.</title>
  <style>
    div { height: 50px; width: 220px; display:inline-block; border: 2px solid;}

    #trans   { background-color:  rgba(255,255,101, 0.5); border: 3px solid red;
               transform: translate3d(30px, 30px, 10px); }
    #trans30 { background-color: rgba(255,051,155, 0.5); border: 3px solid red;
               transform:  perspective(30px) translate3d(30px, 30px, 10px); }
    #trans20 { background-color: rgba(255,255,101, 0.5); border: 3px solid red;
               transform: perspective(20px) translate3d(30px, 30px, 10px); }

    #trans_minus   { background-color: rgba(255,255,101, 0.5); border: 3px solid red;
                     transform: translate3d(30px, 30px, -10px); }
    #trans30_minus { background-color: rgba(255,051,155, 0.5); border: 3px solid red;
                     transform: perspective(30px) translate3d(30px, 30px, -10px); }
    #trans20_minus { background-color:rgba(255,255,101, 0.5); border: 3px solid red;
                     transform: perspective(20px) translate3d(30px, 30px, -10px); }
    </style>
</head>
<body>
    <div>처음 위치</div>
    <div id="trans">translate3d(30px, 30px, 10px)</div>
    <div id="trans30">perspective(30px) translate3d(30px, 30px, 10px)</div>
    <div id="trans20">perspective(20px) translate3d(30px, 30px, 10px)</div>
    <br><br><br><br><br><br>
    <div>처음 위치</div>
    <div id="trans_minus">translate3d(30px, 30px, -10px)</div>
    <div id="trans30_minus">perspective(30px) translate3d(30px, 30px, -10px)</div>
    <div id="trans20_minus">perspective(20px) translate3d(30px, 30px, -10px)</div>
</body>
</html>
```

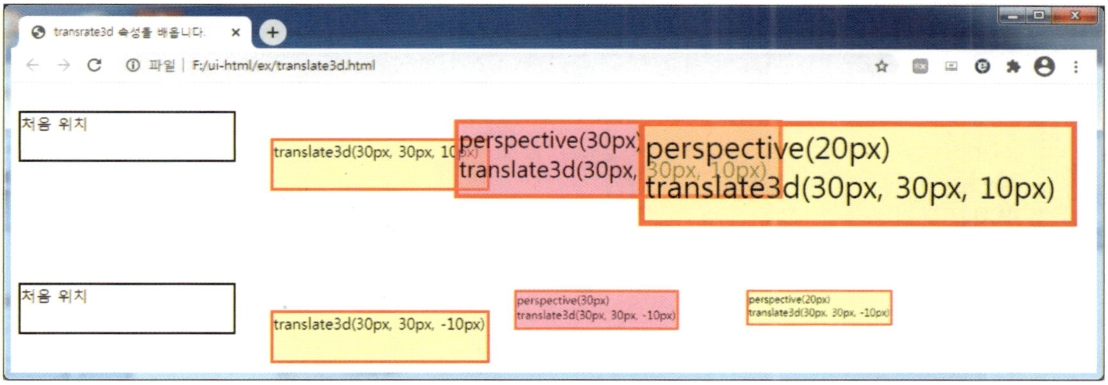
transrate3d 속성을 배웁니다.
파일 | F:/ui-html/ex/translate3d.html
처음 위치
translate3d(30px, 30px, 10px)
perspective(30px)
translate3d(30px, 30px, 10px)
perspective(20px)
translate3d(30px, 30px, 10px)
처음 위치
translate3d(30px, 30px, -10px)
perspective(30px)
translate3d(30px, 30px, -10px)
perspective(20px)
translate3d(30px, 30px, -10px)

8.2 | 애니메이션

(1) 트랜지션

지정한 시간 동안 요소의 위치, 형태, 기울이기와 크기 등을 부드럽게 전환(transition)시킬 수 있다.

CSS3에서 트랜지션을 위해 사용할 수 있는 속성들은 다음과 같다.

■ transition

변화시킬 속성과 변화되는 총 시간을 지정하며, (,)기호로 구분해서 여러 개를 한 번에 지정할 수 있다.

{transition: 속성$_1$ 시간$_1$, …, 속성$_n$ 시간$_n$;}

↳ 사이에 기호 ","를 둔다.

주의 시간을 지정하지 않으면(기본 값 0초) 트랜지션이 동작하지 않는다.

예제 8-8 transition 속성을 이용해서 이동하고 커지고 회전하는 애니메이션 효과 주기

```
<!DOCTYPE html>
<html>
<head>
    <meta charset="UTF-8">
    <title>transition 속성을 배웁니다.</title>
    <style>
        div{height: 100px; width: 80px; margin: 10px; display:inline-block;}
        img{width:inherit;height:inherit; }

        #trans1 { transition: width 1s, height 3s;  }
        #trans1:hover { width: 300px; height: 500px; }

        #trans2 { transition: transform 2s; }
        #trans2:hover {transform: translatex(500px);}

        #trans3 { transition: transform 1s; }
        #trans3:hover { transform: rotatey(180deg); }
    </style>
</head>
<body>
    <div id="trans1"><img src="../img/free.png"></div>
    <div id="trans2"><img src="../img/free.png"></div>
    <div id="trans3"><img src="../img/free.png"></div>
</body>
</html>
```

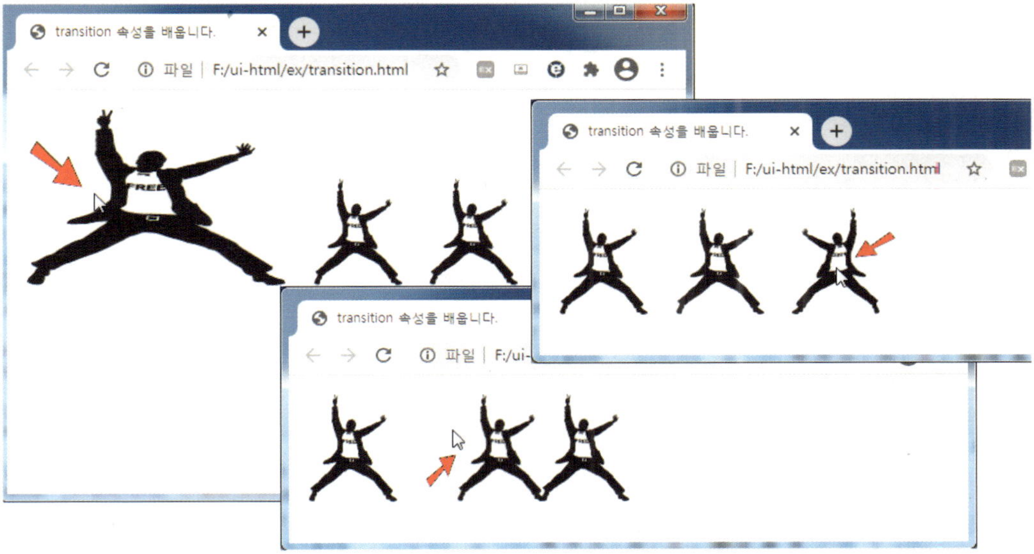

잠깐만 HTML 요소의 속성에 inherit이라고 설정하면 부모 요소의 해당 속성 값을 그대로 물려받는다는 의미이다.

■ transition-delay

전환(transition) 효과가 시작되기 전까지의 지연 시간(기본 값 : 0s)을 설정한다.

전환(transition) 효과는 transition-delay에 설정된 시간이 지난 뒤에 시작된다.

■ transition-duration

전환(transition) 효과가 지속될 시간(기본 값 : 0s)을 설정한다.

■ transition-property

전환(transition) 효과를 적용할 속성(기본 값 : all)을 지정한다.

■ transition-timing-function

전환(transition) 효과의 시간당 속도를 다음 값 중에서 설정한다.

- linear
  처음부터 끝까지 일정한 속도로 진행된다.
  함수 값으로 표현하면 cubic-bezier(0, 0, 1, 1)이다.

- ease

  기본 값이며, 천천히 시작되고, 그다음에는 빠르게, 그리고 마지막에는 다시 느려진다. 함수 값으로 표현하면 cubic-bezier(0.25, 0.1, 0.25, 1)이다.

- ease-in

  천천히 시작된다.

  함수 값으로 표현하면 cubic-bezier(0.42, 0, 1, 1)이다.

- ease-out

  천천히 끝난다.

  함수 값으로 표현하면 cubic-bezier(0, 0, 0.58, 1)이다.

- ease-in-out

  천천히 시작되고, 천천히 끝난다.

  함수 값으로 표현하면 cubic-bezier(0.42, 0, 0.58, 1)이다.

- cubic-bezier(n,n,n,n)

  지정한 cubic-bezier 함수(n값 범위 : 0~1)에 따라 진행된다.

- steps(n)

  n번 분할해서 진행된다.

예제 8-9 transition-timing-function 속성을 이용해서 애니메이션 효과의 속도를 조절하기

```
<!DOCTYPE html>
<html>
<head>
    <meta charset="UTF-8">
    <title>transition 속성을 배웁니다.</title>
    <style>
        div {height: 50px; width: 300px; margin: 5px; display:inline-block;
            background-color:purple; color:white; }

        #ease { transition: background-color 3s, color 1s ; }
        #ease:hover {background-color:beige; color:red; }

        #linear { transition: background-color 3s, color 1s ;
                  transition-timing-function : linear;}
        #linear:hover {background-color:skyblue; color:red; }

        #delay { transition: background-color 3s, color 1s ;transition-delay:0.5s; }
        #delay:hover {background-color:beige; color:red; }

        #rotatex { transition: transform 3s; }
```

```
        #rotatex:hover {transform:rotatex(360deg); }

        #steps { transition: transform 3s;transition-timing-function : steps(3); }
        #steps:hover {transform:scalex(0.5); }
    </style>
</head>
<body>
    <div id="ease">transition: background-color 3s, color 1s </div>
    <div id="linear">transition-timing-function : linear </div>
    <div id="delay">transition-delay:0.5s; </div>
    <div id="rotatex">transition: transform 3s; </div>
    <div id="steps">transition-timing-function : steps(3) </div>
</body>
</html>
```

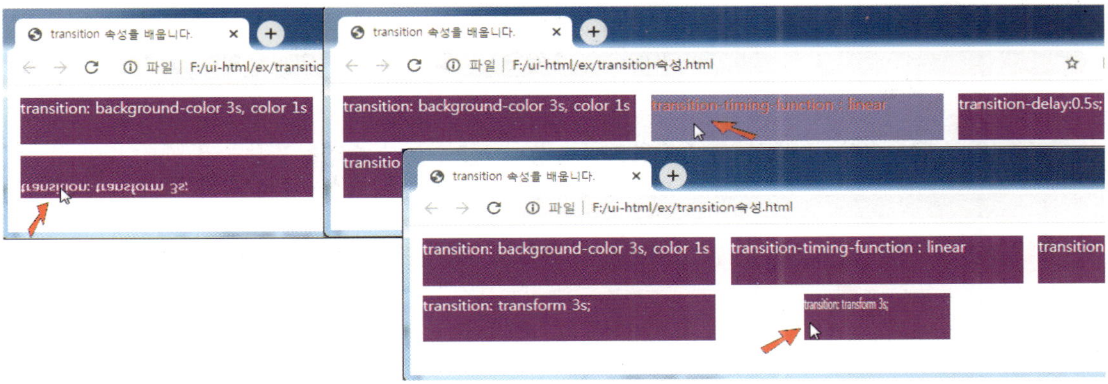

(2) 키 프레임을 이용한 애니메이션

CSS3에서는 animation 속성을 사용하여 HTML 각 태그 요소에 애니메이션 효과를 설정할 수 있다.

■ @keyframes

애니메이션 효과를 적용하기 위해서는 키 프레임(keyframe)을 정의해야 한다.

각 키 프레임(keyframe)에서 해당 요소의 스타일을 설정한다.

한 개의 키 프레임 지점에 설정된 스타일에서 다른 지점(키프레임)에 설정된 스타일로 변화되면서 애니메이션 효과가 나타나는 것이다.

애니메이션을 위해 지원하는 속성들은 다음과 같다.

■ animation-name

애니메이션 효과의 이름을 설정한다.

애니메이션 효과를 내기 위해서는 먼저, animation-name 속성을 지정해서 태그 요소와 키 프레임을 연결한다.

그리고 나서 @keyframes 규칙으로 animation-name 속성으로 지정한 이름에 대해 어떻게 애니메이션 효과를 낼 것인지를 각 지점(키프레임)마다 애니메이션 될 속성들을 설정한다.

이때는 from과 to 키워드를 이용해서 시작점과 끝나는 지점에 설정할 수도 있고, 애니메이션효과 전체 시간을 100%로 잡고 세부적인 지점(키프레임)에 따라서 애니메이션 효과를 지정할 수 있다.

```
요소 {…; animation-name:이름 ;…;}
                          ↑ 동일하게 지정한다.
@keyframes 이름 { from : {속성1 : 값1; … ; 속성n : 값n; }
                  to :   {속성1 : 값1; … ; 속성n : 값n; } }
또는

@keyframes 이름 { 0%: {속성1 : 값1; … ; 속성n : 값n; }
                  x%: {속성1 : 값1; … ; 속성n : 값n; }
                  …
                  100%: {속성1 : 값1; … ; 속성n : 값n; } }
```

animation-duration

애니메이션 효과를 재생할 시간(기본 값 : 0s)을 설정한다.

이 속성을 설정하지 않으면 애니메이션 효과는 나타나지 않는다.

예제 8-10 animation-name 속성과 animation-duration 속성을 사용해서 키 프레임 애니메이션 효과주기

```
<!DOCTYPE html>
<html>
<head>
  <meta charset="UTF-8">
  <title>CSS3 Animation</title>
  <style>
    .a { height: 40px; width: 800px; animation-name: text_ani ; animation-duration: 5s; }
     @keyframes text_ani { from { margin-left: 100%; } to { margin-left: 0%; }  }

    .b { background-color:red; height:2px; animation-name: line_ani; animation-duration: 5s;}
     @keyframes line_ani { from { margin-right:100%; width:0%; }
                           to { margin-right: 0%;width:100%; }  }

    .c { background-color:red; width:250px; height:50px;
         animation-name: bg_ani; animation-duration: 10s; }
     @keyframes bg_ani {  0% { background-color:blue;   }
                         30% { background-color:yellow; }
                         60% { background-color:orange; }
                        100% { background-color:green;  } }
  </style>
```

```
</head>
<body>
  <p class="a">글자는 오른쪽에서부터 왼쪽으로, 아래 선은 왼쪽에서부터 오른쪽으로 애니메이션됩니다.</p>
  <p class="b"></p>
  <p class="c">배경색이 10초동안 4번 바뀝니다.</p>
</body>
</html>
```

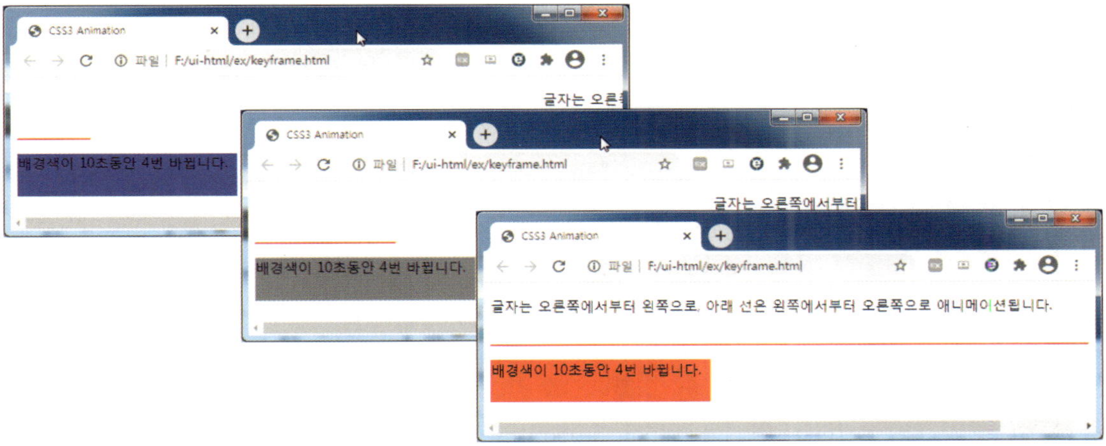

■ animation-delay

애니메이션 효과가 나타나기까지의 지연 시간(기본 값 : 0s)을 설정한다.

애니메이션 효과는 이 속성 값으로 설정된 시간이 지난 후에 시작된다.

■ animation-direction

애니메이션의 진행 방향(기본 값 : normal)을 설정한다.

진행 방향을 나타내는 속성 값으로 reverse(역방향)와 alternate(정방향에서 역방향으로 왕복), alternate-reverse(역방향에서 정방향으로 왕복)를 설정할 수 있다.

reverse 값을 지정하면 애니메이션 효과가 from에서 to 방향이 아닌, to에서 from 방향으로 진행된다.

■ animation-fill-mode

애니메이션의 시작 전과 후의 상태(기본 값 : none)를 설정한다.

다음 값을 지정할 수 있다.

- none
  원래위치 및 상태 → 애니메이션 시작 상태 → 애니메이션 → 애니메이션 끝 상태 → 원래 위치 및 상태 단계로 진행된다.

- forwards

  원래위치 및 상태 → 애니메이션 시작 상태 → 애니메이션 → 애니메이션 끝 상태 단계로 진행된다.

- backwards

  애니메이션 시작 상태 → 애니메이션 → 원래 위치 및 상태 단계로 진행된다.

- both

  애니메이션 시작 상태 → 애니메이션 → 애니메이션 끝 상태 단계로 진행된다.

animation-iteration-count

애니메이션 효과의 반복 횟수(기본 값 : 1)를 설정한다.

원하는 반복횟수만큼 숫자를 입력하거나, 무한반복을 원하는 경우 infinite 값을 지정한다.

animation-timing-function

애니메이션 효과의 시간당 속도를 설정한다.

다음과 같은 값을 설정할 수 있으며 transition-timing-function 속성과 동일하다.

- linear

  처음부터 끝까지 일정한 속도로 진행된다.
  함수 값으로 표현하면 cubic-bezier(0, 0, 1, 1)이다.

- ease

  기본 값이며, 천천히 시작되고, 그다음에는 빠르게, 그리고 마지막에는 다시 느려진다.
  함수 값으로 표현하면 cubic-bezier(0.25, 0.1, 0.25, 1)이다.

- ease-in

  천천히 시작된다.
  함수 값으로 표현하면 cubic-bezier(0.42, 0, 1, 1)이다.

- ease-out

  천천히 끝난다.
  함수 값으로 표현하면 cubic-bezier(0, 0, 0.58, 1)이다.

- ease-in-out

  천천히 시작되고, 천천히 끝난다.
  함수 값으로 표현하면 cubic-bezier(0.42, 0, 0.58, 1)이다.

- cubic-bezier(n,n,n,n)

  지정한 cubic-bezier 함수(n값 범위 : 0~1)에 따라 진행된다.

- steps(n) : n번 분할해서 진행된다.

animation-play-state

애니메이션의 재생과 정지 상태(기본 값 : running)를 설정한다.

paused로 지정하면 동작을 정지시킬 수 있다.

예제 8-11 animation-iteration-count 속성을 이용해서 애니메이션 횟수를 지정하고, animation-play-state 속성을 이용해서 애니메이션의 상태를 제어하기

```
<!DOCTYPE html>
<html>
<head>
  <meta charset="UTF-8">
  <title>animation 관련 속성을 배웁니다.</title>
  <style>
    .twice, .loop { height: 150px; width: 150px; margin-left :50px;
                    display:inline-block; background-color: skyblue;
                    animation-name: ani_cnt; animation-duration: 5s; }
    @keyframes ani_cnt { from { background-color: pink; transform : rotate(0deg);}
                         to { background-color: orange; transform : rotate(360deg);} }

    .twice { animation-iteration-count: 2; }
    .loop { animation-iteration-count: infinite; }
    .loop:hover { animation-play-state: paused; }

    p { background-color:red; height:20px;
        animation-name: line_ani; animation-duration: 5s;}
    @keyframes line_ani { from { margin-right:100%; width:0%; background-color:purple; }
                          to { margin-right: 0%; width:100%; background-color:brown; } }
    .reverse { animation-direction: reverse;}
  </style>
</head>
<body>
    <p> </p>
    <div class="twice" > 난 2번 회전 오른쪽은 무한 회전 </div>
    <div class="loop"> 마우스 올려놓으면 stop!</div>
    <p class="reverse"> </p>
</body>
</html>
```

■ animation

앞에서 설명한 animation 관련 속성들을 한 번에 지정할 수 있다.

{animation: 값1 … 값n ;}

↳ 값 사이에 공백을 둔다.
animation 관련 속성에 대한 속성 값을 지정하며,
animation-name 과 animation-duration 값은 필수 이고
animation-duration이 animation-delay 보다 먼저
지정되어야 하는 것 외에는 순서는 관계없다.

예제 8-12 animation 속성을 이용해서 애니메이션 효과를 지정하는 여러 개의 속성들을 한 번에 설정하기

```
<!DOCTYPE html>
<html>
<head>
    <meta charset="UTF-8">
    <title>animation 속성을 배웁니다.</title>
    <style>
        div {height: 50px; width: 50px; margin: 10px; display:inline-block;
            background-color:lightgray; border:2px dotted purple;
            border-radius: 30px; text-align: center; }
        #long {
            animation-name: myani;
            animation-duration: 5s;
            animation-timing-function: linear;
            animation-delay: 1s;
            animation-iteration-count: infinite;
            animation-direction: alternate;
             }
```

```
        #short1  {animation: myani 5s linear 1s infinite alternate; }
        #short2  {animation: 5s linear infinite myani 1s  alternate; }
        #short3  {animation: infinite myani 5s linear 1s alternate; }
        #short4  {animation: myani 5s alternate  1s infinite linear; }
        #short11 {animation: myani 1s linear 5s infinite alternate; }

        @keyframes myani { from { transform: rotate(-90deg); }
                           to { transform: rotate(90deg); } }
    </style>
</head>
<body>
    <div id="long">long</div>
    <div id="short1">1</div>
    <div id="short2">2</div>
    <div id="short3">3</div>
    <div id="short4">4</div>
    <div id="short11">다름</div>
</body>
</html>
```

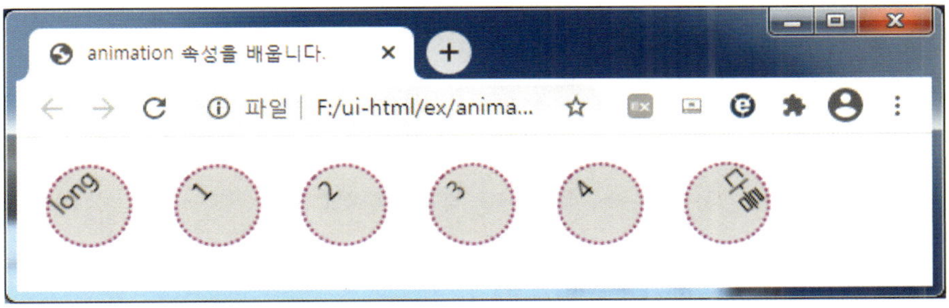

8.3 | 미디어 쿼리

미디어 쿼리는 단말기의 유형(출력물 vs. 화면)과, 어떤 특성이나 수치(화면 해상도, 뷰포트 너비 등)에 따라 웹 사이트나 앱의 스타일을 수정할 때 유용하다.

서로 다른 매체 유형에 맞는 스타일 시트를 제공하기 위해 @media 규칙을 사용한다.

CSS3 이전까지 HTML 문서가 스크린에 표현될 때와 프린트할 때 서로 다른 스타일을 적용할 수 있었는데, CSS3에서는 좀 더 발전해서 매체 유형(media type)과 하나 이상의 표현식(expression)으로 구성된 미디어 쿼리(media query)를 사용할 수 있다.

디디어 쿼리(media query)는 width, height, color 속성과 같은 미디어 관련 속성을 이용한 표현식을 통해 스타일이 적용되는 범위를 지정할 수 있다.

미디어 쿼리를 사용하면 웹페이지에서 보여주려는 내용(content)을 각 페이지 크기, 해상도, 매체 유형에 따라서 변경하지 않아도 웹 페이지를 접속하고 있는 기기에 알맞은 형태로 스타일이 조정된다.

따라서 미디어 쿼리를 이용하면 반응형 레이아웃을 디자인할 수 있다.

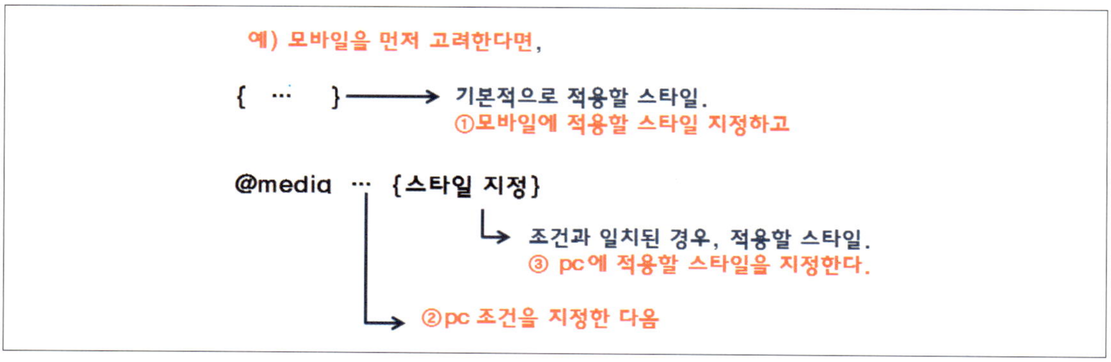

미디어 쿼리는 문서를 보여주는 미디어의 유형이 일치하고(유형을 지정했다면) 모든 미디어 특성 표현식의 계산 값이 조건을 만족할 때(참으로 계산되어) 정의한 스타일이 적용된다.

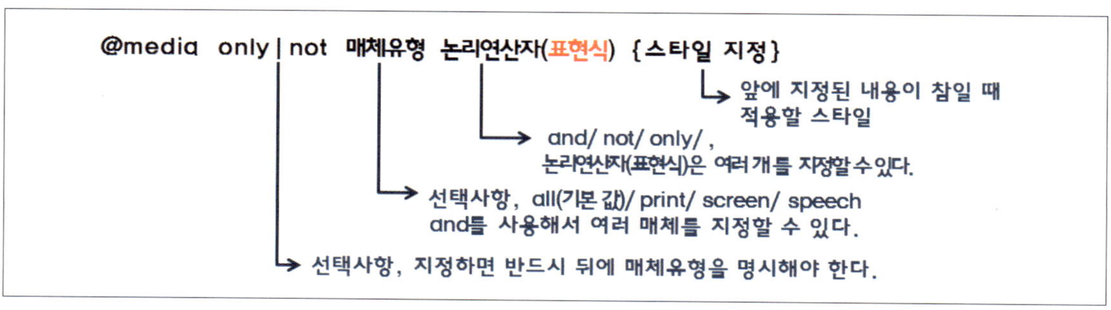

표현식에서 사용할 수 있는 속성들은 다음과 같다.

속성	설명	비고
width	화면의 너비	min- max- 지정 가능
height	화면의 높이	min- max- 지정 가능
device-width	매체 화면의 높이	min- max- 지정 가능
device-height	매체 화면의 높이	min- max- 지정 가능
device-aspect-ratio	매체 화면의 비율	min- max- 지정 가능
orientation	화면의 방향	
color	색상 비트수	min- max- 지정 가능
color-index	표현가능한 색상 수	min- max- 지정 가능
monochrome	픽셀당 비트수	min- max- 지정 가능
resolution	해상도	min- max- 지정 가능

예제 8-13 미디어 쿼리(@media)를 이용해서 화면 사이즈에 따라서 배경색을 다르게 지정하기

```
<!DOCTYPE html>
<html>
<head>
    <meta charset="UTF-8">
    <title>media-query를 배웁니다.</title>
    <style>
        body { background-color:burlywood; color:cyan; }
        @media screen and (max-width: 680px)
                {body { background-color:brown ; color:beige; } }
    </style>
</head>
<body>
    <p>screen and (max-width: 680px) 조건이 참이면<br>
     background-color:brown ; color:beige <br>
    너비가 680보다 크면 background-color:burlywood; color:cyan;
    </p>
</body>
</html>
```

예제 8-14 미디어 쿼리(@media)를 이용해서 화면 사이즈에 따라서 레이아웃을 다르게 지정하기

```
!DOCTYPE html>
<html>
<head>
    <meta charset="UTF-8">
    <title>media-query를 배웁니다.</title>
    <style>
        html, body {padding : 0; margin:0}

        header { height:50px; background-color:powderblue; }
        section{ height:100px;background-color:gold;border:1px solid brown; }
        footer { height:30px; background-color:lightgray; }

        @media all and (min-width: 600px) { #flex {display:flex; height:200px;}
                                            #left {flex:1;}
                                            #right {flex:1;height:100%;} }
    </style>
</head>
<body>
    <header>메뉴위치</header>
    <div id="flex">
        <main id="left">
            <section>게시판1 </section>
            <section>게시판2 </section>
        </main>
        <main id="right">
            <section>게시판3 </section>
            <section>게시판4 </section>
        </main>
    </div>
    <footer>저작권 주소 등등 </footer>
</body>
</html>
```

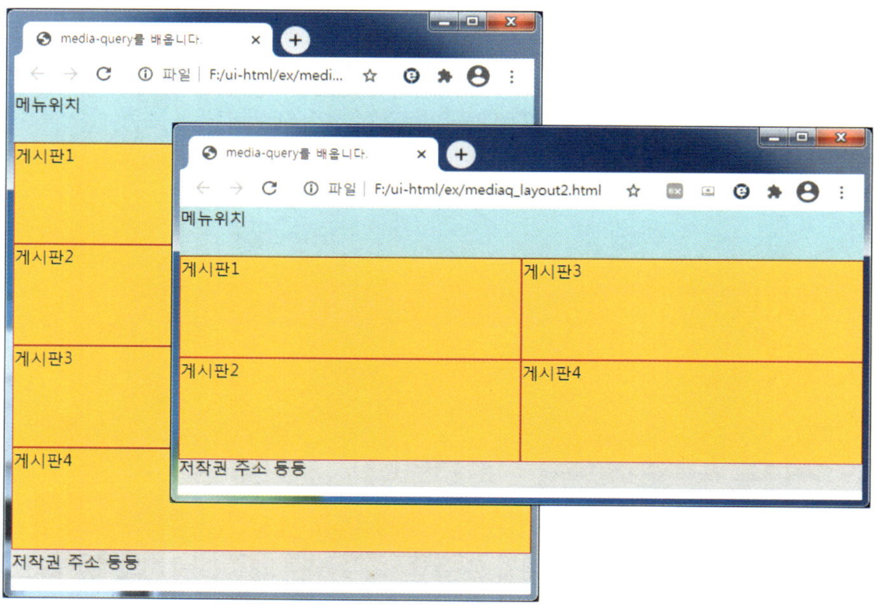

실습문제 8-1

다음은 모바일을 먼저 고려해서 기본 레이아웃을 만든 다음, 미디어쿼리를 이용해서 데스크 탑 환경에서의 레이아웃을 설정한 코딩 내용이다.

다른 여러 가지 코딩 방법으로도 동일한 레이아웃을 만들 수 있다.

그림과 코딩을 참고해서 다른 방법으로 코딩을 변경해보거나, 또는 레이아웃을 그림과 다르게 디자인해본다.

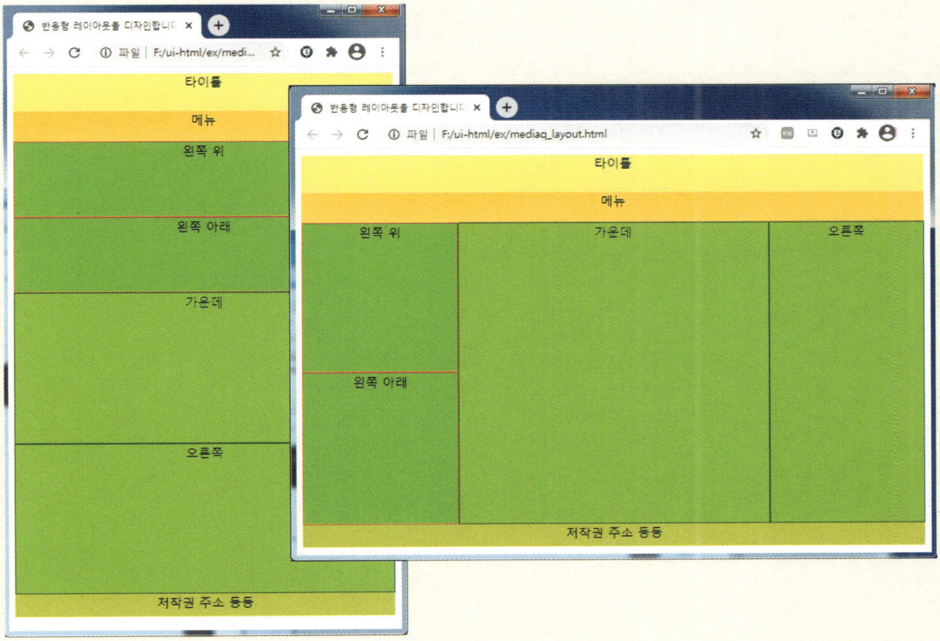


```
<!DOCTYPE html>
<html>
<head>
    <meta charset="UTF-8">
    <title>반응형 레이아웃을 디자인합니다.</title>
    <style>
        body {text-align:center;}
        header, menu { padding:0; margin:0; }
        div, main, section, aside {box-sizing: border-box;}
        header { height:50px; background-color:#ffff66; }
        menu {height:40px; background-color:gold;}
        section{ height:100px; background-color:#99cc33;border:1px solid #cc3333; }
        aside  { height:200px; background-color:#ccff33;border:1px solid #336600; }
        footer { height:30px; background-color:#cccc00; }

        @media (min-width: 600px) { #flex   {display:flex; height:400px;}
                                    #left   {flex:1;}
                                    #center {flex:2;}
                                    #right  {flex:1;}
```

```
                                        section {height:50%;}
                                        aside   {height:100%;}  }

    </style>
</head>
<body>
    <header>타이틀</header>
    <menu> 메뉴</menu>
    <div id="flex">
        <main id="left">
            <section>왼쪽 위</section>
            <section>왼쪽 아래</section>
        </main>
        <main id="center">
            <aside>가운데 </aside>
        </main>
        <main id="right">
            <aside>오른쪽</aside>
        </main>
    </div>
    <footer> 저작권 주소 등등 </footer>
</body>
</html>
```

8.4 | 응용

(1) 메뉴 만들기

웹 사이트에서의 메뉴는 매우 중요하다.

사이트를 방문한 고객의 입장에서는 사이트에서 제공하는 페이지에서 가장 많이 클릭하는 부분이 메뉴일 것이다.

이제까지 학습한 내용을 이용해서 단순한 메뉴에서부터 다양한 효과를 내는 메뉴까지 만들어본다.

■ <A> 태그 이용하기

가장 기본적인 방법이다.

예제 8-15 〈A〉 태그를 이용하여 메뉴 만들기

```
<!DOCTYPE html>
<html>
<head>
    <meta charset="UTF-8">
    <title>A태그를 이용한 기본 메뉴 만들기</title>
    <style>
        ul { list-style-type: none; margin: 0;  padding: 0; }
        a { text-decoration:none; }
        a:hover { background-color:orange; color:white; }
    </style>
</head>
<body>
    <ul>
        <li><a href="">menu1</a></li>
        <li><a href="">menu2</a></li>
        <li><a href="">menu3</a></li>
        <li><a href="">menu4</a></li>
    </ul>
</body>
</html>
```

■ display : inline 값 이용하기

<LI> 태그의 display 속성은 기본적으로 block이다.

따라서 한 개의 <LI> 태그 영역은 한줄 전체를 차지하고 여러 개의 <LI> 태그를 사용할 경우 세로로 나열되는 형태가 된다.

<LI> 태그를 이용해서 가로로 나열되는 메뉴를 만들려면 <LI> 태그의 display 속성을 inline으로 지정하면 된다.

예제 8-16 display 속성을 inline으로 설정해서 메뉴 만들기

```
<!DOCTYPE html>
<html>
<head>
    <meta charset="UTF-8">
    <title>dislay를 inline으로 수평 메뉴 만들기</title>
    <style>
        ul { list-style-type: none; margin: 0;  padding: 0; }
        li { display:inline;}
        a  { text-decoration:none; }
        a:hover { background-color:orange; color:white; }
    </style>
</head>
<body>
    <ul>
        <li><a href="">menu1</a></li>
        <li><a href="">menu2</a></li>
        <li><a href="">menu3</a></li>
        <li><a href="">menu4</a></li>
    </ul>
</body>
</html>
```

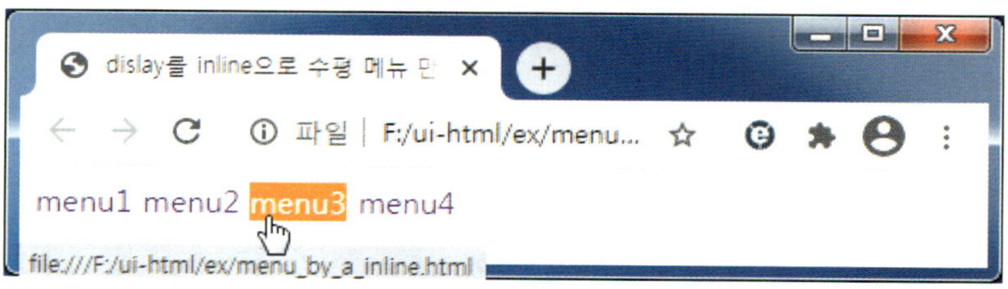

display : block 값 이용하기

<A> 태그의 display속성을 block으로 설정하면 하이퍼링크의 영역이 <A> 내용에서 부모태그 영역으로 확장된다.

예제 8-17 display 속성을 block으로 설정해서 메뉴 만들기

```
<!DOCTYPE html>
<html>
<head>
  <meta charset="UTF-8">
  <title>display속성 block값으로 메뉴만들기 </title>
  <style>
    ul { background-color: lightgray; color:purple; text-align:center;
        list-style-type: none; width: 100px; margin: 0; padding: 0; }

    li a { display: block; padding: 5px; border-bottom:1px dotted purple;
           border-left:3px solid purple; text-decoration: none; font-weight: bold; }
    li a:hover { background-color:purple; color:white;border-left:3px solid yellow; }
   </style>
</head>
<body>
    <ul>
        <li><a href="">menu1</a></li>
        <li><a href="">menu2</a></li>
        <li><a href="">menu3</a></li>
        <li><a href="">menu4</a></li>
    </ul>
</body>
</html>
```

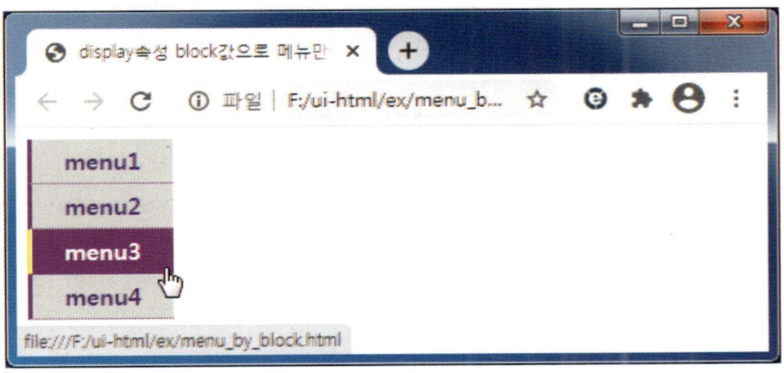

■ display : inline-flex 값 이용하기

<LI> 태그의 display속성을 inline-flex로 설정하면 가로로 나열되는 메뉴를 만들 수 있다.

예제 8-18 display 속성을 inline-flex로 설정해서 메뉴 만들기

```
<!DOCTYPE html>
<html>
<head>
  <meta charset="UTF-8">
  <title>display속성 inline-flex값으로 메뉴만들기 </title>
  <style>
    ul { color:purple; text-align: center;list-style-type:none;margin:0;padding:0;}
    li { background-color: lightgray; display:inline-flex; }

    li a { width:100px; padding: 5px; border-bottom:1px dotted purple;
           border-left:3px solid purple; text-decoration: none; font-weight: bold;}
    li a:hover { background-color:purple;color:white;border-left:3px solid yellow;}
    </style>
</head>
<body>
    <ul>
        <li><a href="">menu1</a></li>
        <li><a href="">menu2</a></li>
        <li><a href="">menu3</a></li>
        <li><a href="">menu4</a></li>
    </ul>
</body>
</html>
```

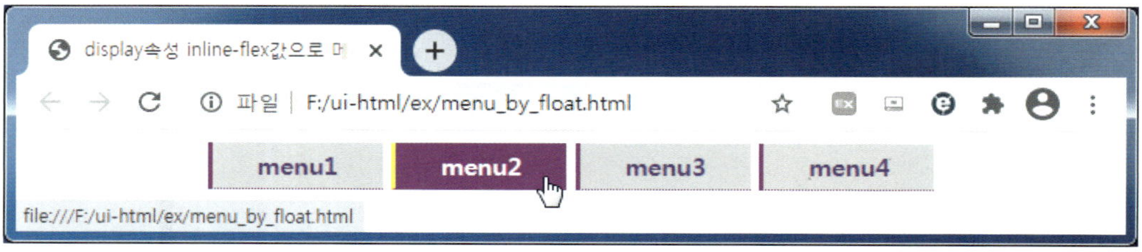

■ float 속성 이용하기

<LI> 태그에서 float속성을 사용해도 가로로 나열되는 메뉴를 만들 수 있다.

예제 8-19 float 속성을 이용해서 오른쪽 메뉴 만들기

```
<!DOCTYPE html>
<html>
<head>
 <meta charset="UTF-8">
 <title>float속성으로 메뉴만들기 </title>
 <style>
   ul { background-color:lightgray;color:purple; margin: 0; padding: 0;
         text-align: center; list-style-type: none; overflow:hidden;}

   li { float:right; }
   li a { display:block; padding:5px 10px;text-decoration:none;font-weight:bold;}
   li a:hover {background-color:purple;color: white;border-top:3px solid yellow;}
 </style>
</head>
<body>
    <ul>
        <li><a href="">menu1</a></li>
        <li><a href="">menu2</a></li>
        <li><a href="">menu3</a></li>
        <li><a href="">menu4</a></li>
    </ul>
</body>
</html>
```

예제 8-20 **float 속성을 이용해서 양쪽 메뉴 만들기**

```
<!DOCTYPE html>
<html>
<head>
  <meta charset="UTF-8">
  <title>float속성으로 메뉴만들기 </title>
  <style>
    ul { background-color:lightgray; color:purple; text-align: center;
         list-style-type: none;margin: 0; padding: 0; overflow:hidden;}

    li    { float:right; }
    .left { float:left; }
    li a  { display:block; padding:5px 10px;text-decoration:none;font-weight:bold;}
    li a:hover {background-color:purple;color: white; border-top:3px solid yellow;}
  </style>
</head>
<body>
    <ul>
        <li class="left"><a href="">menu5</a></li>
        <li class="left"><a href="">menu6</a></li>
        <li><a href="">menu1</a></li>
        <li><a href="">menu2</a></li>
        <li><a href="">menu3</a></li>
        <li><a href="">menu4</a></li>
    </ul>
</body>
</html>
```

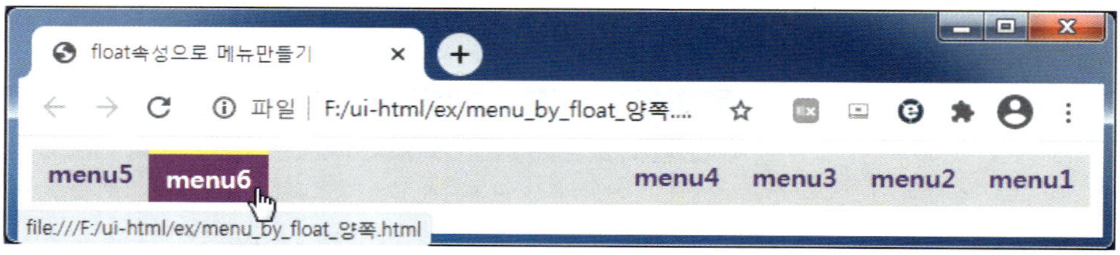

잠깐만

이 책에서 설명한 방법 외에도 메뉴를 다양하게 만드는 방법은 너무나도 많다. 쉬운 방법부터 차례대로 직접 해보고 그리고 몇 가지 속성을 변경해가면서 그 기능을 이해한 다음, 다양한 메뉴를 만들어 보기를 권한다. 동일한 결과를 만들어 내는 코딩방법이 여러 가지 일 때는, 조금 더 단순하고 조금 더 관리하기 쉽도록 해주는 코딩을 선택하자.

(2) 드롭다운 메뉴 만들기

메뉴에 마우스를 올려놓았을 때 서브메뉴가 기본 메뉴 밑으로 펼쳐서 나타나는 경우, 이런 서브메뉴와 같은 형태를 드롭다운 메뉴라고 한다.

■ display 속성 이용하기

해당 메뉴위에 마우스 커서가 올라가 있지 않을 때는 display 속성 값을 none으로 지정해서 드롭다운 메뉴를 보이지 않게 하고, 해당 메뉴위로 마우스가 올라가면 block으로 설정해서 드롭다운 메뉴를 보이도록 하였다.

또한, 드롭다운 메뉴의 위치를 해당 메뉴 위치로 설정하기 위해 position 속성 값을 사용하였다.

예제 8-21 display 속성 이용해서 드롭다운 메뉴 만들기

```
<!DOCTYPE html>
<html>
<head>
    <meta charset="UTF-8">
    <title>드롭다운 메뉴 만들기</title>
    <style>
        ul { list-style-type: none; margin: 0;  padding: 0; }
        li { display:inline-block; width:80px; position:relative; }
        a  { text-decoration:none; }

        div { display: none; position: absolute; background-color: #FFDAB9;
              min-width: 80px; box-shadow: 0px 8px 16px 0px rgba(0,0,255,0.3); }

        li:hover div { display:block;}

        div > a { padding: 5px;display: block;border-top:1px dotted purple; }

        a:hover { background-color:orange; color:white; }
    </style>
</head>
<body>
  <ul>
    <li><a href="">menu1</a>
        <div><a href="">sub11</a> <a href="">sub12</a> <a href="">sub13</a></div>
    </li>
    <li><a href="">menu2</a>
        <div><a href="">sub21</a> <a href="">sub22</a> <a href="">sub23</a></div>
    </li>
    <li><a href="">menu3</a>
        <div><a href="">sub31</a> <a href="">sub32</a> <a href="">sub33</a></div>
    </li>
    <li><a href="">menu4</a>
        <div><a href="">sub41</a> <a href="">sub42</a> <a href="">sub43</a></div>
     </li>
    </ul>
</body>
</html>
```

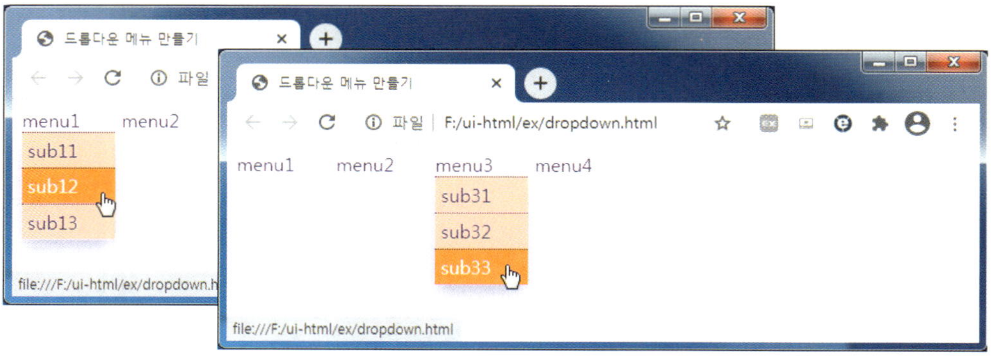

(3) 도움말(tooltip) 효과 주기

텍스트나 이미지위에 마우스 포인터가 올라가면 해당 텍스트나 이미지에 대한 자세한 정보나 추가적인 설명을 보여주는 효과이다.

툴팁(tooltip) 효과라고도 한다.

■ visibility 속성 이용하기

도움말로 보여줄 텍스트 영역의 visibility 속성을 hidden으로 설정해서 도움말을 감춘다음, 도움말을 보여주고자 하는 텍스트위로 마우스 커서가 올라가면 도움말 영역의 visibility 속성을 visible로 지정해서 나타나게 한다.

예제 8-22 visibility 속성 이용해서 도움말 효과 지정하기

```
<!DOCTYPE html>
<html>
<head>
    <meta charset="UTF-8">
    <title>visibility속성으로 도움말 효과를 만듭니다.</title>
    <style>
        span { color:red;}
        .tipbox { position: relative; display: inline-block; }
        .tipbox .tip { visibility: hidden;  position: absolute;
                       background-color: skyblue; color: white;
                       margin-top: 5px; padding:0px 10px; width:250px; }

        .tipbox:hover { cursor:pointer; }
        .tipbox:hover .tip{ visibility: visible; }

    </style>
</head>
<body>
    <div class="tipbox"> <span>도움말</span>
        <div class="tip"> <p>visibility 속성을 이용했어요.</p> </div>
```

```
    </div>
    효과를 만들어 봅니다.
</body>
</html>
```

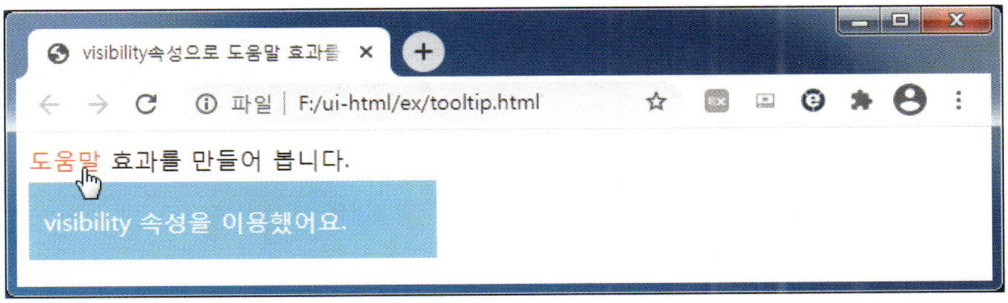

■ 도움말 위치 정하기

도움말 위치를 left, right, top, bottom속성 값을 이용해서 설정할 수 있다.

예제 8-23 **도움말 위치 지정하기**

```
<!DOCTYPE html>
<html>
<head>
    <meta charset="UTF-8">
    <title>도움말 위치를 변경합니다.</title>
    <style>
        span {color:red;}
        .tipbox { position: relative; display: inline-block; }
        .tipbox .tip { visibility: hidden;  position: absolute;
                    background-color: skyblue; color: white;
                    margin-top: 5px; padding:0px 10px; width:250px;}

        .left { left: -200px; }
        .bottom { bottom:100%;  }

        .tipbox:hover { cursor:pointer; }
        .tipbox:hover .tip { visibility: visible; }
    </style>
</head>
<body>
    <div>
      도움말 위치 설정<br>
       left, right, top, bottom 속성을 이용해서<br>
       도움말 위치를 정할 수 있어요.
       <div class="tipbox"> <span>도움말</span>
            <div class="tip left"> <p>left: -100px;으로 지정</p> </div>
       </div>
       효과를
       <div class="tipbox"> <span>만들어</span>
            <div class="tip bottom"> <p> bottom:100%;로 지정 </p> </div>
```

```
        </div>봅니다.
    </div>
</body>
</html>
```

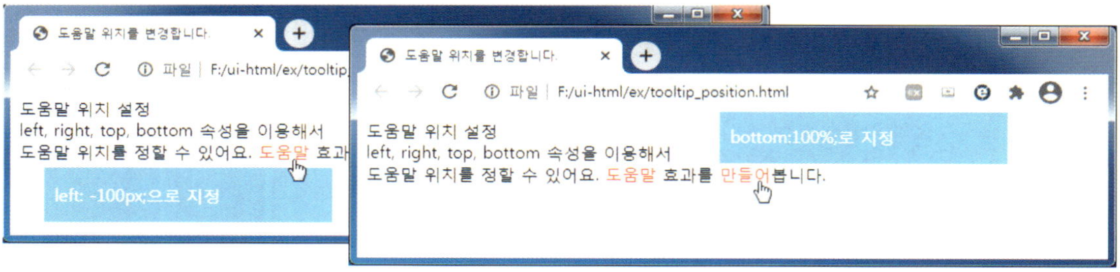